KB181607

# 군주론

# 군주론

1판 1쇄 | 2014년 4월 21일
1판 7쇄 | 2018년 11월 1일
개정1판 1쇄 | 2023년 8월 14일

지은이 | 니콜로 마키아벨리
옮긴이 | 박상훈
해제 | 최장집

펴낸이 | 안중철, 정민용
편집 | 윤상훈, 이진실, 최미정

펴낸곳 | 후마니타스(주)
등록 | 2002년 2월 19일 제2002-000481호
주소 | 서울 마포구 신촌로14안길 17, 2층 (04057)
전화 | 편집_02.739.9929/9930 영업_02.722.9960 팩스_0505.333.9960

블로그 | blog.naver.com/humabook
트위터, 페이스북, 인스타그램 | @humanitasbook
이메일 | humanitasbooks@gmail.com

인쇄 | 천일문화사_031.955.8083 제본 | 일진제책사_031.908.1407

값 17,000원

ISBN 978-89-6437-435-1 94300
      978-89-6437-303-3 (세트)

정치
+
철학
05

# 군주론

**니콜로 마키아벨리 지음**
**박상훈 옮김**
**최장집 해제**

# Niccolò Machiavelli

———

# Il Principe

후마니타스

# 차례

# 일러두기

1. 마키아벨리가 살아 있는 동안 그 자신은 물론 다른 사람들도 모두 이 저작을 "군주국에 관하여"De principatibus: On Principalities라고 불렀다. 이 저작이 처음 출판된 것은 그가 사망한 1527년으로부터 5년이 지난 1532년이었고, 그때서야 비로소 『군주론』Il Principe: The Prince이라는 제목을 갖게 되었다. 그러나 이때 출간된 책은 교황으로부터 출간 허가를 얻기 위해 내용이 많이 수정되었다는 문제가 있었다. 그 뒤 원본을 회복시키려는 노력이 있었으나 마키아벨리가 직접 쓴 원고를 찾을 수가 없었다. 대신에 다른 사람이 옮겨 쓴 필사본 가운데 19개 정도가 원본에 가깝다는 판정을 받았고, 이를 기초로 여러 판본의 책이 출간되었다. 세계적으로 권위를 인정받는 이탈리아어 판본은 크게 세 종류로 구분할 수 있다. 하나는 1899년 리시오가 출간하고 1924년 카보드에 의해 개정된 리시오-카보드Lisio-Chabod 판본으로, 초기 영어 번역판의 경우 대부분은 이 판본을 사용해 왔다. 둘째는 1929년에 완성된 마초니-카셀라Mazzoni-Casella 판본으로, 영어권에서 가장 보편적으로 채택되어 왔다. 셋째는 가장 최근인 1994년에 나온 잉글레세Inglese 판본으로, 1999년 리날도 리날디Rinaldo Rinaldi에 의해 이 판본의 수정된 텍스트가 나왔다. 많은 학자들이 지적하듯, 이 세 이탈리아어 판본은 모두 완성도가 높고 최근에 나온 판본이라고 해서 더 우월한 것은 아니며, 특히나 이탈리아 밖에서 번역을 할 경우 그 차이는 미미하다(Connell 2005, xiii, xiv). 본 번역본에서는 마초니-카셀라 판본을 저본으로 삼은 이탈리아어 텍스트를 기준으로 했고, 영어 판본으로는 Connell(2005)에 주로 의존했다. Connell(2005)은 마초니-카셀라 판본을 저본으로 삼으면서도 잉글레세 판본을 포함해 최근 이탈리아 학자들에 의해 이루어진 새로운 조사 결과를 수용하고 있다. 그러나 다른 판본이 가진 장점도 수용했는데, 대표적으로 케임브리지 학파의 마키아벨리 연구를 집약하고 있는 Skinner and Price(1988)는 리시오 판본을 저본으로 삼고 있고, 과감하게 현대적 해석을 채택함으로써 복잡한 내용을 단순화하는 데 도움이 되었다. 국내 판본으로는 잉글레세 판본을 저본으로 삼은 강정인·김경희(2008)와 박상섭(2011)을 자세히 검토하고 참조했으며 여러 장점을 수용했다. 번역을 위해 참고한 영어 및 한국어 번역본, 그리고 원문 대조를 위해 참조한 이탈리아어 판본의 서지 사항은 다음과 같다.

   - 니콜로 마키아벨리, 『군주론』, 강정인·문지영 옮김, 개역판(까치, 2003).
   - 니콜로 마키아벨리, 『군주론』, 강정인·김경희 옮김, 제3판 개역본(까치, 2008).
   - 니콜로 마키아벨리, 『군주론』, 박상섭 옮김(서울대학교 출판부, 2011).
   - Niccolò Machiavelli, *The Prince in The Chief Works and Others* Vol. I, tr. by Allan Gilbert (Duke University Press, 1965).

- Niccolò Machiavelli, *The Prince*, tr. by Harvey C. Mansfield, 2nd ed. (University of Chicago Press, 1998[1985]).
- Niccolò Machiavelli, *The Prince*, trs. and eds. by Quentin Skinner and Russel Price (Cambridge University Press, 1988).
- Niccolò Machiavelli, *The Prince*, tr. and ed. by William J. Connell (Bedford/St. Martin's, 2005).
- Niccolò Machiavelli, *Il Principe* (Milano: RCS Rizzoli Libri S.p.A., 2001[1975]).
- Niccolò Machiavelli, *Il Principe* (Milano: Arnaldo Mondadori Editore S.p.A., 1994).

2. 마키아벨리의 문장은 '직설적이고 간결한' 것으로 유명하다(Skinner and Price 1988, xxxii). 같은 의미를 반복할 때도 같은 단어를 사용하지 않을 만큼 문장과 운율에 신경을 많이 썼다. 내용을 강력하고 독창적이게 만들기 위해 기존 단어에 새로운 의미를 부여할 때도 많았다(Connell 2005, ix). 그런 특징을 살리려 이 번역본에서도 완곡한 표현법을 절제했고, 모호한 뉘앙스를 남기지 않도록 중요 용어와 단어를 통일하고, 전체적으로 간결하고 분명한 문장을 만들려 노력했다.

3. 애초 이탈리아어 인쇄본에는 장章의 구분만 있었을 뿐, 막幕의 구분이 없었고 본문의 문단도 나뉘어 있지 않았다. 그 뒤 새로운 판본이 나오고 이탈리아 밖에서도 다양한 번역 판본이 나오면서 문단은 여러 형태로 나뉘어졌다. Gilbert(1965), Skinner and Price(1988), 강정인·문지영(2003)에서 보듯, 때로 한 장章 안에서도 여러 소제목을 단 판본이 나오기도 했다. 이 번역본에서도 내용 이해를 도울 수 있는 방법으로 문단을 자유롭게 나눴고, 소제목과 다양한 옮긴이 주, 도해 등을 활용해 이해도와 가독성을 높이려 했으며, 전체 내용을 5막으로 나눠 주제별 집중성을 강화하려 했다.

4. 본문의 모든 각주는 옮긴이의 설명주이며, 본문에 삽입된 대괄호([ ]) 역시 좀 더 나은 가독성을 위해 옮긴이가 첨가한 것이다. 인명과 지명 등 고유명사는 국립국어원의 외래어표기법을 기준으로 하되 기존 용례로 확립되어 있는 경우는 이를 존중했다.

5. 특별히 기록해 두고 싶은 게 있다. 번역을 마무리하는 과정에서 출간된 곽준혁의 책, 『지배와 비지배: 마키아벨리의 「군주」 읽기』(민음사, 2013)는 애초 번역 원고의 서지학적 오류를 바로잡는 데 큰 도움이 되었다.

6. 이 번역본은 애초 2014년 '정치철학 강의' 총서로 출간되었으나, 2023년 '정치+철학' 총서로 통합했다.

군주론

# IL PRINCIPE DI NICCOLO MA/ CHIAVELLI AL MAGNIFICO LORENZO DI PIERO DE' MEDICI.

**LA VITA DI CASTRVCCIO CA/** ſtracani da Lucca a Zanobi Buondelmonti, & à Luigi Alamanni, compoſta per il medeſimo.

**IL MODO CHE TENNE IL DVCA** Valentino per ammazare Vitellozo, Oliuerotto da Fermo, il S. Pagolo, & il Duca di Grauina diſcritta per il medeſimo.

**I RITRATTI DELLE COSE DEL/** la Francia, & della Alamagna per il medeſi/ mo, nuouamente aggiunti.

NIL CANDIDIVS

## M. D. XXXII.

◆ 1532년 발행된 초판 이미지.

# 1막
## 헌정의 편지

## 니콜로 마키아벨리가 로렌초 데 메디치 전하께[1]

　군주Principe; Prince[2]로부터 호의를 획득하고자 하는 자들은 관례에 따라 자신이 가진 것 가운데 가장 귀중한 것이나 군주가 가장 기뻐할 만한 것을 가지고 그 앞에 나서려 합니다. 그래서 대개 군주에게는 말이나 무기, 금박으로 된 옷감, 보석 그리고 군주의 위엄에 합당한 장신구 들이 헌정되는 것을 볼 수 있습니다.

1) 이 문장은 애초 라틴어로 쓰인 의례적인 인사말이다. 마키아벨리는 이 문장과 본문의 장 제목, 그리고 몇몇 중요 표현만 라틴어로 썼고, 나머지 본문은 모두 이탈리아어(토스카나어)로 작성했다. 로렌초 데 메디치는 교황 레오 10세의 조카로 1513년부터 1519년까지 피렌체를 통치했다.

2) 일반적으로 이탈리아어 Principe는 '군주', '1인자', '지배자', '통치자', '리더', '우두머리' 등의 의미를 갖는다. '왕'과 '군주'를 뜻하는 다른 이탈리아어 re(king)와 monarca(monarch)보다는 더 넓은 개념이라 할 수 있다. 그래서 영어판 번역자 가운데 ruler(통치자)라는 번역어를 선택한 경우도 있는데, 현대적 의미에 가까운 의역을 많이 채택한 Skinner and Price(1988)가 대표적이다. 그러나 본 번역본에서는 국내의 번역 용례를 존중하는 한편, 가급적 마키아벨리가 사용한 용어 그 자체의 느낌을 살리고자 '군주'로 통일해 옮겼다.

저 또한 전하에 대한 헌신의 증표로 제 자신을 바치고자 하는데, 제가 가진 것 가운데 귀하고 높게 평가할 만한 것은 오로지 위대한 인물들의 행적에 대한 지식입니다. 이는 우리 시대에 일어난 일들에 대한 오랜 경험과 옛 역사를 다룬 저작들에 대한 꾸준한 독서를 통해 배우게 된 것들이지요. 저는 오랫동안 이 주제를 매우 신중하게 검토해 왔는데, 그 결과를 이 한 권의 작은 책자로 줄여 전하께 바치고자 합니다.

전하께 바치기에 이 책은 부족함이 있습니다. 그럼에도 불구하고 그토록 오랜 시간 동안의 위험과 역경 속에서 제가 경험하고 깨달은 바를 짧은 시간에 이해할 수 있도록 해드리는 것 이상 제가 할 수 있는 더 큰 선물은 없다고 생각하기에, 자비로운 전하께서 이 책을 받아 주시리라 확신합니다.

저는 이 책을 아름답게 윤색하지 않았고 과장된 구절이나 고상하고 화려한 말들로 채우지도 않았습니다. 또한 많은 사람들이 자신들이 다루려는 내용을 서술하고 그럴듯하게 꾸미기 위해 의례적으로 사용하는 그 어떤 기교나 외양도 첨가하지 않았습니다. 저는 이 책이 다루는 내용의 독창성과 주제의 중요성 때문에 그 가치를 인정받기를 원할 뿐, 그렇지 않다면 아예 인정받지 못해도 좋다고 보기 때문입니다.

저같이 낮고 비천한 지위stato[3]에 있는 자가 군주의 통치를

---

3) 마키아벨리가 사용한 stato(복수형 stati)라는 용어는 『군주론』에서만 101번 등장할 정도로 매우 중요하다. 참고로, 또 다른 핵심 용어인 비르투virtù와 포르투나fortuna의 등장 빈도는 각각 74번, 61번에 불과하다. stato는 '통치자로서의 지위나 신분'을 뜻하는 라틴어 status를 어원

논하고 지침을 제시한다고 해서 그것이 무례한 소행으로 여겨지지 않기를 바랍니다. 땅의 형세를 그리고자 하는 사람은, 산이나 다른 높은 곳의 특성을 파악하기 위해 아래로 내려가고 낮은 곳의 특성을 파악하기 위해 산 위로 올라가지요. 그렇듯 민중populi; people의 특성을 잘 이해하기 위해서는 군주의 입장에 서볼 필요가 있고, 군주의 특성을 잘 이해하기 위해서는 평범한 민중populare; populace의 입장에 서볼 필요가 있습니다.[4]

그러므로 전하께서는 이 작은 선물을 보내는 제 뜻을 헤아려 부디 받아 주시길 바랍니다. 이 책을 자세히 읽고 숙고하신다면 저의 간절한 소망을 이해하실 겁니다. 즉, 전하에게 부여

으로 한 용어인데, 이곳에서는 전체 통치 집단 가운데 귀족이 아닌 지신이 수행한 직위를 낮춰서 표현한 듯하다. 이곳을 제외하고 『군주론』 전체에서 stato는 '통치자로서의 지위'와 함께 '구속력 있는 명령권을 가진 독립된 통치 영역' 내지 '국가'와 중첩된 의미로 사용되었다. 이 후자의 경우 기존 영어 번역의 대부분은 state(국가)로 옮겼고, 때때로 dominion(지배), government(정부, 통치체)로 옮긴 경우도 있다. 참고로, 위의 '낮고 비천한 지위'라는 표현을 Skinner and Price(1988)는 'very low and humble condition'으로, Gilbert(1965)는 'very low and humble station'으로 옮겼다. 반면에 Connell(2005)은 stato가 어떤 의미로 사용되었든 모두 state로 옮겼는데, 이 부분에서도 'low and barest state'라고 표현했다.

4) 『군주론』에서 '민중'(영어의 people)을 뜻하는 용어로 가장 많이 사용된 표현은 populu(복수형 populi)로 모두 83번 등상한다. 반면, 현대 이탈리아어로 민중을 뜻하는 popolo(복수형 popoli)는 4번 사용되었고, 옛날식 표현인 popolare와 populare는 합쳐서 5번 사용되었다. 이처럼 단어는 조금씩 다르지만 모두 '민중'으로 옮겼고, 일부의 경우 문맥에 따라 '일반 민중'이나 '평범한 민중'으로 옮겼다.

된 운명fortuna; fortune[5])과 그 밖의 다른 탁월한 자질들qualità; qualities[6])이 기약해 주고 있는 저 위대함에 도달하시라는 겁니다.

그리고 전하께서 그 높은 곳에서 어쩌다가 여기 이 낮은 곳으로 눈을 돌리시게 된다면, 제가 그동안 얼마나 엄청나고도 지속적으로 악의적인 운명fortuna에 시달려 왔는지를 아시게 될 겁니다.

5) 『군주론』에서 fortuna(포르투나)라는 표현이 처음 등장하는 곳이다. Skinner and Price(1988)는 위 문장에서의 fortuna를 'propitious circumstances'(상서로운 환경들)로 표현한 반면, Connell(2005)은 어느 경우든 아무런 수식 없이 fortune(운명)으로 옮겼다. 본 번역본에서는 문맥에 따라 '운명', '운명의 힘', '운명의 여신'과 같이 변형을 최소화해서 옮기려 노력했고, 원어의 느낌을 살릴 필요가 있을 때는 '포르투나'라고 표현하기도 한다.

6) '인간이 가진 우수한 특징 내지 성품'을 뜻하는 qualità도 군주론에서 자주 등장한다. 특히 15장에서 마키아벨리는 군주가 갖출 qualità에 대해 자세히 논의한다. 본 번역본에서는 모두 '자질'로 통일해 옮긴다.

# 2막
## 국가를 장악하고 통치하는 문제에 관하여

# 1장
## 군주국에는 어떤 종류가 있고,
## 어떤 방식으로 획득되는가

### 국가의 두 유형

사람들에 대해 통치권imperio; rule[1]을 가졌거나 갖고 있는 모든 국가stati; states,[2] 모든 지배dominio; dominions는 공화국 아니면 군주국이다.

---

1) imperio는 고대 로마에서 장군에게 부여된 절대적 지휘권에서 유래한 말로, 『군주론』에서는 공적 구속력을 가진 통치권의 의미로 사용되었다.
2) 『군주론』에서 가장 자주 사용되는 용어인 stato(복수형 stati)의 전형적 의미는 여기서 처음 나타난다. 물론 마키아벨리가 사용하는 stato의 의미가, '일정한 영토 내에서 강권력을 독점한 조직' 내지 '피통치자뿐만 아니라 통지사도부너노 분리되어 있는, 충성의 대상이자 최고 주권'을 뜻하는 근대적 의미의 국가state와 같은 것은 아니다. 엄밀히 말해 근대적 국가 개념이 태동한 것은 16세기 말에 이르러서였는데, 그런 의미에서 마키아벨리가 16세기 초에 벌써 근대적 국가 개념에 가까운 의미를 어렴풋하게 포착했다는 사실은 특별하다.

## 군주국의 두 유형

군주국principati; principalities에는 오랫동안 한 가문이 통치해 온 세습 군주국과 새롭게 시작되는 신생 군주국이 있다.


## 신생 군주국의 두 유형

신생 군주국에는 프란체스코 스포르차[3] 치하의 밀라노처럼 완전히 새로운 통치자로 시작되는 군주국도 있고, 에스파냐 국왕[페르난도 2세]의 것이 되어 버린 나폴리왕국[4]처럼 세습 군주국의 군주에게 빼앗겨 그 군주국의 한 부분으로 병합된[5] 군주국[혼합 군주국]도 있다.


3) 프란체스코 스포르차(1401~66)는 용병 대장 출신으로 1450년에 밀라노의 통치자가 되었다. 그는 '새로 만들어진 신생 군주국'의 전형적인 인물로 다뤄지는데, 그를 소재로 한 이야기는 『군주론』의 7장과 12장, 14장에서 볼 수 있다.

4) 에스파냐의 페르난도 2세는 프랑스의 루이 12세와 1500년 그라나다 협정을 맺어 나폴리왕국을 나눠 가졌고, 그 뒤 프랑스 군대와 싸워 승리함으로써 나머지 나폴리왕국 모두를 병합했다. 이와 관련된 이야기는 3장에서 자세히 전개된다.

5) 마키아벨리는 국가와 그 한 유형으로서 군주국을 물리적으로 획득·장악·점유·병합 가능한 공간적 의미로 사용하는 경우가 많았다. 따라서 위 문장에서 '병합된'으로 표현한 acquista(acquire)는 이후에도 빈번하게 사용되는데, 문맥에 따라 '얻다', '획득하다', '장악하다', '점령하다' 등으로 옮긴다.

## 혼합 군주국의 네 유형

그런 식으로 병합된 통치령들은, 군주 치하의 삶에 익숙한 곳이거나 자유로운 삶에 익숙한 곳,[6] 타인의 군대로 장악한 곳이거나 자기 자신의 군대로 점령한 곳, 운명의 여신 포르투나의 도움에 의한 것이거나 자신의 비르투virtù로 획득한 곳으로 나뉜다.

---

6) 『군주론』에는 '자유로운 삶essere liberi에 익숙한 곳' 내지 '자유롭게 사는 데vivere liberi 익숙한 국가' 등의 표현이 1장, 3장, 5장에 걸쳐 등장하는데 모두 공화국을 가리킨다. 그래서 Skinner and Price(1988, 8)는 이를 '자치governing themselves에 익숙한 곳'으로 옮기기도 했다.

# 2장
## 세습 군주국에 대하여

공화국republiche; republics에 대해서는 다른 곳[1]에서 길게 논의한 바가 있기에 그에 대한 논의는 넘어가고자 한다. 나는 오직 군주국에만 집중할 것인데, 앞서 언급한 것들을 실마리 삼아 군주국들이 어떻게 통치되고 유지되는지에 대해 하나의 완결된 논의를 해보고자 한다.

### 세습 군주국은 왜 통치하기 쉬운가

우선, 통치자의 세습과 그 세습 가문에 익숙해져 있는 국가들에서 통치를 유지하는 데 드는 어려움은 신생 국가에 비해 훨씬 적다는 점을 지적하고 싶다. 선조들이 만들어 놓은 기존 질서를 파괴하지 않고 그때그때 상황에 맞게 시간을 끌면서 통치하는 것만으로 국가를 지키기에 충분하기 때문이다.

그런 군주는 보통 정도의 성실함만 갖추고 있다면 자신과

---

1) 마키아벨리의 다른 책, 『티투스 리비우스의 로마사 첫 10권에 관한 강론』*Discorsi sopra la prima deca di Tito Livio*을 가리킨다. 영어 번역본은 대부분 *Discourses on Livy*라는 제목으로 되어 있고 국내에서는 『로마사 논고』(강정인·안선재 옮김, 한길사, 2003), 『마키아벨리의 로마사 이야기』(고산 옮김, 동서문화사, 2008) 등의 제목으로 옮겨졌다.

자신의 국가를 지킬 수 있다. 아주 비범하고 대단한 세력이 국가를 탈취하지 않는 한 말이다.[2] 설령 그런 사태가 일어나 국가를 탈취당한다 해도 그 탈취자가 불운을 만나게 되면 군주는 예전의 자리를 되찾게 된다. 이탈리아의 사례로 페라라 공작을 들 수 있다. 그는 1484년 베네치아의 공격과 1510년 교황 율리오 2세의 침공을 모두 견뎌 냈는데, 거기에는 그의 가문이 오랫동안 통치해 왔다는 사실 말고는 다른 이유가 없었다.[3]

세습에 의해 군주가 된 사람은 신생 군주에 비해 사람들을 괴롭힐 이유나 불가피성necessità[4]이 많지 않다. 그 때문에 호감을 얻을 가능성이 더 많다. 그런 군주가 정도를 벗어난 악행으로 미움을 사지 않는다면 사람들로부터 좋게 여겨지는 것은 자연스러운 일이다.

---

2) 위 문장은 '아주 비범하고 대단한 세력'extraordinaria ed eccessiva forza; extraordinary and excessive force에 의해서라면 세습 군주국도 붕괴될 수 있다는 뜻으로도 읽을 수 있다. 2장이 전체적으로 세습 군주국은 유지하기 쉽다는, 일견 메디치 가문의 통치자들을 안심시키는 내용인 듯 보이지만 이처럼 곳곳에 다른 가능성을 열어 놓은 문장을 숨겨 둔 것이 흥미롭다.

3) 1484년 베네치아의 공격을 막아낸 페라라 공작은 1471년부터 1505년까지 재임한 에르콜레 데스테를 가리키고, 1510년 교황 율리오 2세의 공격을 막아 낸 페라라 공작은 그의 아들이자 1505년부터 1534년까지 재임한 알폰소 데스테를 가리킨다. 특히 알폰소는 교황 알렉산데르 6세의 딸이 루크레치아 보르자Lucrezia Borgia와 정략결혼을 한 것으로 유명하다.

4) 이곳이 『군주론』의 핵심 개념의 하나인 네체시타necessità; necessity가 처음 등장하는 곳이다. 일단 그 의미에 대해서는 '하지 않으면 안 되는 특정의 제약 조건 내지 불가피성' 정도로 해두고, 자세한 설명은 부록 〈『군주론』 더 깊이 읽기 ❺ : 네체시타〉에서 살펴보겠다.

세습 군주국의 통치가 오래되고 통치 가문이 끊어지지 않고 지속될수록 그 전에 있었던 체제 변혁들innovazioni; innovations에 대한 기억뿐만 아니라 체제 변혁이 발생할 원인도 사라지게 마련이다. 권력 교체mutazione; changes of government가 반복될 때마다 언제나, 마치 건축용 블록들이 아귀가 맞게 쌓이듯 다음번 왕위도 그렇게 지속될 것이라는 기대를 남기기 때문이다.

# 3장
## 혼합 군주국에 대하여


### 네체시타 : 신생 군주국이 불가피하게 직면하는 어려움

세습 군주국과는 달리, 신생 군주국은 진정으로 어려운 문제들에 직면하게 된다. 전적으로 새로운 신생 군주국이 아니라 기존 군주국에 병합되어 그 군주국의 신체의 일부처럼 붙게 된 군주국은 모두 혼합 군주국이라고 부를 수 있는데, 우선 그곳에는 정변[1]이 일어날 가능성이 있다. 이는 무엇보다도 모든 신생 군주국에서 발생하게 마련인, 다음과 같은 자연스러운naturale; natural 문제들에서 비롯된다.

사람들은 자신들의 처지가 지금보다 더 좋아질 것이라는 믿음에서 기꺼이 통치자를 갈아치우고자 한다. 그런 믿음이 사람들로 하여금 손에 무기를 들도록 한다. 그러나 이는 곧 자기기만임이 드러나는데, 그들은 자신들의 처지가 전보다 더 나빠지는 경험을 통해 이를 깨닫게 된다.

이런 상황은 자연스럽고도 통상적인 네체시타necessità; necessity(불가피성)에서 비롯되는 것이기도 하다. 신생 군주는 새

---

1) 여기서 '정변'을 뜻하는 용어로 사용된 것은 variazioni(variations, mutability)이다. 이는 앞서 살펴본 innovazioni(체제 변혁), mutazione(권력 교체)와 더불어 정치 변화의 다양한 유형을 가리키는 마키아벨리의 표현 가운데 하나이다.

로 장악한 곳의 주민들에게 그의 군대에 의해서나 혹은 국가를 정복하는 데 따르는 무수히 많은 가혹 행위를 통해 피해를 줄 수밖에 없다. 그 결과 당신tu; you[2]은 군주국을 확장·병합하는 과정에서 피해를 입힌 모든 사람을 적으로 만들게 된다.

당신을 불러들여 그곳을 점령하도록 한 사람들과의 동맹도 유지될 수 없다. 애초에 그들이 기대했던 만큼을 만족시킬 수 없기 때문이다. 그렇다고 그들에게 강경책을 쓸 수도 없다. 당신은 그들을 보호할 의무가 있기 때문이다. 제아무리 강력한 군대를 거느리고 있는 군주라 할지라도, 어떤 지방provincia[3]

2) 『군주론』에서 2인칭의 '당신'you을 뜻하는 단어로는 'tu'와 'voi'가 사용된다. 전자의 tu는 2인칭 단수형 내지 비인칭 대명사로 사용되는 반면, voi는 2인칭 복수형인 동시에 높임말의 의미로 사용되었다. 『군주론』에서도 헌정 대상인 메디치 가문의 통치자를 지칭할 때면 언제나 voi를 썼다. 따라서 전자의 tu는 '당신'으로 옮기고 voi는 '당신께'로 옮겨서 구분한다.

3) stato(국가)와 함께 '통치 영역'을 가리키는 또 다른 용어인 provincia(나라, 지방)가 이곳에서 처음 등장한다. stato를 '국가'로 옮긴다는 것은 앞서 이야기했다. 한 가지 지적해야 할 것은, 마키아벨리가 stato로 정의한 것은 피렌체나 밀라노, 베네치아처럼 독립된 통치체에 대해서였지, 이들이 속한 이탈리아를 가리킬 때는 stato가 아닌 provincia라는 표현을 사용했다는 점이다. 마찬가지로 부르고뉴·브르타뉴·가스코뉴·노르망디와 같은 통치령들을 병합한 프랑스를 가리킬 때도 stato가 아닌 provincia를 썼고, 여러 자치 도시와 공국을 포함하고 있는 로마냐·롬바르디아·토스카나 등을 가리킬 때도 provincia를 썼다. 다시 말해 provincia란 여러 독립된 통치령들로 이루어져 있지만 언어나 관습·문화·지리적 측면에서 공통성을 가진 광역의 지역을 가리키는 것이다. 따라서 provincia가 로마냐·롬바르디아·토스카나처럼 이탈리아 안의 광역 지역을

을 장악하고 통치하기 위해서는 언제나 그곳 주민들의 호의가
필요하다.


## 루이 12세가 두 번이나 밀라노를 잃은 이유

이상에서 살펴본 이유로 프랑스 국왕 루이 12세는 밀라노
를 단숨에 점령했지만 마찬가지로 단숨에 잃고 말았다. 처음
에 루도비코[4]가 [루이 12세로부터] 밀라노를 탈환하기 위해서
는 자신의 군대만으로 충분했다. 이는 잘못된 기대를 갖고 루
이 12세에게 성문을 열어 주었던 사람들이 기대했던 것만큼의
미래 소득을 누릴 수 없음을 알게 되자 새로운 군주 때문에 야
기된 불편함을 더는 참을 수 없어 했기 때문이다.

그러나 반란을 일으켰던 지역을 재차 정복하는 경우에는
그 지역을 쉽게 빼앗기지 않는다는 것도 맞는 말이다. 다시 그
지역을 장악한 새 통치자는 반란을 역으로 이용해 반역자들을
처벌하고 의심스러운 자들을 일소할 뿐만 아니라 자신의 약점

---

뜻할 때는 로마냐 지방, 롬바르디아 지방, 토스카나 지방이라고 옮기고,
프랑스나 이탈리아 전체를 가리키는 의미로 사용될 때에 한해서 '나라'
라고 옮겼다.

[4] 루도비코 스포르차(1452~1508)는 앞서 1장에서 언급했던 프란체스코
스포르차의 둘째 아들로 1494년부터 밀라노의 통치자가 되었다. 레오
나르도 다빈치Leonardo Da Vinci에게 〈최후의 만찬〉을 그리게 한 것으로
잘 알려져 있다.

을 방어하고 스스로의 안전을 확보하는 데 더는 주저하지 않기 때문이다.

루도비코 공이라는 자가 프랑스 왕을 처음에 밀라노에서 몰아내기 위해서는 국경 부근을 교란하는 것만으로도 충분했다. 하지만 프랑스에게 밀라노를 다시 빼앗기고 난 다음에 재탈환을 하기 위해서는 온 세상이 나서서 프랑스 왕에게 대항해야 했다.[5] 그렇게 해서 그의 군대를 패주시키거나 이탈리아에서 몰아내거나 해야 했는데, 이 모두는 앞서 언급한 이유들 때문에 초래된 일이다.

어찌 되었든 프랑스는 두 번 모두 밀라노를 잃었다. 첫 번째 경우의 일반적 이유에 대해서는 이미 논의했다[즉, 미래 소득이 좋아질 것으로 기대하고 루이 12세에게 성문을 열어 준 사람들이 뒤늦게 그것이 잘못된 기대였음을 깨닫고 루도비코를 도와 루이 12세에게 정변을 일으킨 것을 뜻한다]. 이제 두 번째 경우를 논의하는 일이 남았다. 즉, 밀라노를 재차 점령했을 때 프랑스에는 어떤 대안이 있었는지, 그런 상황에서 프랑스가 실제로 했던 것과는 달리 자신의 점령지를 더 잘 지키기 위해 어떤 방책을 세울 수 있었는지를 알아보는 일이다.

---

[5] 1511년 교황 율리오 2세가 주도한 '제2차 신성동맹'을 말하는데, 여기에는 밀라노·베네치아뿐만 아니라 에스파냐·신성로마제국·영국도 참여했다. 프랑스가 밀라노에서 물러난 것은 밀라노를 두 번째 점령한 1500년으로부터 12년 만인 1512년 4월에 이르러서였다. 이에 대해서는 13장과 21장에서 다시 논의된다.

## 정복한 국가는 어떻게 통치해야 하는가

정복자가 새로 얻어 본국에 병합한 국가들이 같은 지방에 속해 있거나 아닐 수 있고 또 동일한 언어를 사용하는 곳일 수도 있고 아닐 수도 있다. 같은 언어를 사용하고 같은 지방에 속해 있는 국가들이라면 그들을 유지하는 것은 매우 쉽다. 그들이 자유롭게 사는 데 익숙하지 않은 국가[즉, 공화국이 아니었던 국가]라면 특히나 그렇다. 이들 국가를 확실하게 장악하기 위해서는 이곳을 지배하던 군주의 가문을 없애 버리는 것으로 충분하다. 그 밖의 다른 문제들에 관한 한 예전의 생활 조건이 그대로 유지되고 관습상의 차이가 없다면 사람들은 조용히 살아가기 때문이다. 이는 프랑스에 병합되어 오랫동안 함께 살아온 부르고뉴·브르타뉴·가스코뉴와 노르망디의 사례에서 볼 수 있다. 비록 언어상의 차이가 약간 있었지만 관습이 유사했기 때문에 서로 공존하는 것이 용이했다.

누구라도 그런 지방을 정복한 뒤 확고히 장악하고자 한다면 두 가지에 유의해야 한다. 첫째, 예전에 통치하던 군주의 가문을 제거하는 것이다. 둘째, 그들의 법legge; laws과 조세 체제를 바꾸지 않는 것이다. 그렇게 하면 새로 병합된 국가들은 아주 짧은 시간 안에 기존의 군주국과 마치 한 몸처럼 통합될 것이다.

그러나 언어, 관습 및 제도ordini[6]가 다른 지방에 속해 있던 국가들을 정복해 영토로 병합하면 이때는 상당한 어려움이 뒤따른다. 따라서 이를 유지하기 위해서는 대단한 운명의 힘과 엄청난 근면함이 요구된다. 최선의 해결책이자 가장 효과적인

해결책은 정복자 자신이 그 지역에 가서 친히 정주하는 것이
다. 이는 병합된 지역을 더욱더 안전하고 안정되게 만들 것이
다. 그리스에 대한 투르크의 정책이 바로 그 표본이다.

투르크가 그리스를 장악한 뒤 취한 그 모든 정책에도 불구
하고, 투르크 정복자가 그곳에 직접 가서 정주하지 않았더라
면 그리스를 지켜 내지 못했을 것이다.[7] 현지에 가서 직접 살
게 되면 소요disordini; disorder가 발생하자마자 곧바로 알 수 있
고 효과적인 조치를 신속하게 취할 수 있기 때문이다. 그렇게
하지 않으면 소요가 일어나서 이미 해결이 불가능할 때가 되
어서야 비로소 사태의 심각성을 알게 된다.

그 밖에도 직접 그 지방에 가서 살게 되면 당신의 관리들
이 함부로 약탈하지 못할 것이다. 신민들sudditi; subjects[8]은 군
주를 가까이 두고 의존할 수 있는 것에 만족해할 것이다. 그렇
게 되면 잘 보이고자 하는 신민들은 군주를 사랑할 이유를 더

---

6) ordini 역시 군주론에서 매우 자주 등장하는 중심 개념의 하나다. 영어
   에 가장 가까운 표현은 order(질서)이다. 하지만 폭넓은 의미의 제도in-
   stitution로 옮겨야 더 자연스러울 때가 많고, 체제regime, polity, constitu-
   tion나 체계system, 군제, 법제 등으로 옮겨야 할 때도 있어서 문맥에 따
   라 번역어를 선택했다. 제도 이외의 번역어를 선택해야 할 경우에는 원
   어인 ordini를 주기했다.
7) 1453년 투르크의 술탄인 메흐메트 2세Mehmet II가 그리스의 콘스탄
   티노플을 장악한 뒤 오스만제국의 수도로 삼아 직접 정주한 것을 말한
   다. 콘스탄티노플은 1930년에 이스탄불로 공식 개명되었다.
8) 『군주론』에서 신민이라는 표현이 처음 나온 곳이다. 공화국의 구성원
   인 시민cittadini; citizens과 대비해 군주국이나 봉건 영주 치하의 피통치
   자를 가리킬 때는 이 용어가 사용된다.

많이 갖게 될 것이고, 그렇지 않고 다른 뜻을 품은 자들은 군주를 두려워할temerlo; to fear[9] 이유를 더 크게 갖게 될 것이다. 그런 국가를 공격하고자 하는 외부 세력은 누구라도 몹시 주

[9] 『군주론』에서 '두려움'은 매우 중요한 권력 효과를 갖는 개념이다. 이와 관련해 두 표현이 사용되는데, 하나는 temere(와 그 파생어로서 temerlo, temuto)이고 다른 하나는 paura(와 그 파생어로서 paure, paurosi, pauroso)이다. 기존 영어 및 한글 번역에서는 어느 경우든 모두 'fear'(두려움)로 옮겼다. 문제는 그럴 경우 『군주론』의 내용 안에서 의미가 충돌한다는 점이다. 대표적으로 17장에서는 "인간이란 두려움을 갖게 하는 사람보다 사랑받고자 하는 사람을 해치는 일에 덜 주저한다."라고 말한다. 19장에는 "모든 사람이 그를 두려워하고 존경했으며 자신의 군대로부터 미움을 사지 않았다."는 표현이 나온다. 이런 의미로 사용된 표현은 모두 temere(temerlo, temuto)이다. temere에는 신이나 법에 대해서처럼 '누구 혹은 무엇인가를 경외하면서 두려워한다.'는 의미가 있기 때문이다. 그러나 paura는 그런 의미로 사용할 수 없다. 그보다는 '회피하고 싶을 만큼 겁을 주거나 무섭게 하는 것'을 뜻하기 때문이다. 따라서 paura와 그 파생어를 '두려움'으로 옮긴다면 『군주론』 안에서 의미가 충돌하는 문장이 여럿 있는바, 대표적인 예는 다음과 같다. "인간이란 자신이 두려워하거나 미워하는 자에게 피해를 입히기 때문이다"(7장). "군주는 누군가를 신임할 때나 조치를 취할 때는 진지한 태도를 보여야 하지 두려움을 갖게 해서는 안 된다"(17장). 그러나 앞서 말한 대로 이 두 문장에서 원어는 temere가 아니라 paura이고, 이 사실에 주목하지 않는다면 마키아벨리는 두려움을 갖게 하라고도 하고 두려움을 갖게 해서는 안 된다고도 말한, 일관성이 없는 사람이 되고 만다. 따라서 이 번역본에서는 temere를 '두려움'으로 옮기고 paura를 '무서움'으로 옮김으로써 차이를 보여 주고자 하는데, 그렇다면 위 두 문장은 다음과 같이 달라진다. "인간이란 자신이 무서워하거나 미워하는 자에게 피해를 입히기 때문이다"(7장). "군주는 누군가를 신임할 때나 조치를 취할 때 진지한 태도를 보여야 하지 무서움을 갖게 해서는 안 된다"(17장).

저하게 될 것이다. 따라서 정복자가 현지에 직접 정주한다면 그 국가를 결코 쉽게 잃지 않을 것이다.


## 군대를 주둔시켜 통치하는 것이 최악이다

차선의 다른 해결책은 이른바 정복한 국가의 한두 곳에 이민단을 보내 식민지를 건설하는 것이다. 식민지는 그 국가를 지키는 일종의 족쇄와 같은 역할을 할 것이다. 안 그러면 대규모의 무장 병력을 그 국가에 주둔시켜야만 하는 문제가 발생한다. 식민지 건설을 위해 이민단을 보내는 것은 거의 비용이 들지 않는다. 정복자의 입장에서는 전혀 비용이 들지 않거나 아주 적은 비용이 들 뿐이므로 그는 이민단을 보내 식민지를 건설하고 유지할 수 있다. 피해를 보는 사람들은 새 이주자들 때문에 농경지와 집을 잃게 되는 자들뿐이다. 이런 피해를 보는 자들은 그 국가의 아주 작은 부분에 불과하다. 더욱이 그로 인해 피해를 본 자들은 궁핍해지고 뿔뿔이 흩어질 것이기에 군주를 해칠 엄두를 내지 못한다.

그 밖의 다른 주민들의 경우, 한편으로는 피해를 보지 않았기 때문에 불평을 하지 않을 것이다. 다른 한편으로는 다른 자들처럼 소유물을 빼앗길까 두려워 말썽을 피울 엄두를 못 낼 것이다. 따라서 나는 이렇게 결론짓겠다. 식민지를 건설하는 것은 비용이 많이 들지 않는다. 그 국가들은 더 충성스러워질 것이고 덜 공격적이 될 것이다. 피해를 입은 사람들은 이미 말한 대로 궁핍해지고 뿔뿔이 흩어져 있기에 군주에게 결코 해를 입히지 못한다.

이와 관련해 여기에서 염두에 두어야 할 것은 인간들이란 다정하게 대해 주든가 아니면 아주 짓밟아 뭉개 버려야 한다는 것이다. 인간이란 사소한 피해에 대해서는 보복하려 들지만 엄청난 피해에 대해서는 감히 복수할 엄두조차 내지 못한다. 따라서 사람들에게 피해를 주려면 그들의 복수를 두려워할 필요가 없을 정도로 아예 크게 주어야 한다.

그러나 식민지를 건설하는 대신 군대를 파견한다면 정복자는 훨씬 더 많은 비용을 치르게 된다. 그 국가에서 얻는 모든 수입을 군사 안보에 써야 하기 때문이다. 결과적으로 그 국가를 취득한 것이 군주에게는 오히려 손실이 된다. 게다가 그의 군대를 이곳저곳으로 이동시키고 주둔하게 해야 할 텐데, 그로 인해 그 국가 전체에 더 큰 피해를 주게 된다. 민심이 흉흉해지고 이로 인해 그 지역의 모든 주민은 군주에게 적대적이 된다. 이들은 국가를 빼앗겼지만 여전히 자신들의 고향에 거주하고 있기 때문에 군주에게 해를 입힐 수 있는 적으로 남게 된다. 그러므로 모든 점에서 볼 때 식민지 건설을 통한 방어는 매우 효과적인 반면, 군대를 파견하고 주둔시켜 방어하는 것은 무가치한 일이라 아니할 수 없다.


강한 세력은 제어하고, 외세는 못 들이오게 해야 한다

이미 앞에서 말한 것처럼 [언어·관습이] 다른 지방에 속해 있는 국가를 정복한 군주는 인접 약소국들의 맹주이자 보호자의 역할을 해야 한다. 그러면서 그 지방 안에 있는 강력한 세력들을 약화해야 한다. 또한 어떤 돌발적인 사태를 통해 자신만큼이나 강력한 외부 세력이 그 지방 안으로 들어오지 못하도록 만반의 태세를 갖추어야 한다.

지나친 야심이나 무서움paura; dread 때문에 불만을 품게 된 자들은 언제나 강력한 외세를 끌어들이게 마련이다. 그리스에 로마를 불러들인 [당시 대표적인 약소국인] 아이톨리아인들처럼 말이다. 로마가 점령했던 모든 지방에서 로마를 불러들인 것은 그 지방 사람들이었다. 어떤 강력한 외부 세력이 어떤 지방에 침략해 들어가게 되면 그 즉시 모든 약소 세력들은 그 주변에 모여든다. 기존에 그들을 압도했던 강자들에 대한 질투심이 그들을 그렇게 움직이게 한다.

침략자는 별 어려움 없이 이들 약소 세력을 자기편으로 만들 수 있다. 그들 모두가 그 지방을 새로이 장악한 국가와 즉시 협약을 맺으려 하기 때문이다. 침략자는 단지 이들 약소 세력이 너무 많은 군사력이나 권위를 갖지 않도록 경계하기만 하면 된다. 그는 자신의 군대와 약소 세력들이 보이는 호의를 바탕으로 그 지방 안의 강자들을 쉽게 제거할 수 있다. 그렇게 되면 그는 모든 문제에서 그 지방의 결정권자로 남게 된다. 이 문제를 잘 다루지 못하는 사람은 누구든지 자신이 획득한 것을 곧바로 잃게 될 것이다. 획득한 것을 갖고 있는 동안에도 무수히 많은 어려움과 분규를 겪게 될 것이다.

로마인들은 자신들이 점령한 나라들에서 이런 사항들을 아주 잘 준수했다. 그들은 이민단을 파견했다. 약소 세력들이 권력potenzia; power을 키우지 못하도록 잘 다뤘고, 강한 세력들의 영향력은 약화했다. 강력한 외세가 그 나라들에서 명성[10]을 얻지 못하게 했다. 적절한 사례로서 그리스 하나만 살펴보는 것으로 충분하다고 나는 생각한다.

## 그리스에서 로마는 어떻게 통치했는가

로마인들은 [약소국가인] 아카이아인들과 아이톨리아인들의 자발적 협조를 통해 그 나라[그리스]에 들어갔다. 그래서 [강대국의 하나인] 마케도니아왕국을 굴복시켰고 [또 다른 강대국인 시리아의 왕] 안티오코스를 몰아냈다.

아카이아인들이나 아이톨리아인들이 비록 많은 공헌을 했지만 로마인들은 그들의 국가가 강성해지는 것을 결코 허용하지 않았다. [마케도니아의] 필리포스가 동맹국으로 받아들여 달라고 간곡히 설득해 왔지만 로마인들은 그가 굴복하기 전에는 이를 허용하지 않았다. 안티오코스는 강력했지만 로마인들은 그가 그리스라는 나라 안에서 국가를 유지하는 것을 허용하지

10) 『군주론』에서 '명성'reputazione; reputation은 자주 등장하는 용어다. 이는 강한 힘과 더불어 좋은 평판을 누리는 것이 갖는 권력 효과를 가리킨다. 위 문상에서 본다면 해당 지역의 민중 내지 그 주변 세력들에게 두려움을 부과하는 동시에 그들로부터 우호적인 평판을 이끌어 내는 능력을 뜻한다. 곽준혁에 따르면, 『군주론』에서 이 단어와 관련 파생어가 31번 등장할 만큼 명성은 마키아벨리 정치 이론에서 핵심적 위치를 차지하는 개념의 하나이다(『지배와 비지배: 마키아벨리의 「군주」 읽기』, 162쪽).

않았다.

　이런 사례에서 알 수 있듯이 로마인들은 현명한 군주라면 누구나 취해야 하는 조치를 취했다. 현명한 군주는 현재의 소요만이 아니라 미래에 일어날지도 모르는 소요에 대비해야만 하고, 그런 소요를 미리 예방하기 위해 모든 노력을 다해야 한다. 소요를 멀리서 일찍이 감지하면 처방을 구하기가 쉽다. 하지만 가까이 오도록 방치하면 처방을 제때 쓸 수 없게 된다. 그때는 치유할 수 없는 질병이 되기 때문이다.

　의사들이 폐결핵에 대해 말하는 바가 이 경우에 해당된다. 이 병은 초기에는 치료하기 쉬우나 진단하기가 어려운 데 반해, 초기에 발견해 적절히 치료하지 않으면 시간이 흐름에 따라 진단하기는 쉬우나 치료하기는 어려워진다. 국가를 통치하는 일 또한 마찬가지이다. 군주로서 문제를 멀리서 일찍이 인지한다는 것은 오로지 현명한 자에게만 주어지는 능력인데, 아무튼 그렇게 문제를 일찍 인지하면 국가에서 일어나는 폐해를 신속히 해결할 수 있다. 하지만 문제를 제때 인식하지 못해 사태가 악화되어 모든 사람이 알아차릴 정도가 되면 어떤 해결책도 소용이 없게 된다.

　로마인들은 문제가 되는 것을 멀리서부터 내다볼 수 있었고 그렇기에 항상 잘 대처할 수 있었다. 그들은 전쟁을 피하려다 문제만 커지는 일을 결코 용납하지 않았다. 전쟁이란 피할 수 있는 것이 아니라 단지 적에게 유리하도록 지연되는 것에 불과하다는 점을 익히 알고 있었기 때문이다. 바로 그런 이유로 그들은 이탈리아에서 필리포스와 안티오코스를 맞아 싸우는 것을 피하기 위해 선수를 쳐 그리스에서 그들과 전쟁하는 길을 택했다.

로마인들은 그 두 세력과의 전쟁을 한동안 피할 수도 있었지만, 그렇게 하지 않는 것을 선택했다. 또한 로마인들은 오늘날 우리 시대의 현자들[11]이 입에 달고 다니는 말, 즉 "시간이 가져다주는 이로움을 즐겨라[사태를 관망하면서 시간을 벌어라]."라는 격언을 결코 좋아하지 않았다. 그러기보다 그들은 자신들의 비르투와 실천적 이성$_{prudenzia}$[12]에서 비롯되는 이로움을 몹시 좋아했다. 시간은 모든 것을 가져오는데, 선한 것과 함께 악한 것을, 악한 것과 함께 선한 것도 가져오기 때문이다.


## 루이 12세는 어떻게 했어야 하는가

다시 프랑스의 사례로 돌아가서 프랑스 왕은 지금껏 이야기했던 것들 가운데 과연 무엇을 했으며, 무엇을 하지 않았는지에 대해 살펴보자. 나는 샤를 왕이 아니라 루이 왕의 경우를

---

11) Connell(2005, 47, f.14)에 따르면, 불확실성에 대처하는 방법으로 당시 대부분의 인문주의자들과 정치가들은 시간을 지연하는 정책을 권했다고 하며, 대표적으로 마키아벨리와 가깝게 교류했던 귀족 정치가 귀차르디니$_{Francesco\ Guicciardini}$를 꼽는다. 곽준혁에 따르면 14세기의 대표적인 인문주의자 보카치오$_{Giovanni\ Boccaccio}$도 같은 생각이었다고 한다(『지배와 비지배: 마키아벨리의 「군주」 읽기』, 50쪽).

12) 여기가 마키아벨리 정치 이론의 중심 개념의 하나인 프루덴차가 『군주론』에서 처음 등장하는 곳이다. 이에 대해서는 부록 〈『군주론』 더 깊이 읽기 ❻ : 프루덴차〉에서 자세히 살펴보겠다.

논하겠다. 루이 왕은 샤를 왕에 비해 이탈리아에서 더 오랫동안 영토를 유지했고,[13] 따라서 그가 했던 조치들을 더 잘 관찰할 수 있기 때문이다. 이를 통해 당신께서는 그가 다른 나라를 점령하고 유지하기 위해 했어야만 한 것과는 정반대되는 일을 했음을 보시게 될 것이다.

루이 왕의 이탈리아 침입은 베네치아인들의 야심 때문에 초래되었다. 베네치아인들은 루이 왕의 침입을 틈타 롬바르디아 국가의 절반[14]을 획득하려 했다. 나는 [베네치아인들과 동맹을 한] 루이 왕의 결정을 비난하고 싶지 않다. 그 이유는 그가 이탈리아에서 발판을 구축하고 싶어 했지만 이탈리아 안에는 어떠한 동맹국도 없었고, 그와는 반대로 과거 샤를 왕의 처신 때문에 모든 [국가의] 문이 닫혀 있어서 맺을 수 있는 동맹이라면 어떤 동맹이든 받아들이지 않을 수 없었기 때문이다.[15] 그가 다른 문제에서 실수를 저지르지만 않았더라면 베네치아와의 동맹은 잘한 결정으로 귀결되었을 것이다.

롬바르디아 지방을 정복했을 때, 루이 12세는 샤를 왕 때문에 실추되었던 명성을 즉각 되찾을 수 있었다. 제노바는 항

---

13) 샤를 8세는 1494년 8월부터 이듬해 7월까지, 루이 12세는 1499년부터 1512년까지 이탈리아 내에서 영토를 차지했다.

14) 만토바·브레시아·베로나·비첸차·파도바 등 롬바르디아 지방의 여러 국가를 가리킨다. 예외적으로 이 부분에서 마키아벨리는 롬바르디아 지방provincia이 아닌 롬바르디아 국가stato라고 표현했다.

15) 여기서 말하는 베네치아와의 동맹이란 1499년 4월에 체결된 블루아 Blois 조약을 말한다.

복했고 피렌체는 그의 동맹국이 되었다. 만토바 후작, 페라라 공작, 벤티볼리오 가문, 포를리의 여자 통치자[카테리나 스포르차], 파엔차·페사로·리미니·카메리노·피옴비노의 통치자들 그리고 루카인들, 피사인들, 시에나인들이 그에게 접근해 동맹국이 되고자 했다. 그러자 베네치아인들은 자신들의 결정이 경솔했음을 깨달았다. 롬바르디아 지방에서 고작 몇 개의 도시를 획득하려고 하면서, 프랑스 왕으로 하여금 전체 이탈리아반도의 3분의 2[16]를 호령하도록 만든 꼴이 되었기 때문이다.

이제는 명백해졌듯이, 루이 왕이 앞서 [내가] 제시한 규칙을 따르고 모든 동맹국을 안전하게 지키고 보호했더라면, 이탈리아에서 별 어려움 없이 명성을 유지할 수 있었을 것이다. 루이 왕에게 모여든 동맹국은 숫자가 많았고, 모두가 약한 세력들이었다. 그들 가운데 일부는 [이탈리아 내 대표적인 강자인] 교회 세력을 무서워했고, 다른 일부는 [또 다른 강자인] 베네치아인들을 무서워했다. 그렇기에 그들은 계속해서 루이 왕과 함께하고자 했을 것이며, 바로 이들을 통해 그는 이탈리아에서 가장 강한 세력으로 쉽게 남을 수 있었을 것이다. 그러나 루이 왕은 밀라노에 입성하자마자 정반대로 교황 알렉산데르가 로마냐 지방을 정복하는 것을 도왔다.

그가 깨닫지 못한 것은, 이런 결정이 한편으로는 그의 동맹국들과 그에게 보호를 의탁했던 세력들을 밀어냄으로써 자

---

16) 이탈리아 북부뿐만 아니라 남부의 나폴리왕국까지를 염두에 둔 표현이다.

신을 약화했다는 점이다. 다른 한편 교회를 강성하게 만들었고, 그들이 가진 막강한 권위의 근원인 영적인 것에 덧붙여 세속적인 위대함을 보태 주었다는 점이다. 이 첫 번째 실수를 저지른 후 그는 계속해서 실수를 거듭할 수밖에 없었다. 결국 알렉산데르의 야심을 제어하고 그가 토스카나 지방의 통치자가 되는 것을 막기 위해서는 이탈리아에 군대를 보내야 하는 지경에 이르렀다.[17]

루이 왕은 교회를 강한 세력으로 만들고 자신의 동맹국들을 상실하는 데에서 멈추지 않았다. 그는 나폴리왕국에 대한 욕심 때문에 그 왕국을 에스파냐 왕과 분할했다. 한때 자신이 이탈리아 최고의 결정권자였던 곳에 그는 또 다른 파트너를 불러들인 꼴이 되었다. 그 결과 루이 왕에게 불만을 품은 불평분자들과 이 나라[이탈리아]의 야심가들이 의존할 수 있는 또 다른 사람이 나타나게 된 것이다. 그는 나폴리왕국에서 자신에게 충성할 왕[18]을 그대로 남겨 둘 수 있었음에도 그를 제거해 버렸고, 대신 그 자리에 자신을 몰아낼 수 있는 자[페르난도 2세]를 들여놓고 말았다.

17) 체사레 보르자가 로마냐 지방을 넘어 토스카나 지방에 대한 야심을 드러내자 이를 두려워한 루이 12세는 1502년 4월 피렌체와 방위 협약을 맺고 같은 해 7월 아레초Arezzo에 자신의 군대를 보내 체사레 보르자의 위협으로부터 피렌체의 영향권을 보호해 주어야만 했다.

18) 1501년 나폴리 왕에서 쫓겨난 페데리코 1세를 말한다. 페르난도 2세는 그의 조카였는데 삼촌을 배신하고, 1500년 루이 12세와 비밀리에 협약을 맺어 나폴리를 분할했다.

## 이탈리아는 전쟁을 이해하지 못했고,
## 프랑스는 국가를 이해하지 못했다

정복의 욕구는 진정으로 자연스럽고 정상적인 것이다. 할 수 있는 사람이 그렇게 할 때 그들은 항상 칭송을 받지 비난을 받지 않는다. 그러나 성취할 역량이 없는 자들이 경우를 가리지 않고 이를 추구하면, 그것은 실수와 비난을 낳는다.

자신의 군대만으로 나폴리왕국을 정복할 수 있었다면 프랑스 왕은 마땅히 그렇게 했어야 했다. 그럴 수 없었다면 그는 나폴리왕국을 [에스파냐 왕과] 분할하지 말았어야 했다. 롬바르디아 지방을 베네치아인들과 분할한 일이 용서받을 만한 것이라는 이유는, 그렇게 해서 이탈리아에서 거점을 확보할 수 있었기 때문이다. 반면 나폴리왕국의 분할이 비난받을 일이라는 것은, 분할을 해야 할 어떤 불가피성necessità도 없었기 때문이다.

결국 루이 왕은 다섯 가지 실수를 범했다. 약소 세력들을 배제한 것, 이탈리아에서 이미 강력한 교황 권력을 강화한 것, 이탈리아에 매우 강력한 외세를 불러들인 것, 이탈리아에 친히 정주하지 않은 것, 이탈리아에 식민지를 건설하지 않은 것이 바로 그것이다.

이런 실수에도 불구하고 그의 여섯 번째 실수, 즉 베네치아인들을 자신의 국가로부터 몰아내는 잘못만 저지르지 않았더라면 자신이 살아 있는 동안 해를 입지는 않았을 것이다. 그가 교회 세력을 강화하지 않았거나 에스파냐를 이탈리아에 끌어들이지만 않았더라면 베네치아 세력을 약화하는 일이 합리적이고 또 필요했을 것이다. 그러나 이미 [교회 세력을 강화하고

에스파냐를 끌어들이는] 두 결정을 내린 이상, 결코 그는 베네치아의 몰락을 용인해서는 안 되었다.[19]

　베네치아인들은 세력이 강대했기 때문에 언제든 다른 세력들이 롬바르디아 지방에 침략하는 것을 제어했을 것이다. 베네치아인들은 자신들이 롬바르디아 지방의 패자가 된다면 모를까 그렇지 않다면 다른 누군가가 롬바르디아 지방을 침략하는 것을 결코 허용하지 않았을 것이다. 그 어떤 강대국들도 프랑스 왕으로부터 롬바르디아 지방을 빼앗아 그것을 베네치아에 주려 했을 리 없었고, 이 두 나라[프랑스와 베네치아]를 상대로 맞서 싸울 만한 용기를 낼 수도 없었다.

　만약 누군가가 루이 왕이 로마냐 지방을 알렉산데르에게, 나폴리왕국을 에스파냐에 양보한 것은 전쟁을 피하기 위해서였다고 말한다면 나는 앞에서 언급한 것들을 근거로 다음과 같이 답하겠다. 즉, 전쟁은 피할 수 있는 것이 아니라 단지 당신에게 불리한 방향으로 지연되는 것에 불과하기 때문에 전쟁을 피하려고 문제를 그대로 방치해서는 결코 안 된다는 것이다. 만일 또 다른 누군가는 왕이 교황과 맺은 약속, 즉 왕의 결

---

19) 여기에서 마키아벨리가 말하는 상황은, 프랑스가 1508년 12월 교황국·신성로마제국·에스파냐 등과 함께 베네치아를 분할 점령하기로 한 캉브레 동맹을 맺은 뒤 1509년 바일라 전투(아냐델로Agnadello 전투라고도 불린다)에서 베네치아 병력을 붕괴시킨 것을 말한다. 그 뒤 베네치아는 롬바르디아 지방에서 완전히 쫓겨났다. 이때의 전투에 대해서는 12장에서도 이야기된다. 물론 앞에서 말한 대로 프랑스 역시, 교황 율리오 2세가 주도하고 에스파냐와 밀라노뿐만 아니라 베네치아까지 참여한 신성동맹과의 1512년 라벤나 전투를 기점으로 이탈리아에서 물러나게 된다.

혼을 무효화하고[20) 루앙의 대주교[21)를 추기경으로 임명한 것에 대한 대가로 로마냐 지방을 점령하려는 교황에 협력하기로 약속했기 때문에 어쩔 도리가 없었다고 주장한다면, 나는 뒤에서[18장에서] 군주의 약속은 어떻게 지켜져야 하는가에 관해 논의하면서 내 생각을 말하겠다.

루이 왕은, 다른 나라를 점령하고 그 뒤 그것을 지키고자 하는 자들이 따라야 할 규칙들 가운데 그 어떤 것도 준수하지 않았기 때문에 롬바르디아 지방을 잃고 말았다. 이는 전혀 이상한 일이 아니며 지극히 정상적이고 합리적인 결과가 아닐 수 없다. 이 주제에 대해 나는 발렌티노 공, 이 이름은 사람들이 알렉산데르 교황의 아들인 체사레 보르자를 부르는 칭호[22)

---

20) 루이 12세는 브르타뉴 지역을 얻기 위해 샤를 8세의 미망인이자 당시 유럽에서 가장 부유한 여성이었던 브르타뉴 공국의 안Anne de Bretagne과 결혼하려 했다. 그러려면 샤를 8세의 여동생 잔Jeanne과 했던 애초의 결혼을 무효화해야 했다. 당시 왕의 이혼은 교황의 허락을 필요로 했는데, 알렉산데르 6세는 프랑스로부터 원군을 빌려 로마냐 지방을 장악하려는 속셈으로 이를 허락했다. 루이 12세의 재혼은 1498년 10월에 이루어졌다.

21) 루앙의 대주교 조르주 당부아즈Georges d'Amboise(1460~1510)를 가리킨다. 루이 12세의 총리대신이자 최측근 고문 역할을 했다. 1498년 9월 알렉산데르 6세에 의해 추기경에 임명되었다. 마키아벨리는 1500년 10월 말에서 11월 초까지 피사 문제와 관련해 프랑스의 협조를 얻기 위해 낭트에 갔는데, 그때 그와 여러 차례 만나 대화를 나눴다.

22) 교황 알렉산데르 6세로부터 이혼을 허락받은 후 루이 12세는 체사레 보르자에게 프랑스의 발랑스Valence 지역 부근 영지와 함께 공작 칭호를 내렸다. 그 뒤 체사레 보르자는 이탈리아식 발음으로 발렌티노 공으로 불렸다.

인데, 암튼 그가 로마냐 지방을 점령하려고 전투를 수행하고 있을 때, 낭트에서 루앙의 추기경과 이야기를 나눈 적이 있다. 그는 내게 이탈리아인들은 전쟁을 이해하지 못한다고 말했다. 그래서 나는 프랑스인들은 국가stato를 이해하지 못한다고 대꾸했다. 그들이 국가라는 문제를 이해했더라면 교회 세력이 그처럼 강력해지도록 허용하지 않았을 것이기 때문이다.

경험에 비추어 보더라도, 여기 이탈리아에서 교회와 에스파냐 왕이 강대한 힘을 갖게 된 것은 프랑스 왕 스스로 초래한 일이었으며, 그 자신의 몰락 또한 [자신이 키운] 그 두 세력에 의해 초래된 일이었다. 이로부터 우리는 거의 혹은 절대 틀리지 않는 하나의 일반 원칙을 끌어 낼 수 있는데 그것은, 다른 누군가를 강력한 권력이 되게 하는 자는 그로 인해 파멸한다는 것이다. 그가 누군가를 그렇게 강력하게 만든 것은 계략이나 무력에 의해서인데, 그렇게 해서 강력한 권력을 갖게 된 자에게 이제 그 계략과 무력은 [이제는 자신을 향해 도모될지 모른다는 점에서] 의심의 대상일 수밖에 없기 때문이다.

# 4장
## 알렉산드로스에게 정복당했던 다리우스 왕국은 왜 대왕이 죽은 후 그의 후계자들을 상대로 반란을 일으키지 않았는가

새로 획득한 국가를 지킴에 있어 직면하게 되는 어려움을 고려할 때, 우리는 다음과 같은 사실에 놀라지 않을 수 없다. 알렉산드로스대왕[B.C.356~B.C.323]은 불과 수년 만에 아시아의 패자가 되었고 곧 세상을 떠났다. 그렇다면 그곳의 국가들 모두가 반란을 일으켰으리라 예상하는 것이 당연했다. 하지만 알렉산드로스의 후계자들은 아무런 어려움 없이 그곳을 유지하고 지켜냈다. 다만 자신들의 야심 때문에 그들 내부에서 분란이 생겨났을 뿐이다.

### 군주국의 두 가지 통치 유형

그 이유에 대해 나는 다음과 같이 답하겠다. 우리가 기억하는 한 모든 군주국은 두 가지 방법 중 하나의 방법으로 통치되었음을 볼 수 있다. 하나는 한 명의 군주에 의해 통치되고 그 밖의 모든 사람은 그의 종복인 경우인데, 그들은 군주의 총애와 허락에 따라 신하가 되어 군주가 그 왕국을 통치하는 것을 돕는다.

다른 하나는 군주가 [독립적인 통치 기반을 가진] 제후들과 더

불어 통치하는 유형이다. 그런데 제후들은 군주의 총애가 아니라 오랫동안 유지해 온 가문의 힘으로 그 지위를 차지했다. 그런 제후는 자신의 국가와 자신의 신민을 갖고 있으며, 신민들은 그를 자신들의 영주로 인정하고 그에 대해 자연스러운 애착을 갖는다.

군주가 종복에 의해 통치되는 국가에서 군주는 더 큰 권위를 누리는데, 군주 이외에는 그 나라 전체에 걸쳐서 그보다 더 우월한 자가 없기 때문이다. 설령 그들이 다른 누군가에게 복종한다고 하더라도, 이는 그들이 단지 군주의 신하이거나 관리이기 때문이며 특별한 애정을 바치는 사람은 오직 군주에 대해서뿐이다.

우리 시대에서 이런 두 가지 통치 유형의 사례는 투르크의 술탄과 프랑스의 왕이다. 투르크 왕국 전체는 한 사람의 군주에 의해 지배되고 다른 사람들은 모두 그의 종복에 불과하다. 그 왕국은 산자크라는 행정 지역으로 나뉘어 있는데, 술탄은 각 지역에 각기 다른 행정관들을 파견하고 자신의 뜻대로 그들을 교체하거나 이동시킨다.

그러나 프랑스 왕은 오랜 가문의 전통을 가진 수많은 영주로 둘러싸여 있으며 그 영주들은 각자의 국가에서 자신들을 영주로 인정하고 자신들에게 충성을 바치는 신민을 거느리고 있다. 영주들은 고유한 세습적 특권을 가지고 있으며 왕도 위험을 감수하지 않는 한 그 특권을 빼앗을 수 없다.

## 정복이 어렵고 통치가 쉬운 유형,
## 정복이 쉽고 통치가 어려운 유형

누구라도 이 두 유형의 국가를 고찰하게 되면, 투르크 유형의 경우에는 정복하기가 어려울 뿐 일단 정복하면 유지하기가 아주 쉽다는 것을 발견하게 될 것이다. 반대로 프랑스와 같은 왕국은 몇 가지 점에서 정복하기에는 좀 더 용이한 반면 유지하기는 매우 어렵다는 사실을 발견하게 될 것이다.

투르크 왕국을 정복하기 어려운 이유는, 그 왕국의 여러 군주들 가운데 누군가에 의해 초대받을 가능성이 없다는 데 있다. 그리고 앞서 말한 이유로 투르크 왕국의 주변 사람들이 반란을 일으켜 당신의 침략을 용이하게 해주기를 희망할 수도 없다. 그들은 모두 한 군주의 종복들이고 그의 은혜를 입어 그 자리에 올랐기 때문에 그들을 매수하기란 여간 어렵지 않으며 설사 성공한다고 해도 쓸모가 별로 없다. 앞서 언급한 이유로 그들은 자신들 주변에 동원할 민중을 갖고 있지 않기 때문이다.

따라서 투르크를 공략하려는 자는 누구나 그들이 일치단결해 있다는 점을 알고 있어야 하며 적 내부의 소요보다 자신의 군대에 더 희망을 걸어야 한다. 그러나 투르크가 군대를 재건할 수 없을 정도로 결정적인 패배를 입고 전장에서 무너진다면, 이제는 군주의 가문을 제외하고는 걱정할 것이 없게 된다. 그래서 군주의 가문을 끊어 버리면 민중으로부터 신망을 얻을 수 있는 사람은 없을 것이기에 두려워할 어떤 것도 남지 않게 된다. 정복자가 승리 이전에는 그곳 사람들로부터 어떠한 도움도 기대할 수 없었던 것과 같은 원리로, 승리 이후의 정복자는 그들을 두려워할 이유가 없다.

프랑스처럼 지배되는 왕국에서는 정반대의 현상이 나타난다. 당신은 그 왕국의 일부 제후들과 결탁함으로써 쉽게 쳐들어갈 수 있다. 언제든 불만을 품은 세력과 반란의 무리들을 발견할 수 있기 때문이다. 이미 그 이유를 언급했듯이, 그들은 당신에게 그 국가로 들어가는 길을 열어 줄 것이며, 당신의 승리를 용이하게 해줄 것이다.

그러나 그 후 당신이 장악한 것을 지키려고 할 때, 당신은 당신을 도운 무리들과 당신의 침략으로 인해 고통을 당한 자들로부터 무수히 많은 시련을 겪게 될 것이다. 군주 가문의 혈통을 단절시키는 것만으로는 충분하지 않다. 영주들이 남아 있고, 그들은 새로운 반란의 주모자가 되려고 하기 때문이다. 당신은 그들을 만족시킬 수도 파멸시킬 수도 없기 때문에 상황이 안 좋아지면 언제라도 그 국가를 잃게 될 것이다.


### 다리우스 왕국의 사례와 고대 로마의 사례

자, 이제 다리우스[1] 왕국의 통치가 갖는 성격을 생각해 본다면, 당신께서는 그것이 투르크 왕국과 닮았다는 사실을 발견하시게 될 것이다. 그렇기 때문에 알렉산드로스는 먼저 다

---

1) 다리우스 3세를 가리키는데, 고대 페르시아의 왕으로 기원전 333년 알렉산드로스대왕에게 패망한 뒤 동쪽으로 도망가던 중 살해되었다.

리우스 왕을 완전히 섬멸하고 다시는 전장에 나서지 못하도록 할 필요가 있었다. 또한 전쟁에서 승리한 뒤에 다리우스를 죽였기 때문에 알렉산드로스는 앞에서 말한 이유에서 그 국가를 확실하게 손에 넣을 수 있었다. 따라서 알렉산드로스의 후계자들이 단결만 했더라면,[2] 순조롭게 지배를 유지할 수 있었을 것이다. 그 왕국에서 일어난 분란이란 단지 그들 자신의 소행에서 비롯되었기 때문이다.

그러나 프랑스처럼 통치되는 국가는 그와 같은 순탄한 통치가 불가능하다. 바로 이 점 때문에 [고대] 로마가 지배했던 에스파냐·프랑스·그리스 지역에서 로마에 대한 반란이 빈번했다. 이들 국가에는 많은 군주국이 있었기 때문에 이 군주국들에 대한 기억이 지속되는 한, 로마인들이 계속해서 이 국가들을 장악하게 될 것인지는 확실치가 않았다. 그러나 로마제국의 권력과 오랜 점령 기간 덕분에 옛 군주국에 대한 기억이 퇴색되었을 때, 이들 나라에 대한 로마인들의 지배는 확고해졌다. 그 뒤 로마인들이 자중지란에 빠졌을 때, 각 세력들은 자신들이 가진 권위의 크기에 따라서 그 나라의 일부를 챙겨 갔다. 그 이전 통치자들의 가문이 단절되었기 때문에, 이 나라들에서는 로마인들을 제외하고 누구의 권위도 인정되지 않았다.

위의 모든 사실을 감안한다면, 알렉산드로스대왕의 경우는 아시아 국가들에 대한 지배를 용이하게 유지한 반면, 피로스[3]

---

2) 알렉산드로스대왕 사후 장군들 사이에 내분이 일어나 왕국이 분열된 것을 말한다.

와 같은 다른 통치자들의 경우 정복지를 유지하는 데 큰 어려움을 겪었다는 사실에 대해 의아하게 생각할 필요가 없을 것이다. 이는 정복자의 비르투가 많고 적음 때문이 아니라 [비르투를 발휘할 수 없게 만든] 신민의 차이dalla disformità del subietto에서 비롯된 것이다.[4]

3) 피로스(B.C.319~B.C.272)는 그리스 북서부에 위치했던 에피루스Epirus 왕국의 왕으로, 로마와 카르타고를 대상으로 한 전쟁에서 승리했고 시칠리아 내 그리스 세력들의 요청으로 시칠리아의 군주가 되었지만 통치에는 실패했다. 당시 시칠리아의 경우는 세습 군주정이었던 투르크 왕국과는 달리 여러 독립적인 도시국가들로 구성되어 있었다. 결국 시라쿠사와 레온티니Leontíni 등 몇몇 도시국가에서 반란이 일어나자 피로스는 자신의 왕국인 에피루스로 돌아가 버렸다. 그렇다면 독립적인 도시국가들을 점령했을 때는 어떻게 해야 하는가? 이는 다음 장의 주제이다.

4) 여기서 말하는 '신민의 차이'란, 이어지는 5장의 주제를 위한 연결어라고 할 수 있다. 세습 군주의 통치에 익숙한 신민의 경우를 다룬 4장과는 달리 5장에서는 공화국에서처럼 자유롭게 사는 데 익숙한 신민들을 통치할 때의 문제를 다룰 것이기 때문이다.

# 5장
## 점령되기 전에 자신들의 법에 따라 살아온
## 자치 도시나 군주국은 어떻게 통치해야 하는가

앞 장에서 언급한 것처럼 [세습 군주국이 아니라] 스스로 만든 법에 따라 자유롭게 사는 것에 익숙한 국가를 정복한 경우라면, 그 국가를 계속 장악하는 데에는 세 가지 방법이 있다.

첫째, 그 국가[의 자유와 법]를 파괴하는 것이다.

둘째, 그곳에 직접 가서 정주하는 것이다.

셋째, 공물을 바치게 하고, 당신과 지속적으로 우호적인 관계를 유지하는 소수[귀족]로 구성된 [과두정] 국가를 세우는 한편, 그들 자신의 법에 따라서 계속해서 예전처럼 살게 내버려 두는 것이다. 그 국가는 정복 군주에 의해 세워졌기 때문에, 군주의 호의와 권력 없이는 생존할 수 없으며 군주를 뒷받침하기 위해 모든 노력을 다하지 않을 수 없다. 자유롭게 사는 데 익숙한 자치 도시civitates; cities를 그대로 둔 채 보유하고자 한다면, 그 시민들cittadini; citizens을 이용해서 그렇게 하는 것이 다른 어떤 방법보다 더 용이한 일이다.


### 그러나 자유의 경험은 잊히지 않는다

스파르타인들과 로마인들이 했던 방식은 좋은 사례가 된다. 스파르타인들은 아테네와 테베에 소수가 통치하는 [과두정] 국가를 세웠지만, 그럼에도 불구하고 그 국가들에 대한 통치권을 잃고 말았다.[1] 로마인들은 카푸아, 카르타고 및 누만티아를 계속 장악하기 위해 그 국가들을 파괴했고 그 국가들을 잃지 않았다. [처음에] 로마인들도 스파르타인들과 유사한 방법으로 그리스를 지키려 했다. 그리스를 자유롭게 자신들의 법에 따라서 살도록 한 것인데, 이는 성공적이지 못했다. 따라서 로마인들은 자신들의 지배를 관철하기 위해 그리스의 많은 자치 도시들을 파멸시키지 않으면 안 되었다.[2]

사실, 자치 도시를 파멸시키는 것 말고 지배를 확고히 하는 다른 방법은 없다. 자유로운 생활양식에 익숙한 자치 도시의 수호자patrone; patron가 되고자 하면서 그 자치 도시를 파멸시키지 않는 자는 누구라도 그 자치 도시가 도리어 자신을 파멸시킬 것임을 각오해야 할지 모른다. 자치 도시들은 반란을 일으키면서 자유라는 이름과 [공화국이라고 하는] 자치 도시의 옛 질서ordini antichisuoi; ancient regime를 구원의 도피처로 삼게 되는데, 이는 오랜 시간이 지나고 또 새 체제로부터 여러 혜택을 입었음에도 불구하고 결코 잊히지 않기 때문이다.

무엇이 행해졌고 무엇이 제공되었든지 간에, 주민들을 분

---

1) 스파르타는 기원전 404년 펠로폰네소스전쟁에서 승리한 뒤 아테네에 30인의 참주로 이루어진 과두정을 설치했는데, 이는 오래 버티지 못하고 그 이듬해 붕괴되었다. 테베에는 기원전 382년에 과두정을 세웠는데, 역시 오래 못 가고 기원전 378년에 무너졌다.

2) 카푸아에서는 기원전 211년에, 카르타고에서는 기원전 146년에, 누만티아에서는 기원전 133년에 기존 체제를 붕괴시켰다.

열시키거나 분산하지 않으면 그들은 자유라는 이름과 그들의 옛 질서를 망각하지 않을 것이다. 그래서 그 어떤 우연한 기회라도 만나게 되면 그 전으로 즉시 돌아가고자 반란을 꾀할 것이다. 100년 동안이나 피렌체에 의해 노예 상태에 있었던 피사가 그랬듯이 말이다.[3)]

## 복종에 익숙한 곳과 자유에 익숙한 곳을 통치하는 방법은 다르다

그러나 한 군주의 치하에서 사는 데 익숙한 도시나 나라라면, 그곳의 군주 가문을 소멸시켜 버릴 경우, 그들은 자유롭게 사는 방법을 알 수 없게 된다. 한편으로 주민들에게 복종의 습성이 여전히 남아 있고, 다른 한편 옛 군주가 없기 때문에 그들은 자신들 중에서 누구를 군주로 추대할 것인가에 관해 쉽사리 합의하지 못하기 때문이다. 그 결과, 그들이 무기를 드는 데까지는 너무 오랜 시간이 걸리고, 그러는 동안 어떤 군주라도 좀 더 용이하게 그들의 지지를 확보하고 안전을 도모할 수 있게 된다.

그러나 공화국에는 더 큰 생명력, 더 큰 증오 그리고 복수

---

3) 피사는 1406년에 피렌체에 복속되었다. 하지만 1494년 프랑스의 샤를 8세가 이탈리아를 침공한 것을 틈타 반란을 일으켰고, 피렌체에 재탈환된 1509년까지 15년을 버텼다.

를 향한 더 강렬한 욕구가 있다. 또한 과거 자신들이 누렸던 자유에 대한 기억 때문에 새 체제에 안주하게 되지도 않고 또 그럴 수도 없다. 그러니 안심할 수 있는 가장 확실한 방법은 공화국을 파멸시켜 버리거나 아니면 군주가 그곳에 정주하면서 다스리는 것이다.

# 6장
## 자신의 군대와 자신의 비르투로 획득한
## 신생 군주국에 대하여

이제 군주도 바뀌고 그 국가도 바뀐, 완전히 새로운 군주국에 대해 이야기하겠다. 그러면서 가장 위대한 인물들을 사례로 삼을 텐데, 이는 당연한 일이다. 그 이유는 다음과 같다.


### 위대한 인물들의 행적을 살펴보는 것이 왜 유익한가

사람들은 걸을 때 거의 항상 다른 사람들이 디뎠던 길을 따라 걷고, 남들이 하는 행동을 모방하고 활용해 자신의 길을 개척한다. 하지만 다른 사람들이 걸었던 길을 완전히 그대로 걸을 수는 없다. 당신이 모방하고자 하는 사람들이 성취했던 비르투를 똑같이 성취할 수도 없다. 따라서 현명한 사람이라면, 위대한 사람들이 밟았던 길로 걷고 대단히 탁월했던 사람들이 했던 일을 모방함으로써, 비록 자신의 비르투가 그들에 미치지 못한다 할지라도 최소한 그 비슷한 체취는 풍길 수 있어야 한다.

현명한 사람이라면 현명한 궁수처럼 해야 한다. 자신이 맞추고자 하는 목표로부터 멀리 떨어져 있는 어떤 궁수가 있다고 하자. 그는 자신의 활이 갖고 있는 비르투의 한계를 알기 때문에 목표 지점보다 훨씬 더 높게 겨냥한다. 목표와 같은 높이가 아니라 그보다 더 높이 조준함으로써 자신의 목적을 성취할 수 있게 하는 것이다.[1] 그러므로 나는, 신생 군주가 장악하고 있는 신생 군주국의 경우 그 군주국을 유지하는 데 있어서 부딪치는 어려움의 많고 적음은 그 군주국을 획득한 군주가 가진 비르투의 많고 적음에 의해 결정된다고 말하고자 한다.

## 포르투나보다 비르투가 중요하다

일개 시민이었던 한 사람이 군주가 되는 것은, 그가 비르투를 갖고 있거나 아니면 운명의 여신으로부터 도움을 받는다는 전제 없이 이루어지기 어렵다. 분명 두 힘 가운데 어느 하나가 그가 직면한 많은 어려움을 경감해 줄 것이다. 그럼에도 불구하고 군주가 되는 데 운명의 힘에 의존하는 정도가 덜했다면 그는 자신이 획득한 것을 더욱더 잘 지키게 될 것이다. 게다가 군주가 다른 국가를 소유하지 않은 까닭에 자신이 점령한 곳에 몸소 와서 살아야 한다면, 그 일은 훨씬 더 쉬워진다.

운명의 힘이 아니라 자신의 비르투에 의해 군주가 된 인물 가운데 가장 탁월한 예로 나는 [이스라엘의] 모세, [페르시아의]

---

1) 『군주론』 14장에서 마키아벨리는 알렉산드로스대왕이 아킬레우스를 모방했다고 말한다. 18장에서는 아킬레우스가 반인반수인 케이론에게 맡겨져 이상적인 군주 교육을 받았다고 말한다. 그리스신화에 따르자면, 아킬레우스는 케이론에게서 활쏘기를 배웠고, 케이론은 죽어 하늘의 별인 궁수자리가 되었다.

키루스, [로마의] 로물루스와 [아테네의] 테세우스, 그리고 그들을 닮은 사람들[2]을 들겠다. 사람들은 모세의 경우 신의 지시 ordini를 단지 집행한 것에 불과했기 때문에 그를 논의에 포함하지 않아야 한다고 말한다. 하지만 그가 가진 은총, 즉 스스로를 하느님과 대화할 수 있는 귀한 사람으로 만들었다는 사실 하나만으로도 그는 존경받아 마땅하다. 그러나 여기에서는 키루스, 그리고 왕국을 획득했거나 창건한 그 밖의 사람들에 대해 고찰해 보기로 하자.

## 위대한 인물에게 위기는 곧 기회다

당신께서는 이들이 모두 존경스럽게 보일 것이다. 그들의 행적과 그들이 만든 체제ordini를 살펴볼 때, 그들은 [하느님이라는] 너무나도 위대한 교사를 갖고 있던 모세와 다를 바가 없어 보일 것이다. 그리고 그들의 행적과 삶을 검토할 때 그들은 자신의 생각대로 형상을 빚어낼 수 있는 질료를 가졌다는, 그런 기회occasione; opportunity 말고는 운명의 힘에 의존한 바가 없었음을 알게 된다.

그런 기회가 없었다면 그들의 정신 속에 깃들어 있던 비르

---

[2] 대표적으로 이 장에서는, 1494년부터 1498년까지 피렌체 공화정을 이끈 사보나롤라와, 기원전 3세기 초 시라쿠사 왕국을 이끈 히에론의 사례가 다뤄진다.

투는 허비되었을 것이다. 또 그런 비르투가 없었다면 기회는 헛된 일이 되었을 것이다. 따라서 모세로서는 이집트에서 노예가 되어 억압받았고 자신들이 그런 노예 상태에서 벗어나려면 모세를 따라야 한다는 마음이 생긴 이스라엘인들을 발견해야 했다. 로물루스가 로마의 왕이 되고 조국patria; fatherland의 창건자가 되기 위해서는 그가 [출생한 고대 도시인] 알바롱가에서 받아들여지지 않고 태어나자마자 유기되어야 했다. 키루스는 메디아의 통치에 불만을 갖고 있던 페르시아인들과, 장기간의 평화 때문에 유약해져 있던 메디아인들을 발견해야 했다. 뿔뿔이 흩어져 있는 아테네인들을 발견하지 못했다면 테세우스는 자신의 비르투를 발휘할 기회가 없었을 것이다.

이 위대한 인물들을 기쁘게 만든 것은 그런 기회들이었다. 그들이 가진 탁월한 비르투는 기회를 드러냈으며, 그리하여 그들의 조국은 고귀하고 행복하게 되었다. 이들처럼 자신의 비르투로 군주가 된 인물들은 권력을 얻는 과정에서는 시련을 겪지만 일단 군주국을 장악하게 되면 별다른 어려움 없이 유지한다.


## 개혁자는 위험에 처할 수밖에 없다


신생 군주국을 획득할 때의 어려움은 부분적으로 군주가 자신의 국가와 자신의 안위를 확고히 하기 위해 새로운 질서ordini와 통치 방식modi을 도입할 수밖에 없다는 데 기인한다. 스스로 새로운 질서와 통치 방식을 도입하는 지도자가 되고자 하는 것보다 실천하기 더 어렵고, 성공이 더 의심스럽고, 다루기 더 위험한 일도 없다는 점을 항상 염두에 두어야만 할 것이다.

신생 개혁 군주들은 구체제에서 이익을 얻던 사람 모두를 적으로서 대면하게 되는 반면, 새로운 체제에서 이익을 얻게 될 모든 사람들에게서는 단지 미온적인 지지만 기대할 수 있기 때문이다. 한편으로 이런 미온적 태도는 적대자들에 대한 무서움으로부터 발생하는데, 적대자들은 법을 자신들에게 유리하게 사용할 줄 아는 자들이다. 다른 한편 그런 미온성은 확실히 체험하기 전에는 새로운 일을 믿지 않으려는 인간의 회의적인 태도 때문이기도 하다. 따라서 지지자들이 새로운 체제를 미온적으로 방어하는 반면, 적대자들은 기회가 있을 때마다 언제든지 당파적 열정을 가지고 공격을 하는바, 새로운 체제와 그것을 이끄는 사람들은 위험에 처하게 마련이다.

그러므로 이 문제를 제대로 논의하고자 한다면 그런 체제 개혁자들innovatori; innovators이 스스로의 힘으로 서있는지 아니면 타인에 의존하고 있는지를 검토할 필요가 있다. 즉, 자신의 과업을 추진함에 있어서 타인의 도움을 구해야만 하는지, 아니면 자신의 힘으로 밀어붙일 수 있는지를 살펴봐야 한다. [타인의 도움을 필요로 하는] 전자의 경우 이들은 항상 나쁜 결말을 보게 되고 아무런 성과도 거두지 못한다. 그러나 자기 자신에게 의지하고, 사용할 수 있는 충분한 힘을 가지고 있다면 그들은 거의 어려움을 겪지 않는다. 바로 이 때문에, 무장한 예언자는 모두 성공한 반면 무장하지 않은 예언자는 실패하는 일이 발생했다.

## 무장하지 않은 예언자, 사보나롤라는 파멸했다

지금까지 이야기한 점 이외에, [무장하지 않은 예언자가 실패하는 이유는] 본성적으로 민중은 변덕스럽기 때문이다. 어떤 한 문제에 대해 사람들을 설득하기는 쉬우나, 그렇게 해서 설득된 생각을 계속 유지하게 하는 일은 어렵다. 그런 까닭에 사람들이 더는 믿지 않을 경우 힘으로라도 그들이 믿게끔 질서를 부과하는 것이 필요하다.

모세, 키루스, 테세우스 그리고 로물루스가 무장하지 않았더라면 이들은 민중으로 하여금 자신들이 만든 체제constituzioni; constitution(정체, 헌정체제)를 따르게 할 수 없었을 것이다. 우리 시대의 경우 지롤라모 사보나롤라 수도사가 그런 경우다. 대중moltitudine; multitude이 그를 믿지 않게 되었고, 자신을 믿지 않았던 자들을 믿게 할 뿐만 아니라 그를 믿었던 자들의 지지를 유지할 수 있는 방법이 없게 되자, 사보나롤라는 자신이 만든 신질서와 함께 몰락했다.

이상에서 보듯, 새로운 체제를 건설하는 사람들은 자신의 일을 추진하는 과정에서 큰 어려움을 겪게 된다. 위험은 늘 따라다니게 마련이고 최선의 해결책은 자기 자신의 비르투로 극복하는 것이다. 하지만 위험을 극복하고 자신의 성공을 시기하는 자들을 섬멸함으로써 존경을 받게 되면, 그들은 강력하고 확고하며 존중받는 성공한 지도자로 남게 된다.

# 히에론 2세의 사례

덧붙여 하나의 예를 더 들고자 한다. 이는 앞선 사례들보다는 덜 중요할지 모르나 어느 정도 유사성을 갖고 있고, 따라서 다른 모든 경우에도 귀감이 되기에 충분하다고 여겨지는 것으로, 시라쿠사의 히에론 왕이 그 예이다.

그는 일개 시민의 신분에서 시라쿠사의 군주가 되었다. 기회를 만났다는 것 이외에 그가 운명의 여신으로부터 얻은 것은 아무것도 없었다. 시라쿠사인들은 자신들이 억압받고 있을 때[3] 그를 자신들의 통솔자capitano; captain로 선출했고, 그는 자신이 시라쿠사의 군주가 될 만한 사람임을 입증했다. 그는 일개 시민으로 살 운명에 처해 있을 때조차도 대단한 비르투를 보여 주었다. 그에 대해 글을 쓴 사람이 "그는 자신의 왕국만 없었을 뿐 군왕이 될 수 있는 자격에서 부족한 것이 아무것도 없다."[4]고 할 정도였다.

그는 과거의 군대[용병]를 없애고 새로운 군대를 조직했다. 과거의 동맹을 버리고 새로운 동맹을 취했다.[5] 자신만의 군대

---

3) 기원전 270년에 캄파니아 용병 부대가 시라쿠사를 침략한 상황을 가리킨다.

4) 이 문장은 『티투스 리비우스의 로마사 첫 10권에 관한 강론』의 헌정사에도 인용되는데, 기원전 2세기경에 활동했던 철학자 유스티누스Justinus의 말로 알려져 있다.

5) 시라쿠사는 애초 카르타고와 동맹 관계를 맺고 있었으나 히에론은 이를 버리고 기원전 263년에 로마와 동맹을 맺었다.

와 동맹 세력을 갖게 되었기 때문에, 그는 그런 기초 위에 건물 [새 체제]을 세울 수 있었다. 그 결과 왕국을 획득하는 데는 고생을 많이 했지만 유지하는 데는 큰 수고를 하지 않아도 되었다.

# 7장
## 타인의 무력과 운명의 힘으로 획득한
## 신생 군주국에 대하여

오로지 운명의 힘만으로 일개 시민에서 군주가 된 이는 그 지위에 쉽게 오르지만, 그 지위를 유지하는 데에는 많은 어려움을 겪는다.


### 쉽게 군주가 된 사람은 파멸하기 쉽다

군주의 지위까지는 마치 날아오르듯 쉽게 올라갔기 때문에 처음에는 아무런 문제가 없다. 하지만 군주가 된 이후에 그에게는 온갖 시련이 닥친다. 이런 상황은 국가를 돈으로 사거나 또는 타인의 은혜grazia; grace로 얻게 되었을 때 발생한다. 그리스에서 그 예를 많이 볼 수 있다. 다리우스 왕은 이오니아와 헬레스폰투스의 여러 도시국가들에 군주들을 앉혀서 자신의 안전을 확고하게 하고 영광을 드높이고자 했다.[1] 다른 사례로는 일개 시민이 군인들을 매수해 황제의 지위에 오른 경우를

---

1) 고대 페르시아의 왕인 다리우스 1세(B.C.522~B.C.485)가 소아시아 지역의 그리스 도시국가들을 점령한 뒤 자신을 대신해 그 도시국가를 통치할 참주를 임명한 것을 가리킨다. 앞서 4장에서 언급된 다리우스 3세와는 다른 인물의 사례이다.

들 수 있다.[2]

  이런 군주들의 지위는 그를 군주로 만든 자들의 의지volunta; will와 운명의 힘에 전적으로 달려 있는데 이 두 요소야말로 지극히 변덕스럽고 불안정한 것이다. 이런 인물들은 자신의 지위를 유지하는 법을 알지도 못하며 유지할 능력을 가지고 있지도 못하다. 이들은 어찌할 바를 알지 못한다. 천재적인 재능이나 비르투를 가지고 있다면 모를까, 일개 시민의 운명으로 살아왔던 사람이 명령하는comandare; command 법을 알 거라고 기대하는 것은 불합리한 일이기 때문이다. 이들은 명령을 집행할 힘도 없다. 헌신적이고 충성스러운 세력을 가지고 있지 않기 때문이다.

  게다가 갑작스럽게 등장한 국가는, 태어나서 급속하게 성장한 모든 자연물이 그러하듯 충분히 뿌리를 내리고 줄기와 가지를 뻗을 여유가 없다. 그렇기에 최초로 맞이한 악천후를 견디지 못하고 파멸하기 쉽다. 그렇게 되지 않으려면, 별안간 군주가 된 자들은 운명의 힘 덕분에 그들의 품에 들어온 것을 지키기 위한 조치를 즉각적으로 취할 수 있을 정도의 비르투를 가져야 한다. 다른 사람들이 군주가 되기 전에 쌓았던 토대를 나중에라도 구축하지 않으면 안 되는 것이다.

2) 군대의 환심을 사 군주가 된 로마 황제들에 대한 사례는 19장에서 자세히 다뤄진다.

## 체사레 보르자는 미래 권력을 위한 모델

앞에서 언급한 것처럼, 군주가 되는 두 가지 방법, 즉 비르투에 의한 것과 운명의 힘에 의한 것을 예시하기 위해 나는 최근의 두 사례를 들고자 한다. 프란체스코 스포르차와 체사레 보르자의 사례가 그것이다. 프란체스코는 상황에 어울리는 적절한 방법[3]과 자신의 대단한 비르투를 이용해 일개 시민에서 밀라노 공작이 되었다. 그는 수많은 시련 끝에 얻은 지위를 별 어려움 없이 유지했다.

반면에 흔히 발렌티노 공작이라고 부르는 체사레 보르자는 그 지위를 부친이 가진 운명의 힘을 통해 얻었고 같은 이유로 그 지위를 잃고 말았다. 비록 그가 타인의 군대와 운명의 힘으로 얻은 영토에 자신의 뿌리를 내리기 위해 실천적 이성과 비르투를 가진 사람이 의당 해야 하는 일들을 다했고, 가능한 모든 수단을 동원했지만 말이다. 앞서 말한 것처럼 처음에 자신의 토대를 구축하지 못했던 자일지라도 위대한 비르투를 갖고 있으면 나중에라도 그 일을 할 수 있다. 하지만 이 일은 그에게 시련을 안겨 주는데, 그렇게 구축된 구조물은 위태위태하기 때문이다.

이 점에서 발렌티노 공작의 전체적인 행적을 살펴보면 그가 미래의 권력futura potenzia; future power을 위해 강력한 토대를

---

[3] 자신을 고용한 밀라노의 군주가 되기 위해 사용했던 기만 내지 배신을 말한다. 12장에서 좀 더 자세히 나온다.

구축하는 데 성공했음을 알 수 있다. 신생 군주에게 제공할 만한 모범적인 지침으로 그의 활동을 예시하는 것보다 더 좋은 것은 없다. 그렇기에 그의 행적을 논의하는 것이 무의미하다고는 생각되지 않는다. 비록 그가 수립한 새 질서가 결실을 맺지는 못했지만, 이는 그의 잘못이 아니라 예외적이고 악의적인 운명으로부터 비롯된 일이기도 했다.


### 체사레 보르자에게 군대를 갖게 해준 알렉산데르 6세

알렉산데르 6세는 아들인 발렌티노 공작을 위대한 인물로 키우고자 했는데, 이 때문에 당시에는 물론 그 이후에도 많은 어려움을 견뎌 내야 했다. 우선 그는 교회 국가가 아닌 다른 어떤 국가에서도 자신의 아들을 영주로 만들 방법이 없었다. 그렇다고 교회 국가에 속한 일부 지역을 아들에게 줄 수도 없었다. 밀라노 공작[루도비코 스포르차]과 베네치아인들이 이를 용납하지 않을 것임을 알고 있었고, [교황 국가의 일부였던] 파엔차와 리미니가 이미 베네치아인들의 보호하에 있었기 때문이기도 했다.

또한 알렉산데르는 이탈리아 안에 있는 그 밖의 다른 군대들, 특히 그가 이용할 만한 군대들 역시 교황 권력이 커지는 것을 두려워하는 세력들에 의해 장악되어 있다는 것을 알았다. 모든 군사력을 오르시니파와 콜론나파[4] 및 그 추종자들이 장악하고 있었기 때문인데, 그런 군대를 신뢰할 수는 없었다. 그러므로 오르시니파와 콜론나파가 장악하고 있는 국가들 가운데 일부에서라도 확실하게 영주의 지위insignorire; lordship를 차지하기 위해서는 이상과 같은 질서를 뒤엎어야 했고 국가들 사이에 소요를 조장할 필요가 있었다.

알렉산데르에게 이 일은 간단했는데, 비록 자신과는 다른 이유에서였지만 베네치아인들이 프랑스 세력을 이탈리아로 다시 불러들이려는 것을 알았기 때문이다. 따라서 교황은 베네치아의 의도를 제어하지 않았음은 물론, [3장에서 보았듯이] 루이 왕의 최초 결혼을 무효화해 줌으로써 오히려 이를 촉진했다. 그러자 프랑스 왕은 베네치아인들의 지원과 알렉산데르의 동의하에 이탈리아에 침입했다. 루이 왕이 밀라노를 점령하자마자 교황은 로마냐 지방을 정복하기 위한 목적으로 프랑스 군대를 빌릴 수 있었다. 루이 왕은 자신의 명성을 지키기 위해 이를 허락했다.


체사레는 어떻게 로마냐 지방을 장악했나


로마냐 지방을 점령하고 콜론나파를 쳐부순 다음, 발렌티노 공작은 점령 지역을 유지하면서 계속해서 영토를 확장해 가려 했으나, 두 가지 걸림돌에 의해 방해받게 되었다. 하나는 그

4) 오르시니와 콜론나는 로마와 교황 권력을 서로 차지하고자 오랫동안 다투었던 대표적인 두 귀족 파벌을 가리킨다. 이들 대부분은 용병 대장을 겸하고 있었다.

의 군대였는데, 그는 자신의 군대가 충성스러워 보이지 않았다. 다른 하나는 프랑스 왕의 진의였다. [콜론나파를 쳐부수는 데 그 경쟁 가문인 오르시니파를 이용한] 체사레는 자신의 휘하에 둔 오르시니파의 군대로는 패배할지 모르며, 새로운 영토 확장을 위태롭게 할 뿐만 아니라 이미 획득한 것을 빼앗기지나 않을까를 염려했다. 그는 프랑스 왕 역시 같은 행동을 하지 않을까 두려워했다.

파엔차를 점령한 후 볼로냐로 진격했을 때 공작은 오르시니파 군대가 마지못해 공격하는 것을 보면서 어느 정도 확증을 갖게 되었다. 프랑스 왕의 진의는 그가 우르비노 공국을 점령하고 토스카나 지방으로 진격했을 때 왕이 그에게 공격을 단념케 하는 것을 보면서 간파할 수 있었다. 그래서 공작은 더는 타인의 군대와 운명의 힘에 의존하지 않기로 결심했다.

첫 번째로 그가 한 일은 로마에 있던 오르시니파와 콜론나파의 세력을 위축시키는 것이었다. 그는 두 파를 추종했던 귀족들에게 굉장한 혜택을 제공함으로써 자신의 추종자로 만들었다. 이들과 용병 계약을 하거나 이들에게 지휘 책임을 부여하는 데 있어서 각자가 가진 자질에 따라 예우했다. 그 결과 수개월 만에 그들은 대대로 내려오던 예전의 파벌에 대한 충성심을 버리고 전적으로 공작에게 충성하게 되었다. 그런 다음 발렌티노 공작은 오르시니파의 지도자들을 섬멸할 기회를 노렸다. 콜론나파의 지도자들은 이미 뿔뿔이 흩어졌기 때문이다. 마침내 그런 기회가 왔고 그는 이를 충분히 활용했다.

오르시니파의 지도자들은 공작과 교회의 강력한 세력이 자신들을 파멸시킬지 모른다는 점을 뒤늦게 깨닫고 페루자 지방의 마조네에서 회합을 가졌다.[5] 이 회합 이후 우르비노 지역에서의 반란, 로마냐 지방에서의 분란 등 무수히 많은 위험이 공작에게 닥치게 된다. 공작은 이 위험을 프랑스의 도움으로 극복할 수 있었다. 물론 그는 프랑스 왕과 여타 외부 세력을 신뢰하지 않았다. 그들을 활용해 모험을 할 생각도 없었다. 그래서 어느 정도 자신의 명성을 되찾게 되자 이제 그는 간계 inganni; deception를 쓰기 시작했다.

그는 아주 교묘하게 자신의 진심을 숨기고 파올로 영주를 통해 오르시니파의 지도자들과 화해를 했다. 공작은 파올로를 안심시키려고 매우 정중하고 관대하게 대접하면서 돈, 화려한 옷, 말을 선물하는 등 갖은 애를 썼다.[6] 순진하게도 오르시니파 지도자들은 이를 믿고 세니갈리아에 왔고 공작의 수중에 들어왔다. 그런 다음 그 지도자들을 죽이고[7] 그 추종자들을 포섭

---

5) 회합은 1502년 9월 24일에서 10월 8일 사이에 이루어졌고, 파올로 오르시니와 프란체스코 오르시니, 비텔로초 비텔리, 페르모의 올리베로토, 잔 파올로 발리오니, 조반니 벤티볼리오 등 주요 영주들이 참여했다. 그들은 "용에게 한 사람씩 차례로 잡아먹히는 것이 싫다면 다 함께 용을 죽이는 수밖에 없다."며 체사레 보르자와 맞서기로 결의한다. Connell (2005, 60, f.6) 참조.

6) 체사레의 기만적 화해 책략은 효과를 나타냈고, 1502년 10월 25일 파올로 오르시니는 용병 계약을 재개하는 데 합의했다. Connell(2005, 60, f.7) 참조.

7) 1502년 12월 31일, 마조네의 회합을 주도했던 용병 대장 비텔로초 비텔리, 파올로 오르시니, 올리베로토, 프란체스코 오르시니 등이 모두 체포되었다. 일부는 그날 저녁 목 졸려 죽었고 나머지는 이듬해 1월 18일에 처형되었다. Skinner and Price(1988, 25) 참조.

한 뒤, 공작은 자신의 권력 기반을 매우 확고하게 다져갔다. 그는 우르비노 공국과 더불어 로마냐의 전 지역을 장악했다. 특히나 그의 지배하에서 로마냐 주민들이 안녕을 누리기 시작했기에, 공작은 자신이 주민 모두의 지지를 얻게 되었다고 생각했다.


## 체사레는 점령 지역을 어떻게 통치했나


그가 로마냐 지방에서 시행했던 정책은 알릴 만하고 다른 사람들이 모방할 가치가 있기 때문에 나는 이에 대한 논의를 생략할 수가 없다. 로마냐 지방을 점령한 후 공작은 무능한 영주들이 그곳을 다스렸음을 알게 되었다. 예전의 영주들은 신민들을 올바르게 다스리기는커녕 약탈의 대상으로 삼았으며 그 때문에 영주들 스스로가 질서보다는 무질서의 근원이었다. 그 결과 로마냐 지방 전체가 도둑질, 싸움질 그리고 온갖 무례로 가득 차있어서 이곳을 평화로우면서도 왕권에 순종하게 만들기 위해서는 잘 통치하는 것buono governo; good government[8]이

---

8) 마키아벨리에게서 좋은buono; good 통치가 이루어졌다거나 혹은 어떤 조치가 잘bene; well 이루어졌다는 것의 의미는 윤리적으로 선하고 좋다는 것과는 다른 차원의 기준을 갖는다. 그보다는 잔인함과 악행도 그럴 만한 불가피성necessità이 있으면 사용해야 하고, 더 많은 잔인함과 악행이 필요한 상황이 되지 않도록 일거에 사용하고 말아야 하며, 결과적으로 민중에게 유익한 일이 되게 해야 한다고 보았다. 이에 대해서는 8장에서

필요하다고 판단했다. 따라서 그는 잔인하면서도 신속히 일을 처리하는 레미로 데 오르코를 로마냐 지방의 책임자로 임명하고 그에게 전권을 주었다.

레미로는 단기간에 로마냐 지방의 평화와 질서를 확립했고, 그 때문에 무시무시한 명성을 얻게 되었다. 그래서 체사레는 그에게 부여된 과도한 권위autorità; autority가 더는 필요치 않다고 판단했다. 그로 인해 증오심이 유발될 것을 우려했기 때문이다. 그래서 그는 로마냐 지방의 중심부에 저명한 재판장이 주도하는 시민 재판소를 설치했고, 각 자치 도시마다 자신들의 변호인을 파견하게 했다.

과거에 행해진 엄격함rigorosità; rigors이 증오를 유발한 것을 알고 있던 체사레는, 민중의 마음을 순화하고 환심을 사기 위해 지금껏 행해진 잔인한 조치는 모두 자신이 시킨 일이 아니라 그의 신하가 가진 거친 성격에서 비롯된 것이라는 점을 보여 주고자 했다. 그리하여 적절한 기회를 잡아 어느 날 아침[9]

제대로 다뤄진다.

[9] 1502년 12월 25일 크리스마스 축젯날에 일어난 일로, 마키아벨리도 그 현장에 있었다. 체사레 보르자는 그 이전인 10월 25일 파올로 오르시니와 용병 재계약을 하면서, 용병 대장들이 마조네의 회합을 통해 반란을 일으키게 된 것은 레미로 데 오르코 때문인 것처럼 말했다. 그러면서 "머지않아 나와 그대들, 그리고 민숭 모두가 만족해할" 조치를 취하겠다고 약속한 바 있다. 12월 10일 체세나로 온 체사레 보르자는 프랑스군을 돌려보내 오르시니파를 안심시킨 뒤 레미로를 처형한다. 반란군에 대한 기만 조치를 마무리하기 위해서였다. 그 결과 용병 대장들은 큰 의심 없이 6일 후 체사레 보르자와의 화해를 마무리 짓기 위해 세

공작은 두 토막이 난 레미로의 시체와 형을 집행할 때 쓰인 나무토막, 피 묻은 칼을 체세나 광장에 전시했다. 이 참혹한 광경을 본 민중은 한편 만족감을 느끼면서도 [두려움과 경외심으로 할 말을 잃을 만큼] 놀란 상태에 처하게stupidi; stupified 되었다.


## 체사레의 계획은 무엇이었나


다시 앞선 이야기로 돌아가자. 이미 말한 대로, 공작은 자신만의 군대를 갖게 되었고 자신을 위협할 수 있는 주변 세력들을 대부분 격파했기 때문에 대단히 강력해졌으며, 기존의 위험에 대해 상당한 안정을 확보하게 되었다. 그러나 공작은 계속해서 더 많은 영토를 획득해 나가려 했기에 여전히 그에게는 프랑스 왕이라는 두려운 존재가 남아 있었다. 공작은 프랑스 왕이 뒤늦게 실책을 깨닫고 공작의 계획을 저지하러 나서리라는 점을 잘 알고 있었다. 따라서 공작은 새로운 동맹을 찾기 시작했다. 그 때문에 그는 프랑스가 가에타를 포위 중인 에스파냐 군대에 대항해 나폴리왕국에서 군사행동을 벌이고자 할 때[10] 적극적으로 나서지 않았다. 그의 의도는 프랑스로부터 안전을 확보하는 데 있었고, 교황 알렉산데르가 살아 있었

---

니갈리아로 모인다. Connell(2005, 62, f.11) 참조.
10) 1503년 에스파냐가 프랑스로부터 가에타의 해군 기지를 빼앗음으로써 나폴리를 둘러싼 전쟁에서 유리한 위치를 차지한 뒤의 상황을 말한다.

더라면 그 목적을 빠른 속도로 실현했을 것이다. 이상이 당시 직면했던 상황에 대해 보르자가 취한 조치였다.

그러나 미래의 사태와 관련해 그가 가장 걱정했어야 할 일은, 교황청의 새로운 계승자가 우호 세력이 아닐지도 모르고 또 그 계승자가 교황 알렉산데르로부터 자신이 받았던 것을 빼앗아 갈지도 모른다는 사실이었다. 이에 대해 그는 다음의 네 가지 방식으로 대처할 수 있다고 생각했다. 첫째, 그가 빼앗은 영토의 영주 가문을 단절시키는 것이다. 새로운 교황에게 [그가 빼앗은 국가를 옛 통치자들에게 되돌려 줄 수 있는] 기회 자체를 주지 않기 위해서다. 둘째, 로마의 귀족들을 모두 자기편으로 끌어들이는 것이다. 이미 말한 것처럼 그들을 활용해 교황을 견제하기 위해서다. 셋째, 추기경 집단을 가능한 한 최대로 자신의 편으로 만드는 것이었다. 넷째, 교황이 죽기 전에 자신의 권력을 크게 확장해 설령 공격을 받게 되더라도 외부의 도움 없이 자신의 힘으로 물리칠 수 있도록 대비하는 것이었다.

그는 이 네 가지 목표 가운데 세 가지를 알렉산데르가 죽을 무렵 성취했다. 네 번째 목표도 거의 달성해 가고 있었다. 그는 영토를 빼앗긴 영주들의 수많은 가족을 살해했다. 단지 소수의 영주만이 화를 모면할 수 있었다.[11] 로마 귀족 대부분과 추기경들도 자기편으로 끌어들였다. 새로운 영토를 점령하는

---

11) 대표적으로 20장에서 나오는 판돌포 페트루치가 있다. 그는 보르자를 신뢰하지 않았고 세니갈리아로의 초청에 응하지 않아 살아남을 수 있었다.

일과 관련해 그는 토스카나 지방의 패자가 되려는 계획을 세웠다. 이미 페루자와 피옴비노가 장악되었으며 피사가 그의 영향권 아래[12] 들어왔다.

프랑스 세력에 대해 더는 두려워할 필요가 없게 될 때, 그는 즉시 [피렌체를 가운데 두고] 피사로 뛰어넘어 가려 했다. 사실 때는 이미 무르익은 상태였다. 프랑스가 에스파냐에게 나폴리왕국을 빼앗기면서 적대 관계에 들어선 두 강대국 모두 공작과 동맹을 맺으려고 추파를 던져야 하는 지경에 이르렀기 때문이다. 따라서 그가 피사로 뛰어넘어 갔더라면 피렌체에 대한 시기심 섞인 증오와 공작에 대한 무서움 때문에 곧 루카와 시에나가 항복했을 것이고, 피렌체는 속수무책의 상황이 되었을 것이다.

알렉산데르가 죽은 바로 그해에 실현되었을 이 모든 계획이 성공했더라면 그는 막대한 군사력과 막강한 명성을 얻었을 것이다. 그랬다면 그는 운명의 힘과 타인의 군대에 더는 의존하지 않고도 자신의 권력과 비르투만으로 자립할 수 있었을 것이다.

---

12) 피렌체로부터의 위협을 극복하기 위해 피사 스스로 체사레 보르자에게 보호를 요청한 상황을 가리킨다.

## 체사레의 실패는 무엇 때문이었나

그러나 공작이 칼을 든 지 5년 만에 알렉산데르 교황은 세상을 떠나고 말았다.[13] 공작은 단지 로마냐 지방에서만 국가를 확고하게 장악하고 있었을 뿐, 나머지 영토는 [프랑스와 에스파냐라고 하는] 강력한 두 적대 세력 사이에서 허공에 뜨고 말았다. 심지어 그는 거의 죽을 뻔할 정도로 크게 앓아눕게 되었다. 그러나 공작에게는 대단히 맹렬한 기운ferocita; ferocity과 비르투가 있었다. 어떻게 사람들을 자기편으로 끌어들이거나 파멸시켜야 하는지도 잘 이해하고 있었다. 따라서 단기간이지만 권력의 견고한 토대를 성공적으로 구축했기 때문에 코앞에 [프랑스와 에스파냐라고 하는] 그런 군대만 없었더라면, 혹은 건강만 양호했더라면 이 모든 난관을 극복할 수 있었을 것이다.

그가 구축한 권력의 토대가 견고했다는 점은 다음 사실에서 알 수 있다. 로마냐 사람들은 한 달 이상이나 그를 기다렸다. 로마에서는 그가 거의 반죽음 상태였는데도 안전했다. 게다가 [체사레 보르자에게 반감을 가진 용병 가문들인] 발리오니, 비텔리, 오르시니파들이 로마에 왔지만 그에 대해 어떤 반란도 선동할 수 없었다. 그는 자신이 원하는 추기경을 교황으로 선출할 수는 없었지만, 적어도 그가 반대하는 사람이 선출되는

---

13) 1503년 8월 18일이다. 율리오 2세가 새 교황으로 선출된 것은 같은 해 11월이다. 이때 마키아벨리는 로마에 파견되어 현장에 있었고, 병으로 앓아누운 체사레 보르자를 만났다.

것을 막을 수는 있었다. 교황 알렉산데르가 죽었을 때, 그가 건강하기만 했더라면 만사는 쉽게 해결되었을 것이다. 율리오 2세가 선출되던 바로 그날, 그는 나에게 이렇게 말했다. 그는 자신의 부친이 죽었을 때 일어날 상황을 미리 생각해 두었고 그에 대한 대비책도 마련해 놓았는데, 단지 부친이 죽었을 때 그 자신도 생사의 기로에 있게 될 줄은 결코 상상하지 못했다는 것이다.

이렇듯 공작이 보여 준 모든 행적을 검토해 본다면, 그를 어떻게 비난할 수 있을지 잘 모르겠다. 오히려 나는 그를, 위에서 쓴 바와 같이, 운명의 힘과 타인의 무력으로 통치권을 차지한 모든 사람이 귀감으로 삼을 만한 사람으로 추천하고 싶다. 그는 큰 뜻과 야망을 품고 있었기에 달리 행동할 수 없었다. 단지 두 가지 사태가 그의 기획을 좌절시켰는데, 곧 아버지가 빨리 죽은 것[14]과 자신이 병에 걸린 것이었다.


실패에도 불구하고 체사레의 사례가 중요한 이유


신생 군주국 가운데, 적으로부터 자신의 안전을 지키고, 우호 세력을 만들며, 힘과 기만fraude; fraud을 이용해 정복을 하고, 민중으로부터는 사랑을 받으면서도 두려움의 대상이 되고, 군

---

14) 알렉산데르는 72세에 죽었지만 체사레가 자신의 계획을 실현할 시간적 여유를 갖기에는 이른 죽음이었다는 의미이다.

대의 복종과 존경을 받으며, 당신을 해칠 수 있거나 해쳐야만 하는 사람들을 없애고, 새로운 통치 방식을 도입해 구질서를 혁신하고, 가혹하면서도 즐거움을 주고, 위압적이면서도 너그러우며, 불충한 군대를 해체하고 새로운 군대를 조직하고, 다른 군왕들 및 군주들과 우호 관계를 유지해 그들로 하여금 호의를 갖고 당신을 돕게 하거나 두려워서 당신을 해치기 어렵게 해야 한다고 생각하는 사람이라면 누구라도, 이 남자의 행동보다 더 생생한 모범 사례를 찾기는 어려울 것이다.

공작의 실수를 비판할 게 있다면 오직 하나, 교황 율리오의 선출에 관한 것인데 그는 정말로 잘못된 선택을 했다.[15] 이미 말한 바와 같이 그가 비록 자신이 선호하는 인물을 교황으로 옹립할 수는 없었다고 할지라도 자신이 반대하는 인물이 선출되는 것을 막을 수는 있었기 때문이다. 그리고 그는 자신이 피해를 준 적이 있거나, 일단 교황이 되면 자신을 무서워할 만한 추기경이 선출되는 것을 결코 허용해서는 안 되었다. 인간이란 자신이 무서워하거나 미워하는 자에게 피해를 입히기 때문이다.

추기경들 가운데 그가 과거 피해를 입힌 인물은 산 피에로 애드 빈쿨라, 콜론나, 산 조르조San Giorgio 그리고 아스카니오

15) 알렉산네르 교황 시절 핍박을 받았던 줄리아노 델라 로베레(율리오 2세의 세속 명)는 자신이 먼저 간계를 꾸며 체사레 보르자에게 접근했다. 즉, 자신을 교황으로 밀어 주면 로마냐 공작과 교황군 총사령관직을 맡기겠다며 체사레를 속였다. 그는 교황이 되자마자 체사레 보르자를 체포했고, 그 뒤 체사레는 투옥과 탈옥을 반복하다가 결국 1507년 사망한다.

였다. 그 밖의 다른 추기경들도 교황이 되면 그를 무서워했을 인물이었다. 다만 예외가 있다면 루앙의 추기경과 에스파냐 출신의 추기경만이 그를 두려워하지 않았을 것이다. 루앙의 추기경이라면 프랑스 왕국의 지지를 등에 업어 힘이 강했고, 에스파냐 출신이라면 체사레 보르자와 같은 나라 사람이며 그로부터 은혜를 입은 적이 있기 때문이다. 따라서 공작은 무엇보다도 에스파냐 출신 추기경을 교황으로 만들어야 했으며 그것이 여의치 않으면 산 피에로 애드 빈쿨라가 아니라 루앙의 추기경이 선출되도록 했어야 했다.[16]

[율리오 2세처럼] 성격이 강한 거물을 다룸에 있어서, 그에게 새로운 은혜를 베풀어 과거 그가 입은 옛 상처를 잊게 만들 수 있다고 믿는 사람은 누구나 자기기만에 빠지게 된다. 따라서 공작은 그의 선택에서 치명적인 실수를 범한 셈이었으며, 이로 인해 결국 스스로 파멸을 초래하고 말았다.

---

16) 산 피에로 애드 빈쿨라San Piero ad Vincula는 뒤에 교황 율리오 2세로 선출된 줄리아노 델라 로베레를 가리키고, 루앙의 추기경은 3장에서 살펴보았던 조르주 당부아즈를 말한다.

# 8장
## 사악한 행동으로 군주국을 장악한 사람들에 대하여

　일개 시민에서 군주가 되는 데에는, 전적으로 운명의 힘 또는 비르투 덕분으로 그 원인을 돌릴 수 없는, 두 가지 방식이 더 있다. 그 가운데 하나는 공화국을 다루는 곳[1]에서 좀 더 광범위하게 논의될 텐데, 그렇다고 이를 생략한 채 넘어가고 싶지는 않다. 두 가지 방식이란, 사악하고 간악한 방법으로 군주의 지위에 오르는 경우와, 동료 시민들의 지지를 바탕으로 자신의 조국에서 군주가 되는 경우를 말한다.[2]

　첫 번째 방식에 관해 나는 옛 사례와 최근 사례, 이 두 가지를 통해 논의하겠다. 그 밖의 다른 사례들을 불러들여 이 방식의 가치를 논하고 싶지는 않은데, 그 이유는 사악하고 간악하게 군주국을 장악하려는 방식을 모방하고자 하는 사람에게라면 그게 누구든 이 두 사례로 충분하다고 판단하기 때문이다.

---

1) 앞서 2장에서 살펴보았듯이, 마키아벨리의 다른 책 『티투스 리비우스의 로마사 첫 10권에 관한 강론』을 가리키는데, 이 책의 중심 주제는 동료 시민들의 지지를 바탕으로 한 통치, 즉 공화국에 대한 것이다.
2) 동료 시민들의 지지에 의해 자신의 조국에서 군주가 되는 이 후자의 경우는 다음 9장에서 다뤄진다.

# 아가토클레스의 잔인함을 칭송할 수 없는 이유

시칠리아인 아가토클레스는 보통 시민의 운명에도 못 미치는 비천하고 보잘것없는 신분에서 시라쿠사의 왕이 되었다. 옹기장이의 아들로 태어난 그는 일생의 여러 시기에 걸쳐 악행으로 일관된 삶을 살았다. 하지만 아가토클레스는 자신의 악행을 정신과 육체 모두의 측면에서 엄청난 비르투와 결부했고, 군대에 들어간 뒤 모든 단계를 거쳐 시라쿠사 군사령관pretore; governor 지위에 도달했다.

그 지위에 오른 다음 아가토클레스는 군주가 되기로 결심했고 다른 사람들이 그에게 자발적으로 부여한 권력을, 은혜가 아닌 무력을 통해 지키고자 했다. 그래서 그는, 카르타고인으로서 병사를 이끌고 시칠리아에서 전투 중이던 하밀카르에게 자신의 계획을 알리고 그와 공모했다. 어느 날 아침 아가토클레스는 공화국에 관련된 중대사를 토의할 것이 있는 듯이 시라쿠사의 민중과 원로원을 소집했다. 그리고 미리 정해진 신호에 따라 자신의 병사들로 하여금 원로들과 부유층 시민들을 살해하게 했다. 이들을 살해한 후 그는 어떠한 시민적 저항 controversia civile; civil opposition도 없이 이 도시의 지배권을 획득하고 유지했다.

그는 카르타고인들과의 전투에서 두 번이나 패배하고 결국엔 포위를 당하기도 했지만 자신의 도시를 지켜 냈다. 그뿐만 아니라 포위된 도시를 방어하기 위해 일부 병사는 남겨 두고 다른 일부로 [북]아프리카를 공격하게 했다. 그리하여 짧은 시간 안에 시라쿠사의 포위를 풀게 했으며 카르타고인들을 극단적인 위험 상태로 몰아넣었다. 결국 이들은 아가토클레스와 타협할 수밖에 없었고, 아프리카의 영토에 만족해 시칠리아를 아가토클레스에게 남기고 떠나지 않으면 안 되었다.[3] 누구든 이 사람의 행적과 생애를 검토하게 되면 운명의 힘 덕분으로 돌릴 수 있는 것이 거의, 아니 전혀 없다는 점을 알게 될 것이다. 앞서 말했듯이 그는 다른 누군가의 은혜 때문이 아니라 수많은 고생과 위험을 겪으면서 얻은 군대에서의 지위를 바탕으로 군주가 되었다. 그 이후 그는 용감하고 대단히 위험한 결정들을 통해 그 지위를 유지했다.

그러나 여전히 동료 시민을 죽이고 동맹 세력을 배신하고 신의와 연민, 신앙심 없이 행동하는 것을 비르투라고 부를 수는 없다. 이런 방식으로 통치권imperio을 얻을 수는 있겠지만 영광gloria을 얻을 수는 없다. 위험에 맞서고 극복하는 아가토클레스의 비르투와, 역경을 이겨내는 그의 기백animo; spirit이 가진 위대함을 검토한다면, 누구든지 그를 가장 탁월한 통솔자capitano 반열에 두지 못할 이유를 찾을 수 없을 것이다. 그럼에도 야만스러운 잔혹성과 비인간성에 더해 끝없는 악행을 저지른 그를 가장 탁월한 인물들 속에 포함해 칭송할 수는 없다. 그가 성취한 것을 두고 그것이 비르투 또는 운명의 힘 덕분이라고는 누구도 말할 수 없다는 것이다.

---

3) 이는 한니발의 침략으로 로마가 위기에 처했을 때 스키피오가 기원전 204년 카르타고의 본거지인 아프리카로 진격해 제2차 포에니전쟁을 승리로 이끈 사건보다 앞선 사례라 할 수 있다. 이에 대해서는 17장에서 자세히 다뤄진다.

## 올리베로토는 어떤가

알렉산데르 6세가 재위 중이던 시대에는 페르모의 올리베로토[4]가 그에 비견할 만하다. 그는 어려서 고아가 되어 조반니 폴리아니라는 이름의 외삼촌 손에서 자랐다. 그리고 일찍이 파올로 비텔리가 지휘하는 군대에 들어가 훈련을 받았고 높은 지위에 올랐다. 파올로가 죽은 후[5] 그의 동생 비텔로초 휘하에서 복무했는데 영리했을 뿐만 아니라 신체와 정신 모든 측면에서 대담했기 때문에 단시간 내에 비텔로초 용병 부대의 최고 지휘관이 되었다.

그러나 그는 다른 사람을 위해 복무하는 것을 굴욕으로 여겼다. 그래서 올리베로토는, 조국의 자유보다는 올리베로토 휘하에 들어가는 것을 더 선호한 페르모의 일부 시민들의 협조와 비텔로초의 지원을 등에 업고 페르모를 정복하기로 결심했다. 먼저 그는 조반니 폴리아니에게 편지를 써서 오랫동안 집에서 멀리 떨어져 있다 보니 조반니도 보고 싶고 고향이 그리우며, 자신의 가산도 확인하고 싶다고 말했다. 그는 오로지 명예를 얻는 일에만 힘써 왔기 때문에 자신의 동료들과 부하들로

---

4) 오르시니파의 용병 대장 올리베로토(1475~1502년)를 가리킨다. 7장에서 살펴본, '세니갈리아의 학살' 당시 체사체 보르자에게 잡혀 죽임을 당했다.

5) 1499년 피렌체는 용병 대장 파올로 비텔리를 고용해 피사를 재탈환하려 했는데, 이때 파올로가 고의로 승리를 늦추자 피사와 내통한 혐의로 그를 죽인 사건을 말한다.

구성된 100인의 기마병이 호위하는 명예로운 방식으로 들어가 고향 시민들에게 자신이 시간을 헛되이 보내지 않았음을 보여 주기를 원한다고 했다. 그러면서 조반니에게, 페르모 시민들이 자신을 명예로운 방식으로 영접해 줌으로써, 자신뿐만 아니라 양부인 조반니에게도 경의를 표하는 절차를 마련해 줄 것을 부탁했다.

조반니는 그의 조카에게 합당한 모든 정중한 영접을 하나도 빠뜨리지 않고 해주었다. 페르모의 시민들은 올리베로토를 명예롭게 영접했으며 올리베로토는 조반니의 집에 기거했다. 그는 이곳에서 며칠을 지낸 후 장차 악행에 필요한 사항들을 비밀리에 준비하면서 대단히 장중한 연회를 개최했다.[6) 그러고는 조반니 폴리아니와 페르모의 저명인사들을 모두 초대했다. 식사를 마치고 관례적인 여흥이 끝나자 올리베로토는 교황 알렉산데르와 그의 아들 체사레, 그리고 이들의 업적이 갖는 위대함에 대해 말하면서 교묘하게 어떤 심각한 주제에 관해 논의하기 시작했다.

조반니와 다른 사람들이 그런 주장에 응수하려 하자 그는 갑자기 일어나서 이런 일들은 좀 더 비밀스러운 장소에서 이야기해야 한다고 말했다. 그리고 그는 내실로 물러났고, 조반니와 다른 저명인사 시민들도 모두 그 뒤를 따랐다. 그리고 그들이 채 자리에 앉기도 전에 내실 안의 비밀 장소에서 병사들이 튀어나와 조반니와 다른 모든 사람을 살해했다.

---

6) 1501년 12월 26일이었다.

이 대학살 뒤에 올리베로토는 말 위에 올라 시가지를 행군하고 행정청의 최고 장관들을 포위했다. 이들은 무서움 때문에 그에게 복종할 수밖에 없어 새 정권을 세우게 되었고 올리베로토는 그 군주가 되었다. 그에게 불만을 품어 그를 해칠 수 있는 사람이 모두 죽었으므로 그는 새로운 행정 및 군사 질서를 세워 자신의 지위를 강화했다. 그 결과 군주국을 만든 지 1년 만에 페르모에서 그의 지위는 확고해졌으며 모든 이웃 국가들에는 두려운 존재가 되었다.

체사레가 세니갈리아에서 그를 속이지 못했더라면 아가토클레스의 경우처럼 그를 타도하기란 쉽지 않았을 것이다. 당시 오르시니와 비텔리가 체포되었고, 올리베로토 역시 체사레에게 붙잡혔다. 그렇게 해서 존속살해를 저지른 지 1년 만에 그는 비르투와 악행의 스승이었던 비텔로초와 함께 교살당했다.

## 잔인함이 정당화될 수 있는 조건

혹자는 아가토클레스와 그와 유사한 사람들이 수많은 배신과 잔혹성을 발휘한 뒤에도 어떻게 자신의 조국에서 오랫동안 안전한 삶을 누리고 외부의 적으로부터 자신을 잘 지킬 수 있었을까에 대해 의구심을 품을 수 있을 것이다. 그들은 시민들로부터 모반을 당하지도 않았다. 반면에 다른 많은 사람들은 가혹한 방법을 사용해서도 국가를 유지하지 못했다. 불확실한 전쟁 시는 말할 것도 없고 평화 시에도 그랬다.

나는 이런 일은 잔인한 조치가 잘못male; badly 사용되었는지 아니면 잘bene; well[7] 사용되었는지에 따라 좌우된다고 믿는다. 만약에 악한 행동에 대해서도 좋게 말하는 것이 허용된다면, 잔인한 조치가 '잘 이루어졌다'는 것은, 자신의 안전이라는 불가피성 때문에 행해지고, 그것도 일거에 모두 저질러진 다음 계속되지 않고 그 후에는 신민들에게 가능한 한 많은 복리를 제공하는 것으로 전환하게 되는 경우를 말한다. 잔인한 조치가 '잘못 이루어졌다'는 것은, 처음에는 그런 조치가 거의 행해지지 않았지만 시간이 가면서 그런 조치의 필요성이 없어지기는커녕 더 커지는 것을 말한다. 첫 번째 방식을 지키는 사람은, 아가토클레스가 그랬듯이, 신과 인간 모두를 이용해서라도 국가를 위한 처방을 찾을 수 있다. 반면에 그렇지 않은 사람들은 자기 자신조차 지키지 못한다.

따라서 국가를 탈취한 정복자는, 그가 저질러야만 하는 모든 가해 행위를 재빨리 살펴보고, 그것도 일거에 저질러서 매일 새로 반복하지 않도록 해야 한다는 점에 유의해야 한다. 그래야 가해 행위를 매일 되풀이하지 않고, 민심을 안정시키며, 신민들에게 가능한 한 많은 혜택을 베푸는 방향으로 통치를 전환해 이들을 자기편으로 만들 수 있다. 소심함이나 잘못된 조언 때문에 다른 방식으로 행동하는 사람은 항상 수중에 칼을 쥐어야 할 필요를 없애지 못한다. 새로운 가해 행위가 계속

---

7) 앞서도 살펴보았듯이, 여기서 '잘' 혹은 '잘못' 사용되었다는 것은 불가피한 필요가 있었는지, 효과적으로 사용되었는지, 결과는 유익했는지 등의 의미를 갖는 것으로, 단순한 '결과론'보다는 훨씬 더 넓은 의미의 정치 윤리를 함축하는 것으로 볼 수 있다.

되면 신민들은 그를 신뢰할 수가 없다. 그렇게 되면 그는 결코 자신의 신민들에게 의지할 수도 없게 된다. 가해 행위는 모두 일거에 저질러야 한다. 그래야 그 맛을 덜 느끼기 때문에 반감과 분노를 작게 일으킨다. 반면에 은혜는 조금씩 베풀어야 한다. 그래야 그 맛을 더 많이 느끼게 된다.

그리고 무엇보다도 군주는 자신의 신민들과 함께 살아야 한다. 그래야 좋은 일이든 나쁜 일이든, 우발적 사건으로 인해 자신의 태도를 쉽게 바꾸지 않을 수 있다. 안 그러면 상황이 나빠져 불가피성necessità이 발생했을 때, 당신은 제때 악행을 저지를 시간을 갖지 못할 것이기 때문이다. 당신이 베푸는 시혜도 무용한 것이 될 텐데, 마치 마지못해 베푼 것처럼 되어 버려서 아무도 감사해하지 않을 것이기 때문이다.

# 9장
## 시민 군주국에 대하여

[8장 서두에서 말했듯이] 이제 군주가 되는 또 다른 유형으로, 악행 또는 어떤 다른 용납할 수 없는 폭력이 아니라 동료 시민들의 지지를 바탕으로 일개 시민이 자기 조국의 군주가 되는 경우를 살펴보자. 이는 '시민 군주국'이라고 불릴 수 있을지 모른다.[1] 그렇게 시민의 군주가 되기 위해서는 순전히 비르투만 필요한 것도 아니고 오로지 운명의 힘만 필요한 것도 아닌, 운명의 힘에 뒷받침된 영리함astuzia fortunata; fortunate astuteness이 있어야 한다.

시민 군주국이 되는 데는 민중의 지지에 의한 방법과 귀족들의 후원에 의한 방법이 있다. 모든 도시에는 서로 다른 두 개의 기질umori; humour이 있다. 이는 민중의 경우 귀족으로부터 명령comandare; command과 억압opprimere; oppress을 받지 않기를 원하고, 귀족의 경우는 민중에게 명령과 억압을 부과하길 원하는 데에서 연유한다. 이런 상이한 두 욕구로부터 한 도시 안에서는 군주국, 자유libertà(공화국), 방종licenzia(무정부)이라는 세 결과가 만들어진다.[2]

---

1) 이 장은 참으로 묘한 느낌을 갖게 한다. 제목인 시민 군주국principato civile; civil principality이라는 개념도 그렇지만 본문 내용을 보더라도, 과연 이 장이 군주국을 다루는 것인지 의아스러울 정도다. 『군주론』 곳곳에 마키아벨리의 '숨은 의도'가 있다면 9장은 그 대표적인 장이 아닐 수 없다.

## 귀족과 민중 가운데 누구에게 의지해서 통치해야 하나

군주국은 민중과 귀족 모두로부터 연유될 수 있다. 이는 두 파벌 가운데 누가 기회를 잡느냐에 달려 있다. 귀족들은 민중으로부터의 압박을 견뎌 낼 수 없음을 인식하게 되면 자신들 가운데 한 사람을 세워 명성을 갖게 해 그를 군주로 만들고 그의 그늘 아래에서 자신들의 욕구를 충족하려 한다. 민중 역시 귀족들에 대항할 수 없음을 깨닫게 되면 어느 한 사람을 세워 명성을 갖게 해 그를 군주로 세운 다음 그의 권위autorità를 수단으로 자신들을 지키려 한다.

귀족의 도움으로 군주가 된 사람은 민중의 도움으로 군주가 된 사람의 경우보다 그 지위를 유지하기 위해 훨씬 더 큰 어려움을 겪는다. 그런 군주는 자신의 주위에 군주와 동등하다고 생각하는 사람들과 함께 있게 되고 이로 인해 이들에게 명령을 하거나 이들을 자신의 방식대로 끌고 나갈 수 없기 때문이다. 그러나 민중의 도움으로 군주의 지위에 오른 사람은 자신만이 그 지위에 서있음을 안다. 그의 주위에 복종할 준비

---

2) 명령과 억압이라는 상이한 두 욕구를 조합하면, 명령과 억압 모두가 있는 경우, 명령은 있되 억압은 없는 경우, 억압은 물론 명령도 없는 경우로 유형화할 수 있는데, 이 장에서 마키아벨리는 군주가 귀족의 후원을 받아 명령과 억압을 모두 부과하는 유형과 민중의 지지를 받아 명령과 억압 모두를 폐지하는 유형을 다룬다. 그러면서 억압은 없애되 명령은 살아 있게 해야 함을 강조한다. 그래야 민중을 과신하지 않으면서 귀족의 음모를 다룰 수 있기 때문이다.

가 되어 있지 않은 사람은 없거나 극소수이다.

게다가 군주는 다른 사람을 해치지 않고 정직하게con onestà; honestly 다스려서는 귀족을 만족시킬 수 없는 반면, 민중의 경우는 그런 방법으로 다스려서 만족시킬 수 있다. 민중의 목적은 귀족들의 목적보다 더 정직한데, 귀족들의 목적은 억압하는 데 있고 민중의 목적은 억압으로부터 벗어나는 데 있기 때문이다. 더욱이 군주는 적대적인 민중을 상대로는 안전을 확보할 수 없는데, 민중의 수가 너무 많기 때문이다. 그러나 귀족들을 상대로는 안전을 확보할 수 있는데, 그들의 수가 적기 때문이다.

적대적인 민중으로부터 군주가 당할 수 있는 최악의 상황은 이들로부터 버림받는 것이다. 그러나 적대적인 귀족들로부터 두려워할 것은 버림받는 일뿐만 아니라 그들이 군수에게 대적할 수도 있다는 점이나. 귀족들은 더 많이 알고 더 교활하기 때문에, 자신을 보호하는 데 여유를 갖고 있다. 그들은 승자가 될 가능성이 높은 사람을 중심으로 뭉쳐서 승자의 환심을 사려고 노력한다. 나아가 군주는 동일한 민중과 필연적으로 함께 살아야 하지만, 귀족의 경우는 동일한 사람이 아니어도 같이 살 수 있다. 군주는 언제든 귀족을 만들 수도 폐지할 수도 있고, 이들에게 자신의 뜻대로 명성을 부여할 수도 탈취할 수도 있기 때문이다.

이 점을 좀 더 명확히 하기 위해, 나는 귀족들이란 기본적으로 두 가지 방식으로 이해되어야 한다고 주장하겠다. 즉, 귀족들이란 자신의 처신 방향을 정하면서 당신의 운명과 전적으로 함께하거나 아니거나 하는, 둘 중 하나를 선택한다는 것이다. 군주와 운명을 함께하거나 탐욕이 없는 사람에게는 명예를 수여하고 존중해 주어야 한다. 그렇게 행동하지 않는 귀족은 두 가지로 나누어 검토해야 한다.

하나는 겁이 많고 천성적으로 용기가 없어서 그런 경우이다. 그럴 때에는 이들을 활용해야 하며, 특히나 그들의 훌륭한 능력에 주목해야 한다. 이들의 경우 번영의 시기에는 당신을 명예롭게 할 것이고 역경의 시기에는 두려워하지 않아도 되기 때문이다. 그러나 이들이 어떤 교활함과 야심 때문에 당신의 운명과 함께하지 않는다면, 이는 당신보다 자신을 더 중요하게 여긴다는 신호이다. 군주는 이들을 경계해야 하며 마치 공공연한 적이나 다름없는 것처럼 신경을 써야 한다. 그들은 군주가 곤란에 처할 때면 언제나 군주의 파멸에 기여할 것이기 때문이다.

따라서 민중의 후원을 얻어 군주가 된 자라면 계속해서 민중이 자신에게 친근감을 느끼도록 해야 한다. 민중은 단지 억압받지 않기를 원하기 때문에, 그런 일은 쉽다. 그러나 민중의 뜻을 거스르고 귀족의 후원을 통해 군주가 된 사람이라면, 다른 그 무엇보다도 우선적으로 민중의 마음을 얻으려고 노력하지 않으면 안 되고, 군주가 민중의 보호자로 나서기만 한다면 그것도 쉬운 일이 될 것이다. 인간이란 나쁜 짓을 할 것이라고 예상했던 누군가로부터 혜택을 받게 되면 그 시혜자에게 더 큰 애착을 느끼게 마련이다. 그렇기에 민중은 자신의 지지로 군주의 지위에 오른 사람보다 그에 대해 더 우호적인 태도를 곧바로 취하게 된다.

군주가 민중을 자기편으로 끌어들이는 데에는 많은 방식

이 있지만, 이는 상황에 따라 달라지기 때문에 어떤 확실한 규칙을 말할 수는 없다. 따라서 이 문제는 제쳐 놓기로 하자. 다만 나는 군주가 민중을 자신의 친구로 만들어야 하며, 그렇지 않을 경우 역경에 처했을 때 속수무책이 될 수밖에 없다는 점을 결론으로 말하고자 한다.

## 시민이 국가를 필요로 하게 해야 한다

스파르타의 군주였던 나비스[3]는 그리스의 모든 국가는 물론 승승장구하던 로마군의 포위 공격을 견뎌 내고 이들을 상대로 자신의 조국[그리스]과 국가[스파르타]를 지켜 냈다. 위험이 닥쳤을 때 그는 소수[귀족]를 제압하는 것으로 자신을 지키기에 충분했다. 그러나 민중을 적으로 만들었더라면 그것만으로는 충분치 않았을 것이다.

나의 이런 견해에 대해 "민중을 기반으로 서있는 자는 진흙 위에 [제대로 서있을 수 없이 불안하게] 서있는 것과 같다."라는 진부한 격언을 인용하며 반격해서는 안 될 것이다. 그런 격언은, 민중의 지지를 기초로 권력을 세운 한 시민이 자신의 적이나

---

3) 나비스는 기원진 207년부터 기원전 192년까지 스파르타를 통치했던 참주를 가리킨다. 귀족 세력을 억제하고 민중을 보호하는 개혁을 실시했고, 마케도니아와 로마가 패권을 다투던 시기에 그리스의 자유와 스파르타를 지켜 냈다. 하지만 기원전 195년 로마군에게 패한 뒤 세력이 약해졌고, 결국 기원전 192년 스파르타는 아카이아 동맹에 병합되고 만다.

[귀족이 지배하는] 치안 당국magistrati; magistracies으로부터 억압을 받게 된다면 민중이 와서 그를 구해 줄 것이라고 안이하게 생각하는 경우에나 적용될 수 있다. 그럴 경우 그는 자기기만에 빠져 있는 자신을 자주 발견하게 될 것이다. 로마에서의 그라쿠스 형제나 피렌체에서의 조르조 스칼리의 사례에서 보듯이 말이다.[4] 그러나 누군가 민중을 토대로 군주가 된 사람이 통치하는 법을 알고, 용맹이 뛰어나서 역경에 처해도 두려워하지 않으며, 다른 모든 문제에서 준비를 게을리하지 않고, 자신의 기백과 제도를 통해 민중이 사기를 잃지 않게 할 수만 있다면, 그가 민중에게 배반당하는 일은 결코 없을 것이며 자신의 권력이 확고한 토대 위에 서있음을 알게 될 것이다.

이런 군주국들은 시민적 통치ordine civile에서 절대적 통치ordine assoluto로 전환할 때[5] 위험에 봉착하게 된다. 이들 군주는 자신이 직접 통치하거나 또는 치안 당국을 통해 통치하게 되는데, 후자의 경우 군주들의 지위는 더 취약하고 위태롭다. 이

---

4) 그라쿠스 형제는 귀족들의 부패와 사치, 농민의 몰락이라는 상황에서 원로원의 반대를 무릅쓰고 민회를 통해 토지개혁을 비롯한 개혁 정치를 이끌었지만, 귀족들의 사주를 받은 반대파에 의해 살해되었다. 조르조 스칼리는 치옴피의 봉기를 이끈 평민파 지도자의 한 사람으로 3년간 피렌체를 통치했지만, 귀족을 중심으로 한 반대파들에 의해 결국 처형되었다. 마키아벨리는 이들을 민중을 과신하고 귀족들로부터 자신을 지키는 방법을 몰라 비극적으로 실패한 개혁의 대표적인 사례로 꼽는다.

5) 민중의 지지를 바탕으로 집권한 통치자가 갑작스러운 위기 상황에 직면해 참주에 가까운 비상적 통치로 전환해야 하는 상황을 말한다. Skinner and Price(1988, 37), 각주 a를 참조할 것.

경우 군주는 치안 당국을 관장하는 시민들의 의지에 전적으로 의존하기 때문이다. [치안 당국을 관장하는] 이들은 특히나 군주가 역경에 처했을 때 그로부터 등을 돌리거나 복종을 거부함으로써 아주 쉽게 국가를 탈취할 수 있다. 그런 위기 상황에서 군주는 절대적 권위를 장악할 시간을 갖기 어렵다. 시민들과 신민들 모두 치안 당국으로부터 명령을 받는 데 익숙해 있기 때문에 그런 비상 상황에서 군주에게 복종할 태세가 되어 있지 않기 때문이다. 따라서 언제든 그런 불확실한 시기가 닥치면 군주에게는 신뢰할 만한 사람이 부족하게 될 것이다.

군주가 평화의 시기에나 있을 법한 일을 기대할 수는 없다. 평화의 시기란 시민들이 국가를 필요로 하는 때이다. 죽음이 멀리 떨어져 있는 그때에는 모두가 달려오고, 그들 모두 충성을 약속하면서 군주를 위해 죽기를 가오린다고 말한다. 그러나 막상 국가가 시민들을 필요로 하는 역경의 시기에는 그런 시민들을 찾기가 어렵다. [시민들의 충성심이 시험받게 되는] 이런 경험은 너무 위험한 것이자, [군주로서는] 처음이자 마지막이 될 수밖에 없는 오로지 단 한 번의 경험이 아닐 수 없다. 따라서 현명한 군주라면, 시민이 언제, 어떤 상황에서도 국가와 군주 자신을 필요로 하게 만드는 방법을 생각해 두어야만 한다. 그래야만 시민들은 언제나 그에게 충성을 다할 것이다.

# 10장
## 군주국의 강함은 어떻게 측정되어야 하나

이들 군주국의 특성을 검토할 때 한 가지 문제를 더 고려하는 것이 적절하다. 즉, 군주가 위급한 경우에 자신을 지탱해내기에 충분한 국가를 갖고 있는가, 아니면 항상 다른 사람의 보호를 받을 필요가 있는가 하는 문제이다.

### 최선은 자신의 힘으로 국가를 지키는 것이다

이 점을 좀 더 명백히 하기 위해 나는 이렇게 말하겠다. 풍부한 병력 또는 재정을 통해 제대로 된 군대를 조직함으로써, 공격해 오는 누구와도 야전에서 일전을 벌일 수 있는 사람이라면 누구든 자신을 지탱할 수 있다. 같은 맥락에서, 적군을 야전에서 정면으로 대적하지 못하고 성벽 뒤에 숨은 채 방어만 해야 하는 군주라면 그는 항상 다른 사람의 보호를 필요로한다는 게 내 판단이다.

[자신의 군대로 국가를 지키는] 첫 번째 경우는 이미 [6장에서] 논의했고 앞으로도 필요할 때 [12~14장에서] 다시 다룰 것이다. [타인의 도움으로 방어해야만 하는] 두 번째 경우는 군주에게 자신의 성을 요새화하고 식량을 충분히 비축하며, 농촌 지역은 무시하라고 권유하는 것 외에는 달리 조언할 게 없다.

# 독일의 도시들이 강한 이유

앞서 [9장에서] 언급했고 다음에 [17장과 19장에서] 언급되는 것과 같이, 자신의 성을 잘 구축하고 시민들에 관한 일들도 잘 다루는 군주를 공격하는 일은 어떤 외부 세력이라도 망설이지 않을 수 없다. 인간이란 늘 어려움이 예상되는 일을 피하려 한다. 자신의 성을 잘 방비하고 민중에게 미움을 받지 않는 군주를 공격한다는 것은 누구에게도 쉬운 일이 아니다.

독일의 도시들은 대단히 큰 자유를 누리고 있으며 주변에 농촌 지역이 거의 없다. 그들은 자신들이 원할 때만 황제에게 복종한다. 황제나 주위의 다른 어떤 강력한 세력을 두려워하지도 않는다. 성채로 잘 보호되고 있어서 누구라도 자신들을 공격하는 일이 대단히 더디고 또 어려울 것이라는 점을 알기 때문이다. 이들은 모두 적절한 성벽과 [그 바깥을 둘러싸고 물이 흐르는] 외호를 갖추고 있으며 충분한 화포를 보유하고 있다. 또한 이들은 공공 보관창고에 1년분의 음식과 음료, 땔감을 비축하고 있다. 이 밖에도 공공 재정의 지출 없이 일반 민중plebs을 1년간은 먹여 살릴 원자재와 일거리를 갖고 있다. 그것은 도시의 힘줄과 목숨이 되는 중요한 업무이자 일반 민중이 생계를 위해 종사할 수 있는 산업이기도 하다. 또한 그들은 군사 연습을 중요하게 여기며, 이를 위한 많은 제도를 갖고 있다.

강력하게 조직된 도시를 갖고 있고 미움을 받지 않는 군주는 공격받지 않는다. 누구든 그를 공격하는 사람은 불명예스럽게 퇴각할 것이다. 세상일이란 너무나 가변적이라서, 그렇게 잘 방어된 도시를 군대가 1년씩이나 포위만 한 채 하는 일 없이 지낸다는 것은 불가능하기 때문이다.


## 군주를 위해 희생한 농민은 더 강한 결속을 가질 수 있다

누군가 나에게, "민중은 성벽 밖에 농지를 갖고 있고 그들의 농지가 불타는 것을 본다면 참지 못할 것이다. 그리고 장기간의 포위 공격과 자기 것에 대한 애정은 군주에 대한 충성심을 사라지게 만들 것이다."라고 응수한다면, 이렇게 답하겠다. 현명하고 용기 있는 군주라면, 신민들에게 나쁜 일은 오래 계속되지 않는다는 희망을 주거나, 적군의 잔혹성에 대한 공포를 환기하거나, 나가서 싸우자며 지나친 만용을 부리는 자들을 효과적으로 제어함으로써, 언제나 이 모든 어려움을 극복할 것이다.

게다가 적군은 도착하자마자 거의 확실하게 주변 농촌 지역을 불태우고 파괴할 것이다. 이때는 군주의 신민들이 갖는 기백이 아직 뜨겁고 방어 의지가 강할 때이다. 이 때문에 군주는 두려워할 필요가 거의 없다. 며칠이 지나서 격정이 진정되면 피해는 이미 생겼고 악행도 이미 당해 아무 대책이 없는 상황이 된다. 그때가 되면 그의 신민들은 군주를 방어하기 위해 자신의 집과 재산이 약탈되었고, 그 결과 이제 군주가 자기들에게 빚을 지고 있다고 생각하게 된다. 그 때문에 이들은 더욱더 군주를 중심으로 뭉치게 된다.

인간이란 본성적으로 자신이 받은 혜택은 물론 자신이 베푼 혜택에 의해서도 결속이 강화되는 존재이다. 그러므로 이 모든 것을 잘 고려해 판단해 볼 때, 포위 공격의 시작과 그 이후 시민들의 사기를 유지하는 것이 현명한 군주에게 그리 어려운 일은 아닐 것이다. 시민들의 생활과 도시의 방어에 필요한 모든 것을 잘 갖추고 있는 한 말이다.

# 11장
## 교회 군주국에 대하여

이제 남아 있는 논의 주제는 교회 군주국에 관한 것뿐이다. 교회 군주국이 겪는 모든 어려움은 그런 군주국을 획득하기 이전에 발생한다. 그런 군주국은 비르투 또는 운명의 힘으로 획득되지만 비르투나 운명의 도움 없이도 유지된다. 종교적으로 오랜 시간에 걸쳐 확립된 제도로 떠받쳐 있기 때문이다. 이런 제도는 대단히 강력하다. 군주의 처신과 삶의 방식이 어떤지와 무관하게 군주로 하여금 국가를 유지할 수 있게 할 정도다.

이들만이 국가가 있으면서도 방어하지 않는다. 이들만이 신민이 있는데도 다스리지 않는다. 국가가 무방비 상태인데도 아무도 탈취하지 않는다. 신민은 다스려지지 않는데도, 그 사실에 개의치 않는다. 신민은 스스로를 군주로부터 해방시키려 하지 않고 또 그것이 가능하지도 않다. 그러므로 오로지 이들 교회 군주국만이 안전하고 행복하다. 그러나 교회 군주국은 사람의 생각이 도달할 수 없는 어떤 초월적인 동인에 의해 지지되고 있다. 그렇기에 그들에 대한 논의는 제쳐 두겠다. 그들은 신에 의해 고양되고 유지되는데, 그것을 토론하는 것은 건방지고 무모한 인간들이나 하는 행동이기 때문이다.

# 이탈리아에서 교회 군주국이 분란의 원인이 된 이유

그럼에도 불구하고 누군가 나에게 다음과 같은 사실에 대해 질문할지도 모르겠다. 어떻게 해서 교회가 세속적 문제에 있어서까지 지금처럼 강해질 수 있었는가? 알렉산데르 이전까지만 해도 이탈리아 안에 있는 세력들은 교회를 무시해도 좋을 세력으로 보았다. 예컨대 강대국이라고 불리는 세력뿐만 아니라 제후나 영주로 불리는 모든 세력들, 나아가 대단히 작은 소군주들도 그랬다. 그런데 지금은 프랑스 왕마저 교회를 두려워하고 있다. [율리오 2세하에서] 교회는 프랑스를 이탈리아에서 축출하고 베네치아를 파괴할 수 있게 되었으니 말이다. 비록 많이 알려져 있는 사실이긴 하지만 이와 관련된 이야기의 상당 부분을 다시 상기해 보는 것이 불필요한 일로 보이지 않는다.

프랑스의 국왕 샤를 8세가 [1494년] 이탈리아에 침입하기 전에 이 나라는 교황과 베네치아인들, 그리고 나폴리 왕 및 피렌체인들의 지배하에 있었다. 이들 강대국이 가질 수밖에 없었던 주된 관심사는 두 가지였다. 첫째는 외국 세력이 군대를 끌고 이탈리아로 들어오지 않게 해야 한다는 것이다. 둘째는 그들 안에서는 어느 누구도 자신의 국가를 확대해서는 안 된다는 것이다.[1]

---

1) 이는 1454년 로디Lodi의 평화조약에 의해 이탈리아 안의 국가들 사이에 확립된 세력균형 체제를 말하는데, 이에 대해서는 부록 〈『군주론』 더

가장 큰 우려의 대상은 교황과 베네치아였다. 베네치아를 저지하기 위해서는, [1482년에서 1484년 사이] 페라라를 방어했을 때처럼, 다른 모든 나라들의 동맹이 필요했다. 교황을 견제하기 위해서는, 로마의 귀족 가문들이 이용되었다. 이들 귀족 가문은 오르시니와 콜론나 두 개의 파벌로 나뉘어 항상 분란을 초래했고, 손에 무기를 든 채 교황의 목전에 서있을 정도로 교황을 취약하고 무력하게 만들었다. 비록 식스토 [4세] 같은 용기 있는 교황이 가끔 한 번씩 출현하기도 했지만, 운명의 힘이든 지혜의 힘이든 간에 교황을 그런 난관에서 벗어나게 해주지는 못했다. 교황들의 재위 기간이 짧았던 것이 그 원인이었다. 교황의 평균 재임 기간인 10년 정도로는 이들 두 파벌 가운데 어느 하나도 제압할 수 없었다. 예를 들어 만일 어느 교황이 콜론나파를 거의 제거할 때쯤 되면 오르시니파에 적대적인 다른 교황이 나타나 콜론나파를 다시 부활시켰다.[2] 그렇다고 오르시니파를 제거할 충분한 시간을 가질 수도 없었다. 이 때문에 교황의 세속 권력은 이탈리아에서 거의 아무것도 아닌 것으로 평가되었다.

그때 알렉산데르 6세가 등극했다. 그는 돈과 군대를 갖는 교황이 얼마만큼의 권력을 획득할 수 있는가를 지금까지의 다른 어떤 교황보다도 잘 보여 주었다. 그는 발렌티노 공작을 앞

깊이 읽기 ❶ : 마키아벨리 시대의 이탈리아 정세〉에서 살펴보겠다.
[2] 식스토 4세는 오르시니파와 적대적이었지만 그의 후임인 인노켄티우스 8세Innocentius VIII는 오르시니파와 우호적 관계를 보였다.

세우고 프랑스의 침입을 기회로 활용해 모든 일을 해냈다. 내가 앞에서 공작의 활동과 관련해 논의했듯이 말이다. 비록 그의 의도가 교회를 강력하게 만드는 것이 아니라 공작을 강력하게 만드는 것이었지만, 그럼에도 불구하고 그가 한 일은 결과적으로 교회를 강력하게 만들었다. 그가 죽고 공작도 제거되었을 때, 교회는 그가 수고해서 이뤄 놓은 것들을 물려받는 상속자가 되었다.

바로 그때 율리오 교황이 등장했다. 그는 교회가 이미 강력한 힘을 가졌다는 것을 알았다. 로마냐 지방 전체는 교회가 장악하고 있었다. 로마의 귀족들도 제거된 뒤였다. 그 파벌들 역시 알렉산데르의 공격으로 파괴된 상태였다. 더욱이 율리오 교황은 [성직매매와 같이] 돈을 모으는 방법이 있음을 발견했다. 그런 방법은 알렉산데르 이전에는 전혀 사용되지 않았던 것이다. 율리오는 이를 유지했을 뿐만 아니라 더욱 확대했다. 그리고 그는 볼로냐를 자기편으로 끌어들이고 베네치아를 몰락시키며 프랑스를 이탈리아로부터 쫓아낼 궁리를 했다. 그는 이 모든 일에 성공함으로써 더 큰 영광을 얻게 되었는데, 이는 사적 개인으로서 자기 자신을 위해서가 아니라 교회의 힘을 증가시키기 위한 것이었기에 가능했다.

또한 그는 오르시니와 콜론나 파벌들을 자신이 통제할 수 있는 범위 안에 묶어 두었다. 파벌들 가운데 몇몇 우두머리가 소란을 일으킬 수 있었으나, 그것은 다음과 같은 두 가지 이유로 제어되었다. 첫째, 거대한 교회가 매우 강력했기에 그들에게 두려움을 부과할 수 있었다. 둘째, 어느 파벌이든 자신들을 이끌 추기경이 없었다. 추기경 자리는 파벌들 사이에 분란이 조장되는 원인이 된다. 파벌들이 자신의 추기경을 갖게 된다면 평화는 결코 유지되지 못한다. 추기경은 로마 안팎에서 자신의 파벌을 번성케 하며, 귀족들은 그 파벌을 지지할 수밖에 없기 때문이다. 요컨대 귀족들 사이의 불화와 소란은 이처럼 고위 성직자들의 야심으로부터 배태되는 것이다.

이제 교황 레오 성하께서는 취임하면서[3] 매우 강력한 교황직을 갖게 되셨다. 전임 교황들이 자신들의 군대를 가지고 교황직을 위대하게 만들었다면, 희망하건대 이제 레오 교황께서는 자신의 선함bontà; goodness과 함께 무한한 비르투로 그 자리를 훨씬 더 위대하고 존경할 만한 것으로 만드셨으면 한다.

3) 조반니 데 메디치가 교황 레오 10세로 취임한 것은 1513년 3월 11일로, 덕분에 마키아벨리는 특사로 풀려날 수 있었다. 레오 10세는 마키아벨리가 『군주론』을 쓸 당시 실질적으로 피렌체를 통제했다. 면죄부 판매와 사제직 매매로 유명한데, 루터의 종교개혁운동은 이 때문에 시작되었다.

# 3막
## 민중을 조직하는 것의 중요성에 관하여

# 12장
## 군대의 다양한 종류와 용병에 대하여

내가 이 책의 첫머리[1장]에서 살펴보겠다고 했던, 군주국의 특성들 하나하나에 대해 이제 막 자세한 논의를 마쳤다. 군주국들의 번영과 쇠퇴의 원인에 대해서도 상당 정도 살펴보았다. 또한 많은 사람들이 군주국을 획득하고 유지하기 위헤 이떤 방식을 사용했는지도 보여 주었다. 이제 내가 논의해야 할 남은 문제는 앞에서 언급한 군주국들에 적합했던 공격과 방어에 관한 일반적인 논의이다.

앞에서[7, 9장] 나는 군주가 [국가의] 좋은 토대fondamenti buo-ni를 갖춰야만 하며, 그렇지 않으면 불가피성이 달리 작용해 멸망한다는 것을 이야기했다. 신생국이든 오래된 국가든 아니면 혼합국이든 모든 군주제 국가들이 갖춰야 하는 주요한 토대principali fondamenti는 좋은 법과 좋은 군대이다. 좋은 군대가 없는 곳에 좋은 법이 있을 수 없고, 좋은 군내가 있는 곳에는 반드시 좋은 법이 있어야 하기에, 나는 법에 관한 논의는 제쳐 두고 군대에 관해 논의하고자 한다.

## 용병은 위험하고 무익하다

군주가 자신의 국가를 방어하는 데 사용하는 군대는 자신의 군대이거나 용병, 아니면 원군이거나 혼성군 가운데 하나이다. 용병과 원군은 무익할 뿐만 아니라 위험하다. 어떤 군주가 자신의 국가를 용병의 토대 위에 세운다면 그의 자리는 안정되지도 않을 것이고 안전하지도 못할 것이다. 용병은 분열되어 있고, 야심을 갖고 있으며, 규율이 없고, 신의도 없기 때문이다. 그들은 우군 사이에서만 용감하고 적군에 맞서면 비겁해진다. 신에 대한 경외심도 없고 인간적으로는 신의가 없다. 당신의 파멸은 공격이 늦춰지는 동안까지만 연기될 뿐이다.

평화 시에 당신은 용병에 약탈당하고, 전시에 당신은 적군에 약탈당한다. 그들이 받는 급료는 당신을 위해 죽음을 불사하게 하기에는 충분치 않으며, 그 얼마 안 되는 급료 외에 그들을 전장에 붙들어 둘 수 있는 다른 어떤 애정이나 동기가 없기 때문이다. 전쟁을 하지 않을 때 그들은 당신의 병사가 되기를 갈망하고 전쟁이 다가오면 도망치거나 달아난다.

이 점을 누군가에게 확실히 보여 주는 일은 어렵지 않다. 현재와 같은 이탈리아의 몰락에는 여러 해 동안 용병을 믿고 안주해 왔던 사실 이외에 다른 이유가 없기 때문이다. 물론 어떤 용병들은 군주를 위해 진격하기도 했고, 다른 용병에 맞서 싸울 때 용맹스러워 보이기도 했다. 하지만 그들의 진면목은 [1494년] 외국군이 침입해 왔을 때 여실히 드러났다. 프랑스의 샤를 왕은 백묵 한 조각만으로 이탈리아를 장악할 수 있었다.[1]

우리의 죄악이 이를 초래했다고 말한 사람[2]은 분명 진실을 말한 것이다. 그러나 그것은 그가 믿었던 바의 [종교적] 죄악이 아니라 내가 말했던 바의 [정치적·군사적] 죄악 때문이었다. 그리고 이는 군주들의 죄악이었기 때문에 그들은 대가를 치렀다.


## 용병의 결함 : 고대의 사례


나는 이런 용병 군대가 가진 결함을 좀 더 자세히 보여 주고 싶다. 용병 대장들은 뛰어난 인물이거나 그렇지 않거나 둘 중의 하나이다. 그가 뛰어난 인물인 경우 당신은 그를 신뢰해서는 안 된다. 그들은 항상 자신을 고용한 당신을 압박하거나, 당신과 생각이 다른 사람들을 압박해 스스로 최고의 지위에 오르고자 하는 야심을 갖고 있기 때문이다. 그가 비르투를 갖고 있지 않은 평범한 사람이라면 당연히 당신은 몰락할 것이다.

이에 대해 누군가 반론을 제기할 수 있을 것이다. 즉, 수중에 무력을 쥔 사람이라면 누구라도, 그가 용병이든 아니든 간에 똑같은 행동을 취할 것이라고 말이다. 이에 대해서는 다음과 같이 답하고자 한다. 군대는 군주 또는 공화국에 의해 운용된다. 군주는 반드시 자신이 직접 최고사령관의 직위를 수행

---

1) 알렉산데르 6세가 "프랑스인들은 이 무린 어려움도 겪지 않고 군대의 숙영지를 표시할 백묵만 가지고 왔다."고 말한 것을 가리킨다. 곽준혁, 『지배와 비지배: 마키아벨리의 「군주」 읽기』, 232쪽 참조.

2) 샤를 8세의 침공을, 탐욕과 사치로 물든 이탈리아에 신이 내린 재앙이라고 주장한 사보나롤라를 말한다.

해야 한다. 공화국은 그 자리에 자신의 시민을 파견해야 한다. 무능력한 사람으로 판명된 사람이 파견되었다면 교체되어야 한다. 그가 유능한 사람이라면 월권을 하지 않도록 법으로 그를 묶어 두어야 한다. 경험에 따르면 자신의 힘으로 서 있는 군주국과 무장한 공화국만이 대단히 큰 성과를 이룰 수 있는 반면, 용병 군대는 해를 끼치는 것 외에 아무것도 성취할 수 없다. 외부의 군대로 무장한 공화국에 비해 자신의 군대로 무장한 공화국에서는, 일개 시민의 지배하에 종속되는 일이 일어나기가 훨씬 어렵다.

로마와 스파르타는 여러 세기 동안 자력으로 무장을 했고 자유로웠다. 스위스는 대단히 훌륭하게 무장했고 고도의 자유를 누렸다. 고대 용병을 사용했던 사례로는 카르타고가 있다. 카르타고는 자기 시민을 용병 대장으로 썼음에도 불구하고 로마와의 1차 전쟁 후 이들 용병에 의해 거의 정복당할 뻔했다. [테베의 장군] 에파미논다스가 죽은 후 테베는 마케도니아의 필리포스[3]를 자국 군대의 지휘관으로 임명했는데 그는 전쟁에서 승리한 후 테베인들의 자유를 박탈했다.

필리포 공[4]이 죽은 후 밀라노인들은 프란체스코 스포르차를 고용해 베네치아에 대항했는데, 그는 [1448년] 카라바조에서 적을 무찌른 후 그들과 연합해 자신을 고용한 밀라노를 정복했다. 프란체스코의 아버지[무치오 아텐돌로 스포르차]는 나폴

---

3) 알렉산드로스대왕의 아버지인 필리포스 2세를 가리킨다.
4) 밀라노의 통치자 필리포 마리아 비스콘티 공작을 가리킨다.

리의 여왕 조반나에게 고용되어 있었는데 갑자기 그녀를 비무장 상태로 남겨 두고 떠나 버렸다. 하릴없이 그녀는 자신의 왕국을 잃지 않으려고 아라곤 왕의 무릎 앞에 자신을 던질 수밖에 없었다.

　누군가 나에게, 과거 베네치아인들과 피렌체인들이 용병 군대로 자신들의 통치 영역을 확장했으며, 용병 대장들은 스스로 군주가 되려 하지 않고 피렌체를 방어했다고 응수한다면, 나는 이 경우 피렌체인들은 우연의 덕을 본 것이라고 말하고 싶다. 피렌체인들이 두려워할 이유가 있었던 비르투를 갖춘 장군들 가운데 일부는 승리를 얻지 못했고, 일부는 반대에 부딪혔으며, 또 다른 일부는 다른 곳에서 야심을 채웠다. 조반니 아쿠토[5]는 승리를 거두지 못했기 때문에 그의 충성심을 확인할 수가 없다. 그러나 만일 승리했더라면 피렌체기 그의 수중에 들어갔으리라는 점에 대해서는 누구나 인정한다. 스포르차는 브라초[6] 일파와 항상 대립했고 양 파벌은 서로를 경계했다. 그러나 프란체스코 스포르차는 롬바르디아 지방에서 야심을 채우려 했고, 브라초는 교황국과 나폴리왕국에 대항해 야심을 채우려 했다.

5) 영국 출신의 용병 대장.
6) 페루자 출신의 용병 대장.

## 용병의 결함 : 최근의 사례

이제 우리는 얼마 전 [1498년 피렌체에서] 발생했던 일을 살펴보기로 하자. 피렌체는 자신의 용병 대장으로 파올로 비텔리를 임명했는데 그는 매우 현명한 사람이었고 일개 시민의 운명을 뛰어넘어 대단히 큰 명성을 얻었다. 만일 그가 피사를 정복했더라면 피렌체인들은 그에게 어찌할 도리가 없었을 것이다. 이 점을 부정할 사람은 아무도 없다. 만일 그가 돈을 받고 적국의 용병으로 가버린다면 피렌체는 대책이 없었을 것이고, 그를 계속 붙잡아 두려 한다면 그에게 복종해야만 했을 것이다.[7]

베네치아인들의 발전사를 살펴보면 바로 알 수 있는 사실이 있다. 그것은 그들이 군사 활동을 육지로 확대하기 이전까지, 자신의 민중으로 구성된 군대로 전쟁을 치르는 동안에는 안전과 영광을 누렸다는 것이다. 그때는 무장한 귀족들과 일반 민중이 엄청난 비르투를 갖고 싸웠다. 그러나 육지에서 전투를 시작했을 때 그들은 그런 종류의 비르투를 버리고 [용병에 의존하는] 이탈리아의 전쟁 관행을 따랐다. 베네치아인들이 육지에서 영토 확장을 시작하던 초기까지만 해도 그들은 자신들의 용병 대장을 별로 두려워하지 않았다. 그때만 해도 육지에서 장악한 국가가 그리 대단한 것도 아니었고, 베네치아인들의 명성 또한 매우 높았기 때문이다.

---

7) 8장에서 보았듯이, 그래서 피렌체인들은 1499년 파올로 비텔리가 피사에 대한 공격을 고의로 늦추자 그를 죽일 수밖에 없었다.

그러나 카르미뇰라의 지휘하에 베네치아의 영향력이 확장되면서 용병을 사용한 것이 실수였음을 제대로 맛보게 되었다. 그의 지휘하에 밀라노 공작을 패퇴시켰기 때문에 베네치아인들은 그가 엄청난 양의 비르투를 갖고 있음을 알게 되었다. 그런데 바로 그때 전쟁에 대한 카르미뇰라의 열의가 약해졌다는 사실 또한 드러났다. 따라서 베네치아인들은 카르미뇰라가 전쟁에서 승리하기를 원하지 않기 때문에 그와 함께 더는 정복을 할 수 없게 되었다고 결론지었다. 그렇다고 그를 파직할 수도 없었다. 이미 정복한 지역을 다시 잃고 싶지 않았기 때문이다. 따라서 [엄청난 비르투를 가진] 그로부터 자신들을 지키기 위해 베네치아인들은 어쩔 수 없이 그를 살해했다.

그 뒤로 베네치아는 바르톨로메오 콜레오니, 로베르토 다 산세베리노, 니콜로 오르시니 등의 인물을 용병 대장으로 고용했다. 그러나 이들 용병 대장으로 인해 베네치아인들이 두려워해야만 했던 것은, 그들의 승리가 아니라 그들의 패배였다. 그 실례로 바일라 전투[8]를 들 수 있다. 이곳에서 베네치아는 800년 동안 그렇게 고생해서 얻은 것을 단 하루의 전투로 모두 상실했다. 이처럼 용병을 써서 얻는 것은 시간이 오래 걸리고 사소하고 뒤늦은 성취에 불과한 반면, 상실하게 되는 것은 갑작스럽고 깜짝 놀랄 방식이 될 수밖에 없었다.

---

8) 교황국·프랑스·신성로마제국·에스파냐 등이 베네치아를 분할 점령하기로 하는 동맹을 맺은 뒤 1509년 바일라에서 베네치아 병력을 붕괴시킨 것을 말한다. 이에 대해서는 3장에서 자세히 살펴본 바 있다.

# 용병의 기원과 발전 과정

지금까지는 여러 해 동안 용병에 의해 좌지우지된 이탈리아의 사례들만을 들어 논지를 전개했다. 이제는 좀 더 넓은 관점에서 용병의 기원과 발전 과정을 살펴보려 하는데, 그렇게 하면 문제를 좀 더 잘 개선하게 될지 모르겠다. 우선 당신께서는 최근에 들어와 어떻게 신성로마제국이 이탈리아에서 영향력을 상실하기 시작하고, 교황이 세속의 문제에서 큰 명성을 획득하게 되자마자 이탈리아가 여러 개의 국가들로 분열하게 되었는지를 이해하셔야 한다.

과거 많은 대도시들은 황제의 지원을 받아 자신들을 지배해 왔던 귀족들[9]에게 대항해 무기를 들고 반란을 일으켰다. 이때 교회는 세속적 문제에 대한 명성을 강화하기 위해 [교황을 지지하는 겔프파가 지배하게 된] 이 도시들을 지원했다. 그 밖의 다른 도시들에서는 시민들이 군주가 되기도 했다. 이렇게 해서 이탈리아는 거의 교회와 몇몇 공화국의 수중에 놓이게 되었는데 성직자들과 시민들은 대개 군사 문제에 익숙지 않아 외지인을 군인으로 고용하기 시작했다.

용병군에게 이런 명성을 갖게 한 최초의 사람은 로마냐 출신의 알베리고 다 코니오였다. 그의 휘하에 있던 많은 사람 중에서 특히 브라초와 스포르차가 두각을 나타냈는데 이들은 모두 당대 이탈리아의 운명을 좌우하는 결정권자가 되었다. 이

---

9) 신성로마제국 황제를 지지했던 기벨린파를 가리킨다.

들의 뒤를 이어 우리 시대에 이르기까지 용병군을 지휘해 온 많은 다른 사람들이 출현했다. 이들이 가진 비르투의 결과는, 이탈리아가 샤를 8세에 의해 공략당하고, 루이 12세에 의해 약탈당하고, 페르난도에 의해 유린당하고, 스위스인들에 의해 모멸당하는 것이었다.

자신의 명성을 높이기 위해 용병 대장들이 채택한 군사 제도는 보병의 명성을 제거하는 것이었다. 자신의 국가가 없는 데다 고용되어야 먹고살 수 있었던 용병 대장들에게 상당한 규모가 아닌 한 보병 병력은 명성을 드높이는 데 도움이 되지 않았고, 또 대규모의 군대를 먹여 살릴 수도 없었기 때문이다. 따라서 이들은 기병에 의존하게 되었고, 이를 통해 일정한 수입을 유지하면서도 명성을 성취하는 데 적절한 군대 수를 유지할 수 있었다. 그 결과 2만 명의 병사로 구성된 군대에서 보병군이 2000명이 안 되는 지경에까지 이르게 되었다.

게다가 이들은 자신과 병사들이 감당해야 할 수고와 무서움을 줄이고자 모든 간계를 동원했다. 전투 시에는 서로 죽이는 일이 별로 없었다. 포로를 잡아도 몸값을 받지 않았다. 야간에는 상대의 도성을 공격하지 않았다. 도성에 있는 상대 역시 야간에는 숙영지를 공격하지 않았다. 또한 이들은 숙영지 주위에 방책을 세우지도 도랑을 파지도 않았다. 겨울에는 출정하지 않았다. 이런 모든 일은 용병 제도 안에서 허용된 것이었고, 앞서 말한 바와 같이 수고와 위험을 피하기 위해 고안된 것들이다. 이런 모든 것이 이탈리아를 노예로 만들고 수모를 당하는 쪽으로 이끌었다.

# 13장
## 원군, 혼성군, 자국군에 대하여

원군이란, 당신이 외부의 강력한 권력자에게 무력을 가지고 와 당신을 돕고 방어해 달라고 요청해서 파견된 군대인데, 이 또한 용병처럼 무익하다. 최근 교황 율리오가 보여 준 것처럼 말이다.

### 원군에 의존하는 것은 용병보다 더 위험하다

교황 율리오는 자신의 용병이 페라라 공격에 실패한 것[1]을 보고는 원군으로 눈을 돌렸다. 그는 에스파냐 국왕 페르난도와 협정을 맺었고, 군대와 병사를 데려와 자신을 돕게 했다. 이런 군대가 그 군대 자신에게는 유용하고 효과적일 수 있다. 그러나 그것을 불러들인 사람에게는 거의 항상 해롭다. 그들이 패하면 당신은 몰락할 것이고 승리하면 당신은 그들의 처분에 맡겨지는 포로가 되기 때문이다.

고대의 역사는 이런 사례들로 가득 차있다. 하지만 나는 위에서 율리오 2세가 보여 준 최신 사례를 그냥 넘어갈 수가 없다. 페라라를 원한다고 자기 자신을 외부자의 손에 맡겨 버린

---

1) 1510년에 있었던 일로 앞서 2장(19쪽)에서 이야기한 바 있다.

그의 결정보다 더 경솔한 일은 있기 어렵다. 그러나 그는 좋은 운명을 타고난 덕분에, 자신의 잘못된 선택이 가져올 나쁜 결과를 피할 수 있는 예기치 않은 상황을 만날 수 있었다. 그의 원군[에스파냐 등]은 [1512년 4월] 라벤나에서 패주했는데, 그 직후 [용병인] 스위스 군대가 두각을 나타냈다. 그들은 율리오 자신과 다른 사람들 모두의 예상을 뒤엎고 승자[프랑스]를 몰아냈다. 적군은 패주했기 때문에 그는 적군의 포로가 되지도 않았다. 또한 원군이 아닌 다른 무력[스위스 용병]으로 승리했기 때문에 원군의 처분에 맡겨지는 포로가 되지도 않았다.

군대가 없었던 피렌체는 [1500년] 피사를 굴복시키기 위해 1만 명의 프랑스군을 불러들였다. 이런 결정으로 피렌체인들은 과거의 그 어떤 어려움보다도 더 큰 위험에 봉착했다. 콘스탄티노플의 [비잔티움 제국] 황제는 인접국과의 분쟁 때문에 1만 명의 두브크 군대를 불러들였다. 전쟁이 끝난 [1347년] 후에도 이들은 그리스를 떠나려 하지 않았는데, 이것이 발단이 되어 그 후 그리스는 이교도[투르크인들]에 의해 노예 상태가 되었다.

승리하기를 원하지 않는 사람이라면 원군을 활용해도 좋다. 원군은 용병보다 훨씬 더 위험하기 때문이다. 원군을 불러들이는 일에는 파멸이 예비되어 있다. 이들은 일사불란한 태세를 갖추고 있고, 그들이 절대적으로 복종하는 대상은 [원군을 불러들인 사람이 아닌] 다른 사람[파견국의 군주]이다. 반면에 용병의 경우는 승리한 다음에도 당신을 해칠 수 있는 상황이 되기까지 더 많은 시간과 더 많은 기회가 필요하다. 용병은 하나의 단일체도 아니고 당신이 소집해서 급료를 지불했기 때문이다. 당신이 용병의 지휘관으로 제3의 인물을 임명했다면, 그가 당신을 해칠 만한 충분한 권위를 즉시 확보할 수는 없기 때문이다.

요컨대 용병의 경우는 비겁함이 훨씬 위험하고 원군은 비르투가 훨씬 위험하다. 현명한 군주라면 항상 이런 군대를 멀리하고 자신의 군대에 의지한다. 현명한 군주는 원군으로 승리하기보다는 차라리 자신의 군대로 패배하는 것을 택한다. 원군에 의존해 얻은 승리는 진정한 승리로 평가되지 않기 때문이다.


### 원군과 용병을 잘 다룬 세 사례 : 체사레, 히에론, 다윗

[이 주제와 관련해] 나는 주저 없이 체사레 보르자와 그의 행적을 인용하고자 한다. 그는 프랑스 병사로만 구성된 원군을 데리고 로마냐로 들어왔다. 그러고는 이몰라와 포를리를 [각각 1499년과 1500년에] 빼앗았다. 그러나 그런 군대로는 안심할 수 없다고 생각해 용병 쪽으로 방향을 돌렸다. 그는 오르시니와 비텔리를 고용했다. 나중에 그들이 의심스럽고 불충할 뿐만 아니라 다루기 위험하다는 것을 깨달았을 때, 그는 이들을 제거했고 자신의 군대에 의존했다.

체사레가 프랑스 원군에 의존했을 때와 오르시니 및 비텔리의 용병에 의존했을 때, 그리고 자신을 총사령으로 하는 자신의 군대로 자립했을 때, 그가 얻은 명성의 차이를 생각한다면 이런 여러 종류의 군대가 갖는 차이점을 쉽게 파악할 수 있을 것이다. 그의 명성은 계속 커졌고, 그가 자신의 군대를 완전히 소유했다는 것을 사람들이 알게 되었을 때 그에 대한 존경은 정점에 도달했다.

나는 이탈리아의 최근 사례에 대한 이야기에서 벗어나고 싶지는 않지만 그렇다고 해서 앞서 [6장에서] 언급했던 시라쿠사의 왕 히에론 이야기를 빼놓고 싶지는 않다. 내가 말했듯이 이 사람은 시라쿠사 군대의 지휘관이 되었을 때, 용병이 무익하다는 것을 즉시 알아차렸다. [그 당시] 그들 용병 대장 역시 [오늘날] 우리 이탈리아에서의 경우와 다르지 않았기 때문이다. 그렇다고 이들을 데리고 있을 수도 없고 돌려보낼 수도 없었기에, 그는 이들 모두를 살해했다. 그 뒤로 그는 타인의 군대 없이 자신의 군대로만 전쟁을 치렀다.

나는 이 주제에 적합한 구약의 한 인물에 대한 기억을 상기시키고자 한다. 다윗이 사울에게 블레셋의 전사 골리앗에 맞서 싸우겠노라고 나섰을 때 사울은 다윗의 용기를 북돋기 위해 자신의 갑옷으로 무장시켰다. 다윗은 갑옷을 착용해 보고 나서 몸을 제대로 놀릴 수 없다는 것을 깨닫고는, 자신은 돌팔매와 단검만으로 적과 맞서겠다고 말하고 그것을 사양했다. 요컨대 다른 사람의 갑옷은 너무 커서 흘러내리거나, 너무 무겁거나 아니면 꽉 조여 당신의 행동을 제약하게 마련이다.[2]

2) 『군주론』의 마지막 장인 26장의 끝에서 마키아벨리는 자신의 군대와 자신에게 맞는 방법으로 싸워야 함을 강조한다. 그러면서 긴 창으로 무장한 스위스와 독일군에 맞서 작은 방패와 칼로 민첩하게 파고들어 공격할 수 있는 보병의 편제를 제안하고 있다.

# 루이 11세는 무엇을 잘못했나

프랑스 국왕 루이 11세의 아버지인 샤를 7세는 자신이 가진 운명의 힘과 비르투로 프랑스를 [백년전쟁이 끝난 1453년] 영국으로부터 해방시켰다. 그 뒤 그는 자신의 군대로 무장해야 할 필요성을 인식했고, 중장병과 보병을 설치할 법령을 왕국 전체에 선포했다. 그러나 그의 아들 루이[11세]는 보병을 폐지하고 스위스 용병을 고용하기 시작했다. 이런 실수를 이후의 왕들도 이어받았고, 이는 오늘날 우리가 눈으로 보고 있듯이 프랑스 왕국을 위험스럽게 만드는 원인이 되고 있다. 스위스 용병군의 위신을 너무 많이 세워 줌으로써 전체 [프랑스] 군대의 사기를 저하시켰기 때문이다.

루이 11세는 자신의 보병을 전부 해산하고 중장병은 다른 사람의 군대에 복종하게 만들었다. 스위스 용병과 함께 싸우는 데 익숙해져서 스위스 용병 없이는 승리할 수 없다고 생각했기 때문이다. 그 결과 프랑스군은 스위스 용병에 비해 열등한 지위에 놓였고, 스위스 용병 없이는 다른 외국군을 상대할 수 없는 상태가 되었다. 프랑스군은, 용병군과 자국군으로 이루어진 혼성군이 되었는데, 이런 혼성 군대는 순수한 원군이나 순수한 용병군보다 훨씬 낫지만 자국 군대보다는 훨씬 열등하다. 이 점은 앞서 언급한 사례로써 충분한데, 만일 샤를[7세]의 법령이 더 확대되었거나 그대로 유지되었더라면 프랑스는 무적의 나라가 되었을 것이기 때문이다.

실천적 이성이 부족한 인간은, 처음 한동안 단맛을 즐기느라 그 밑에 깔려 있는 독을 의식하지 못하기 때문에 일을 키우게 된다. 내가 앞서 [3장에서] 폐결핵에 관해 말했던 것처럼 말이다. 따라서 군주국 안에서 일어날 수 있는 어떤 나쁜 일을 그 발생 단계에서 알아차리지 못하는 사람은 진정 현명한 것이 아니다. 이런 능력은 극소수에게만 주어진다.


## 조직된 시민의 힘 없이는 안 된다


로마제국 멸망의 주된 원인을 살펴보면, 누구나 그것이 고트족을 용병으로 고용한 데서 시작되었다는 사실을 알게 될 것이다. 그 시작에서부터 고트군은 로마제국의 군대를 무기력하게 만들었기 때문이다. 그리고 제국 군대에서 빠져나간 모든 비르투는 고트 군대로 옮겨 갔다.

따라서 나는, 어떤 군주국이든 자국 군대 없이는 안전하지 못하다고 결론짓겠다. 안전하기는커녕 그런 군주국은 운명의 힘에 완전히 종속되게 마련이다. 역경에 처했을 때, 자신을 지킬 수 있는 비르투가 없기 때문이다. 현자들의 한결같은 의견이자 판단은, "자신의 무력에 기초하지 않은 권력의 명성보다 더 허술하고 불안정한 것은 없다."[3]는 것이다.

자국군이란 당신의 신민이나 시민 또는 당신의 수하로 구

---

3) 고대 로마의 역사가 타키투스Cornelius Tacitus가 그의 책 『연대기』 13권에서 한 말을 마키아벨리가 기억에 의존해 인용한 것으로 추정된다. Connell(2005, 84, f.12) 참조.

성된 군대를 말한다. 그 나머지는 모두 원군이거나 용병군이다. 자국군을 조직하는 방법은, 내가 언급한 네 사람[체사레 보르자, 히에론, 다윗, 샤를 7세]의 방식을 검토하고, 알렉산드로스 대왕의 아버지인 마케도니아의 필리포스와 많은 공화국들 및 군주국들이 어떻게 스스로 무장하고 조직했는가를 관찰하면 쉽게 발견할 수 있을 것이다. 나는 그들이 채택했던 군제를 전적으로 신뢰한다.

# 14장
## 군주는 군사 문제와 관련해
## 어떻게 처신해야 하는가

군주는 다른 어떤 것보다도, 전쟁과 관련된 제도 및 훈련에 대해 뚜렷한 목표와 생각, 기예arte; art를 가져야 한다. 전쟁과 관련된 업무야말로 통치하는 자에게 기대되는 유일한 기예이기 때문이다. 그리고 그것은 군주로 태어난 사람이 그 자리를 지킬 수 있게 할 뿐만 아니라, 많은 경우 일개 시민의 운명을 타고난 사람을 군주의 지위에 오를 수 있게 해주는 비르투의 기예이다. 반면에 군사 문제가 아닌 다른 사소한 문제들에 더 많이 몰두했던 군주들의 경우 자신의 국가를 상실했다는 사실을 우리는 잘 알고 있다.

## 무력을 갖추지 못하면 경멸당한다

당신이 국가를 상실하게 되는 일차적 요인은 이 기예를 소홀히 하는 것에 있다. 반대로 국가를 획득할 수 있게 하는 요인은 이 기예에 정통하는 것에 있다. 프란체스코 스포르차는 무력을 갖췄기 때문에 일개 시민에서 밀라노 공이 되었다. 그의 아들들은 군사 업무의 어려움을 피했기 때문에 최고 통치자에서 일개 시민이 되었다. 무력을 갖추지 못한 것이 당신에게 나쁜 결과를 초래하게 만드는 원인 가운데 하나는, 그 때문에 당신이 경멸받게 된다는 점에 있다. 뒤[19장]에서 설명하겠지만, 군주는 경멸이라는 오명에 빠지지 않도록 항상 경계해야 한다.

무력을 갖춘 사람과 그렇지 않은 사람 사이에서 조화는 어렵다. 무력을 갖춘 사람이 그렇지 않은 사람에게 기꺼이 복종하기를 기대하는 것은 이치에 맞지 않는다. 무장하지 않은 사람이 무장한 사람들 사이에서 안전하기를 기대하는 것도 마찬가지이다. 무장한 사람은 속으로 상대를 경멸하고 무장하지 않은 사람은 속으로 상대를 의심하기 때문에 이들이 잘 협력한다는 것은 불가능한 일이다. 그런 까닭에 군사 문제를 이해하지 못하는 군주는, 앞서 [12장에서] 언급된 다른 여러 가지 결함 외에도 자신의 병사들로부터 존경과 신뢰를 얻지 못한다.

따라서 군주는 전쟁과 관련된 훈련을 늘 생각해야 한다. 전시보다도 평화 시에 더 많은 훈련을 해야 한다. 훈련에는 두 가지 방식이 있는데 하나는 행동으로 하는 것이고 다른 하나는 마음으로 하는 것이다.


## 훈련으로서 사냥


행동으로 하는 훈련과 관련해 군주는 자신의 군대를 잘 정비하고 훈련시키는 것 외에도 자주 사냥에 나서야 하는데, 이를 통해 자신의 신체를 고난에 익숙해지게 만들어야 한다. 이와 함께 지형의 성격을 익혀야 하고, 산들이 어떻게 솟아 있고 계곡이 어떻게 열려 있으며 평원은 어떻게 펼쳐져 있는지를 파악해야 하며, 하천과 습지의 성격을 알아 두어야 한다. 그것도 상당한 관심을 갖고 익혀 두어야 한다.

이런 지식은 두 가지 관점에서 유용하다. 첫째, 자기 나라의 지세를 익혀 잘 알게 되면 방어하는 방법을 더 잘 파악할 수 있다. 다음으로 지세에 대한 지식과 실제 경험을 통해 그는 처음 접하는 지역의 지세를 쉽게 파악할 수 있다. 예를 들어, 토스카나 지방의 야산·계곡·평원·하천 및 습지는 다른 지방과 어느 정도 유사하기 때문에 어느 한 지방의 지형에 대한 지식을 바탕으로 다른 지방의 지형에 대한 지식을 쉽게 얻을 수 있다. 군주가 이런 지식을 결여하고 있다면 그것은 통솔자capitano가 필요로 하는 중요 자질을 결여하고 있는 것과 같다. 이런 자질은 성공적으로 적군을 찾아내고, 숙영지를 정하고, 부대를 이끌고, 전장을 지휘하고, 도성을 자신에게 유리하게 공략하는 방법을 가르쳐주기 때문이다.

아카이아 동맹의 군주 필로포에멘[B.C.252~B.C.184]이 역사가들로부터 받은 여러 칭찬 중에는, 그가 평화 시에도 오로지 전쟁을 이끄는 방법만을 생각했다는 점이 있다. 그는 친구들과 야외에 나갈 때에도 자주 걸음을 멈추고 그들과 함께 다음과 같은 질문을 던지곤 했다. "만일 적군이 저 야산에 있고 우리가 군대와 함께 여기에 있다고 한다면 누가 더 유리할까? 어떻게 대열을 잘 유지하면서 그들에게 맞설 수 있을까? 만일 우리가 후퇴하고자 한다면 어떻게 해야 할까? 만일 그들이 후퇴한다면 우리는 어떻게 그들을 추적할 수 있을까?" 그리고 친구들과 함께 걸으면서 그는 군대 안에서 일어날 수 있는 모든 경우를 그들에게 제시해 주면서 의견을 경청하는 한편 자신의 견해를 논증으로 뒷받침하곤 했다. 이처럼 지속적인 숙고 덕분에 군대를 지휘하는 동안 그가 대책을 마련할 수 없었던 예상 밖의 사태는 한 번도 일어나지 않았다.


## 훈련으로서 역사 공부


정신적 훈련과 관련해 군주는 반드시 역사서를 읽어야 한다. 역사서 속에서 탁월한 인물들의 행적을 잘 살펴야 한다. 전시에 그들이 어떻게 처신했던가를 살피고 그들이 승리하고 패배했던 원인을 검토해, 전자는 모방하고 후자는 피할 수 있도록 해야 한다. 무엇보다도 군주는 탁월한 인물들이 과거에 행했던 바대로 행동하려고 해야 한다. 이들도 그 이전 시대에 칭송과 찬양을 받았던 누군가를 모방했고 항상 자신의 처신과 행동을 그들에 가깝게 하려고 노력했다. 이미 언급했듯이 알렉산드로스대왕은 아킬레우스를, 카이사르는 알렉산드로스를, 스키피오는 키루스를 모방했다. 크세노폰이 쓴 키루스의 전기를 읽은 사람은 누구든지 바로 스키피오의 생애에서 그런 모방이 얼마나 큰 영광을 가져다주었는지를 알게 된다. 그리고 고결함·친근성·인간미·관대함 등의 면에서 스키피오가 얼마나 키루스를 똑같이 따랐는지를 알게 된다.

현명한 군주라면 항상 이와 같이 행동해야 한다. 평화 시에도 태만해서는 안 된다. 역경에 처했을 때 활용할 수 있도록 그와 같은 방식을 부지런히 익혀야 한다. 그래서 운명의 여신이 변심했을 때, 군주는 자신이 역경에 대처할 준비를 하고 있다

는 것을 그녀가 알 수 있게 해야 한다.[1]

1) 운명의 여신을 다루는 문제는 25장에서 더 자세히 다뤄진다.

# 4막
## 인간의 정치가 갖는 윤리성의 특별함에 관하여

# 15장
## 사람들, 그 가운데서도 특히 군주가
## 칭찬 또는 비난받는 일들에 관하여

이제 군주가 자신의 신민들이나 동맹국들을 상대로 어떤 식으로 행동해야 하는지에 대해 살펴보는 일이 남았다.

### 지배적인 견해와 다른 이야기를 하겠다

이 주제에 관해 이미 많은 사람들이 책을 썼음을 알고 있기 때문에, 나 역시 같은 문제에 대해 글을 쓰는 일이 걱정스럽다. 무엇보다도 이 문제를 논의하면서 다른 사람들이 제안한 체계ordini와 크게 다르기 때문에, 건방진 일로 여겨지지 않을까 싶다. 그러나 내 의도는 이 주제를 이해하는 사람이라면 누구에게라도 유익한 무엇인가를 쓰는 데 있다.

나는 사변적 상상imaginazione; imagination[1]보다는 사물에 [실체적 영향을 미치는] 실효적 진실verità effettuale; effectual truth을 추구하는 것이 훨씬 더 적절한 일이라고 생각한다. 많은 사람들이 아무도 본 적이 없거나 실제 존재했던 것으로 알려지지도 않은 공화국과 군주국을 상상해 왔다. 인간이 실제로 어떻게 살고 있는가의 문제와 인간이 어떻게 살아야만 하는가의 문제는 너무도 다르다. 그렇기에 무엇을 행해야만 하는가의 문제에 매달려 무엇이 실제로 행해지고 있는가의 문제를 소홀히 하는 사람은 자신을 지키기보다는 파멸로 이끌리기 쉽다. 어떤 상황에서도 착하게 행동할 것을 고집하는 사람이 착하지 않은 많은 사람들 속에 있으면 반드시 파멸하게 되기 때문이다.

그러므로 자신을 지키고자 하는 군주라면 착하지 않을 수 있음을 배울 필요가 있다. 착하지 않을 수 있는 능력을 상황의 불가피성<sub>necessità</sub>에 따라 사용할 수도 있고 사용하지 않을 수도 있어야 한다. 이상의 이유로 군주가 이랬으면 좋겠다 저랬으면 좋겠다는 상상에 바탕을 둔 논의보다는 실제 일어나는 것들에 대해 논의하고자 한다.

## 정치에서 선과 악의 구분은 어렵다

모든 인간은 다음과 같은 인간적 자질을 가졌다고 해서 비난받거나 칭송된다. 누군가에 대해 이야기를 할 때면 꼭 그렇

---

1) 이 부분에서 마키아벨리가 염두에 두고 있는 대상은 플라톤<sub>Platon</sub>이다. 이를 두고 마키아벨리는 『티투스 리비우스의 로마사 첫 10권에 관한 강론』에서 "실제의 경험으로부터 알게 된 것이 아니라 학식 있는 사람들이 그렇게 상상했던 것과 같은 철학자들의 도시국가"라는 표현을 사용했다.

거니와, 특히나 군주는 쉽게 눈에 띄는 높은 지위에 있는 까닭에 더욱 그렇다. 그렇듯 칭송되고 비난받는 인간적 자질들에는 다음과 같은 것들이 있다.

누군가는 씀씀이가 후하다고 하고, 또 누군가는 인색하다는 평을 듣는다(여기서 나는 인색하다는 말로 토스카나 방언인 'misero'라는 말을 사용했다. 이탈리아어의 'avaro'라는 말에는 약탈을 통해 원하는 것을 갖고자 하는 사람이라는 의미가 남아 있기 때문이다. 반면에 자신이 지닌 것을 사용하기를 극도로 꺼려 하는 사람을 우리는 'misero'라고 부른다). 어떤 사람은 잘 베푼다고 하고 어떤 사람은 탐욕스럽다고 여겨진다. 어떤 사람은 잔인하고 어떤 사람은 자비롭다. 어떤 사람은 신의가 없고 어떤 사람은 신의가 있다. 어떤 사람은 여자처럼 겁이 많고 소심한 반면 어떤 사람은 격렬하고 기백이 넘친다. 어떤 사람은 인정이 많고 어떤 사람은 오만하다. 어떤 사람은 음탕하고 어떤 사람은 정숙하다. 어떤 사람은 솔직하고 어떤 사람은 약삭빠르다. 어떤 사람은 완고하고 어떤 사람은 유순하다. 어떤 사람은 진지하고 어떤 사람은 경박하다. 어떤 사람은 신앙심이 깊은가 하면 어떤 사람은 신앙심이 없다는 등등이 그것이다.

위에 말한 인간적 자질의 목록 가운데 좋다고 여겨지는 모든 것을 군주가 갖추고 있다면, 누구나 이를 대단히 칭송할 만한 일로 인정하리라는 사실을 나는 알고 있다. 그러나 인간의 조건이란 그런 인간적 자질 모두를 간직하고 준수하며 사는 것을 용납하지 않는다. 그렇기에 군주는 악덕vizii; vices으로 말미암아 국가를 잃는 오명을 뒤집어쓰지 않을 만큼은 현명해야 하며, 설령 국가의 상실을 초래하지 않는 정도의 악덕이라 해도, 가급적 악덕을 피해야 한다.


### 악덕을 피하려다 국가를 파멸시킬 수는 없다

그러나 악덕을 피하는 것이 불가능하다면, 크게 신경 쓰지 말고 자신의 일을 계속해도 좋다. 사실 악덕 없이 국가를 구하기 어려운 상황이라면, 그런 악덕으로 인해 오명을 뒤집어쓰는 일에 개의치 않아야 할 것이다. 모든 문제를 잘 고려해 볼 때, 일견 비르투로 보이는 것을 따르게 되면 파멸에 이르는 반면, 악덕으로 보이는 것을 따를 때 자신의 안전과 안녕을 지킬 수 있는 경우가 있기 때문이다.

# 16장
## 너그러운 씀씀이와 인색함에 관하여

그러면 앞에서 언급된 인간적 자질 가운데 첫 번째 것부터 논의를 시작하겠다. 나는 씀씀이가 너그럽다고 여겨지는 것이 좋은 일이라는 점을 말해 두고자 한다. 그러나 그 너그러움이 당신에 대한 평판이 될 정도가 되면, 당신을 해치게 된다. 만일 그런 너그러움이 고귀하게 행사된다면,[1] 그리고 그래야 한다는 방식 그대로 사용된다면 누구도 그것을 알아주지 않을 것이고 오히려 그 반대의 오명을 얻게 되기 때문이다.


### 공적 자산을 아껴야 민중을 수탈하지 않는다

사람들 사이에서 씀씀이가 너그럽다는 평판을 간직하고 싶다면, 당신은 값비싼 과시조차 감수해야 한다. 따라서 그런 일을 벌이는 군주는 항상 자신의 자산을 모두 탕진하게 된다. 만일 씀씀이가 너그럽다는 평판을 유지하고자 한다면, 군주는 민중에게 엄청난 부담을 지우고 무거운 세금을 부과하게 되며, 돈이 되는 일은 무엇이든 하게 된다. 이는 신민들 사이에서 증

---

1) 도덕적 의미 그대로 사용하는 것을 냉소적이고 풍자적으로 지적한 것
   이라 할 수 있다.

오심을 야기하고 군주 자신을 가난해지게 만들기 때문에 군주는 누구로부터도 존경을 받지 못하게 된다.

이런 너그러움은 많은 사람에게 피해를 입히고 소수에게만 혜택을 주기 때문에 군주는 계속해서 곤경에 처하게 되고 끊임없이 위태로운 상황에 처하게 된다. 군주가 이를 깨닫고 그로부터 벗어나고자 하면 곧바로 그는 인색하다는 오명을 쓰게 된다. 자신에게 해를 끼치지 않으면서 너그러움의 비르투를 사용할 수는 없기 때문에, 현명한 군주라면 애당초 인색하다는 평판에 신경 쓰지 않아야 한다.

군주가 인색함 덕분에 충분한 수입을 유지해, 전쟁을 걸어오는 자들로부터 자신을 지키고, 신민들에게 부담을 지우지 않고 군사 행동을 수행할 수 있음을 보여 준다면, 시간이 지남에 따라 그는 오히려 너그럽다는 평판을 얻게 될 것이다. 대다수 사람들[민중]에게는 자신이 아무것도 빼앗지 않았기에 그만큼 군주가 너그러움을 행하는 것이 되고, 소수[귀족]에 대해서는 그가 아무것도 베푼 것이 없기에 그만큼 인색함을 행하는 것이 되기 때문이다.


### 오늘날과 고대의 사례

우리 시대에 위대한 업적을 성취한 사람들 가운데 인색하다는 평판을 듣지 않은 사람은 없었다. 그렇지 않은 사람들은 몰락했다. 교황 율리오 2세는 교황이 되기 전에는 씀씀이가 너그럽다는 평판을 활용했다. 하지만 교황이 된 뒤 전쟁을 치르고자 하면서부터는 그런 평판을 유지할 생각을 하지 않았다. 현재의 프랑스 왕[루이 12세]은 오랫동안 인색한 쏨쏨이를 지속해 추가 전비를 충당했고, 바로 그 때문에 자신의 신민들에게 특별세를 부과하지 않고도 많은 전쟁을 치를 수 있었다.

현재의 에스파냐 국왕[페르난도 2세]이 만일 쏨쏨이가 너그럽다고 여겨질 정도였다면 그는 많은 정복 사업을 추진하거나 성취하지 못했을 것이다. 따라서 군주가 신민을 약탈하는 사람이 되고자 하지 않는다면, 스스로의 힘으로 자신을 지키고자 한다면, 가난해져서 경멸받지 않고자 한다면, 그리고 탐욕스럽게 되지 않고자 한다면, 인색하다는 평판을 듣는 것에 개의치 말아야만 할 것이다. 인색함이라는 악덕은 통치권을 유지할 수 있게 해주는 몇몇 악덕 가운데 하나이기 때문이다.

누군가가 "카이사르는 너그러운 쏨쏨이 덕분에 제국의 권력을 획득했고, 다른 많은 사람들도 너그러웠거나 너그럽다는 평판 때문에 최고의 지위에 도달했다."고 주장한다면, 나는 당신이 이미 군주가 되었는지 아니면 군주의 지위를 획득하는 과정에 있는지에 따라 사정이 달라진다고 답하겠다. 이미 군주가 된 경우라면 그런 너그러움은 유해하고, 아직 군주가 되기 전 단계라면 정말로 너그럽거나 너그럽다는 평판을 얻는 것이 필요하다. 카이사르는 로마를 군주정으로 이끌고자 했던 인물 가운데 한 사람이었는데, 만일 그가 군주정을 성취한 뒤에도 살아남아 너그러운 쏨쏨이를 억제하지 않았더라면,[2] 그는 로마 제국을 파멸로 이끌었을 것이다.

## 너그럽다는 평판을 추구하면
## 미움과 경멸의 대상이 되기 쉽다

    누군가가 나의 말에 대해 다시 반론을 제기하면서 "자신의 군대에 매우 너그러운 씀씀이를 보인 많은 사람들이 군주가 되고 또 위대한 업적을 남겼다."고 말한다면, 나는 다음과 같이 응수하겠다. [그러한 씀씀이를 위해] 군주는 자신과 자신의 신민들이 소유한 것을 사용하든가 아니면 다른 나라의 군주와 신민의 소유물을 사용하든가 해야 할 텐데, 전자의 경우라면 인색해야 하고 후자의 경우라면 너그러워야 한다.

    자신의 군대와 함께 정벌에 나가면서 전리품과 약탈, 배상금으로 자신을 유지하고 정복지의 자산으로 군대를 지탱해야 하는 군주의 경우 그런 너그러움은 필수적이다. 그렇지 않을 경우 병사들은 그를 따르지 않는다. 당신과 당신의 시민이 소유한 것이 아닌 것에 대해서는 키루스와 카이사르, 알렉산드로스대왕이 그러했듯 좀 더 후하게 써도 좋다. 다른 사람의 소유물을 쓰는 것은 당신의 명성을 떨어뜨리지 않고 높여 준다. 당신에게 해가 되는 것은 당신이 소유한 것을 써버리는 것이다. 씀씀이가 너그러운 것만큼 자신을 소모하는 것은 없다. 당신이 당신의 자산을 사용하면 할수록 당신은 그것을 사용할 수 있는 능력을 상실하게 된다. 당신은 가난해져서 경멸을 받게

---

2) 카이사르는 공화정을 무너뜨리고 제정의 길을 열었지만, 제정이 수립되기 이전인 기원전 44년에 살해되었다.

되거나 아니면 가난을 피하기 위해 탐욕적이고 가증스러운 인물이 되기 때문이다.

　모든 일 가운데 군주가 반드시 경계해야 하는 것은 경멸과 미움의 대상이 되는 일이다.[3] 너그러운 씀씀이는 당신을 이 두 가지 모두로 인도한다. 그렇기 때문에 나쁜 오명은 쓰되 미움을 받지 않는, 인색하다는 평판을 듣는 것이 더 현명한 일이다. 그렇게 하는 것이 씀씀이가 너그럽다는 평판을 듣기 위해 오명과 함께 증오심을 유발하고 결국에는 탐욕스럽다는 평판을 초래하는 것보다는 낫다.

---

[3] 경멸과 미움을 피하지 않으면 안 된다는 주제는 19장에서 본격적으로 다뤄진다.

# 17장
## 잔인함과 자비로움에 관하여,
## 그리고 사랑을 받는 것보다 두려움의 대상이 되는
## 것이 나은지 아니면 그 반대가 나은지에 관하여

앞에서 예시한 다른 인간적 자질들에 이어서, 나는 군주라면 누구나 자비심이 많고 잔인하지 않은 사람으로 여겨지기를 바라야 한다고 주장한다. 그렇지만 이런 자비심을 잘못 사용하지 않도록 조심해야 할 것이다. 체사레 보르자는 잔인하다고 여겨졌다. 하지만 그는 그 잔인함으로 로마냐 지방을 질서 있게 만들고, 하나로 통일했으며, 평화롭고 충성스러운 곳으로 되돌려 놓았다.

이 점을 잘 고찰한다면, 잔인하다는 평판을 피하려고 피스토이아가 파멸[1]에 이르도록 방치했던 피렌체인들보다 보르자가 훨씬 더 자비로웠음을 알 수 있다. 신민들의 단결과 충성을 유지하고자 한다면, 군주는 잔인하다는 오명에 개의치 않아야 한다. 지나치게 많은 자비심 때문에 무질서가 지속되는 것을 방치함으로써 살인과 약탈이 만연하게 만드는 군주보다, 본보기로 극소수를 처벌하는 군주가 훨씬 자비로운 군주일 것이기

---

1) 피스토이아는 피렌체에 복속된 도시였다. 피렌체에서 불과 32킬로미터 떨어져 있던 이 도시에서 파벌들 간의 다툼이 1499년부터 3년 동안이나 지속되었고 3000명 이상이 죽었다. 마키아벨리는 1502년 3월 이곳에 파견되었고, 「피스토이아 사안에 관하여」라는 글을 썼다.

때문이다. 본보기로 극소수를 처벌하는 군주는 특정한 개인을 해치는 데 비해, 과도한 자비심을 갖는 군주는 대개의 경우 공동체 전체를 해치기 십상이다.


## 사랑받는 것보다 두려움을 갖게 하는 것이 필요한 신생 군주

신생 국가는 위험으로 가득 차있다. 그렇기에 모든 군주들 가운데에서도 신생 군주만큼은 잔인하다는 평판을 피할 수 없다. 베르길리우스는 디도의 입을 빌려 다음과 같이 말한다.

가혹한 상황과 왕국의 새로움은 나로 하여금 그런 조치를 취하게 하고 그렇게 해서 국경 전체를 지키게 만드네.

그럼에도 군주는 누군가를 신임할 때나 조치를 취할 때 진지한 태도를 보여야 하지 무서움을 갖게 해서는 안 된다. 남들을 지나치게 신임해서 부주의한 사람이 되거나, 반대로 남들을 지나치게 불신해서 아무도 견뎌 내기 어려운 사람이 되지 않도록, 실천적 이성과 인간미umanità를 갖고 침착한temperato; temperate 자세로 일을 처리해야 하는 것이다.

여기에서 다음과 같은 논쟁이 발생한다. 군주는 두려움의 대상이 되는temuto; feared 것이 아니라 사랑받는 것이 더 나은가, 아니면 그 반대인가. 누군가는 두려워하면서도 사랑을 느끼게 하는 것, 두 가지 모두가 필요하다고 대답할 것이다. 그러나 이 두 가지는 공존하기 어렵다. 그렇기에 두 가지 가운데 하나

없이 견뎌야 한다면 사랑받기보다는 두려움의 대상이 되어야 훨씬 안전하다는 것이 나의 대답이다. 왜냐하면 인간이란 일반적으로 다음과 같이 말할 수 있는 존재들이기 때문이다.

인간이란 은혜를 모르고, 변덕스럽고, 위선적이고, 가식적이며, 위험은 감수하려 하지 않으면서 이익에는 밝다. 당신이 그들을 잘 대접해 줄 동안 그들은 모두 당신 편이다. 즉, 그들은, 내가 앞서 [9장에서] 말했듯이,[2] 실제로 그럴 필요성[목숨을 바치더라도 군주를 믿고 나서야 할 상황]과 멀리 떨어져 있을 때에는 자신들의 피와 재물·생명·자식을 바치려는 듯이 달려든다. 그러나 정작 필요할 때 그들은 등을 돌린다. 그러므로 전적으로 이들의 말만 믿고 다른 대비책을 마련하지 않는 군주는 파멸한다. 우정이 영혼의 위대함과 숭고함에 의해서가 아니라 물질적 대가를 치르고 획득한 것이라면 그때의 우정은 돈으로 구매된 것일 뿐 온전한 것이 아니어서 막상 필요해질 때는 쓸모없는 것이 되고 말기 때문이다.

인간이란 두려움을 갖게 하는 사람보다 사랑받고자 하는 사람을 해치는 일에 덜 주저한다. 사랑은 고맙게 여겨야 할 의무감을 매개로 유지되는데, 인간이란 비열하기 때문에 자신에게 이익이 되는 경우에는 언제든지 그런 의무감을 버리기 때문

---

2) 민중의 지지에 기반해야 하지만 지나치게 과신하는 것은 위험하다는 9장의 주제를 말한다. 9장에서 마키아벨리가 한 말은 이렇다. "죽음이 멀리 떨어져 있는 그때에는 모두가 달려오고, 그들 모두 충성을 약속하면서 군주를 위해 죽기를 각오한다고 말한다. 그러나 막상 국가가 시민들을 필요로 하는 역경의 시기에는 그런 시민들을 찾기가 어렵다"(89쪽).

이다. 그러나 두려움은 처벌에 대한 무서움으로 유지되는 것이기 때문에 결코 당신을 배반하지 않는다. 설령 군주가 사랑을 획득하지는 못하게 된다 해도 미움은 피할 수 있도록 자신을 두려움의 대상이 되도록 만들어야 한다. 두려움의 대상이 되면서도 동시에 미움의 대상이 되지 않는 일은 얼마든지 가능하기 때문이다. 이는 군주가 시민들 내지 신민들의 소유물과 그들의 부녀자에게 손대지만 않으면, 언제나 성취할 수 있다.

설령 누군가의 피를 흘리게 해야 할 처벌의 필요가 발생하더라도, 그때는 반드시 적절한 명분과 명백한 이유가 있어야 한다. 그러나 무엇보다도 다른 사람의 소유물에 손대지 말아야 한다. 인간이란 아버지의 죽음은 쉽게 잊어도 아버지로부터 물려받을 유산을 빼앗기는 일은 좀처럼 잊지 못하는 존재이기 때문이다. 재산을 탈취할 명분은 항상 있게 마련이고, 약탈로 시작한 사람은 언제나 다른 사람이 가진 것을 내 것으로 삼고자 하는 명분을 찾아낸다. 반면 [빼앗긴 재산을 찾을 수는 있지만 죽은 사람을 살릴 수는 없기에 그를 위해] 피를 흘려야 할 명분은 훨씬 드물고 또 쉽게 잊힌다.

### 군대를 지휘할 때도 잔인함의 명성이 필요하다

그러나 군주가 자신의 구대와 함께 있으면서 나수의 병사들을 통솔해야 하는 경우라면 잔인하다는 명성에 신경 쓰지 않는 것이 전적으로 필요하다. 군대란 그런 명성 없이는 단결된 상태를 유지하지 못할뿐더러 어떠한 군사작전도 감행하지 못하기 때문이다. 한니발의 경탄할 만한 행동에는 다음과 같은 사실도 포함된다. 즉, 그는 수많은 종족 출신이 뒤섞인 거대한 군대를 이끌고 멀리 이역 땅에서 전투를 치렀지만, 운명의 힘이 좋을 때든 나쁠 때든, 자신의 군대 내에서든 아니면 자신의 군대와 군주 사이에서든 그 어떤 불화도 없었다. 이는 그의 비인간적인 잔인함이 아니었다면 불가능했을 것이다.

그의 잔인함은 그가 가진 다른 무한한 비르투들과 함께 그의 병사들로 하여금 자신을 항상 존경하고 두려워하게 만들었다. 잔인함 없이 그의 다른 비르투만으로는 그가 그런 결과를 얻기에 충분치 않았을 것이다. 그간의 저술가들은 이를 제대로 이해하지 못해서, 한편으로는 그의 행동을 칭송하면서 다른 한편으로는 그런 행동이 가능했던 주된 원인[잔인함]을 매도하는 우를 범해 왔다. [잔인함 이외에] 한니발이 가진 다른 비르투만으로는 충분치 않았으리라는 점은 스키피오의 사례를 통해 알 수 있다.

스키피오는 당대는 물론 그 이후 우리가 알고 있는 모든 기록 속에서도 가장 탁월한 인물로 평가받았지만, 에스파냐에서 그의 군대는 그에게 반란을 일으켰다. 이는 자신의 병사들에게 적절한 군사 기율을 넘어 방종licenzia; license[3]을 허용했던 스키피오의 과도한 자비심 때문에 일어난 일이었다. 이 일로

---

3) 9장에서 보았듯이 마키아벨리는 억압은 없되 명령은 살아 있어야 함을 중시한다. 억압만 없는 것이 아니라 명령도 지켜지지 않는 경우는 방종이라고 불렸다.

인해 파비우스 막시무스는 원로원에서 스키피오를 탄핵하면서, 로마 군대를 타락시켰다고 그를 비난했다. 또한 스키피오는 자신의 부관 퀸투스 플레미니우스가 [남부 이탈리아에 있는 소도시] 로크리를 약탈했을 때, 주민들의 명예 회복을 위해 부관을 처벌했어야 함에도 그러지 않았고 그 부관의 방자함을 교정하려 하지도 않았다. 이 모든 것은 그의 안이한 태도에서 비롯된 것이다.

누군가 원로원에서 그의 사면을 위해 나선 사람이 있었다. 그가 스키피오를 변호하며 말하기를, 세상에는 스스로는 잘못을 저지르지 않지만 다른 사람의 잘못을 고치는 일에는 서툰 사람이 많다고 했다. 스키피오의 성격이 정말 그랬다. 그렇기에 그가 군대를 계속해서 그런 방식으로 통솔했더라면 그의 명성과 영광은 시간이 지나면서 오명으로 바뀌었을 것이다. 그러나 그는 원로원의 지시에 따랐고 그 덕분에 그의 유해한 인간적 자질은 감춰졌을 뿐만 아니라 영광을 얻는 결과를 낳았다.

그러므로 이제 두려움의 대상이 될 것인가 또는 사랑받는 대상이 될 것인가라는 문제로 돌아와, 나는 다음과 같이 결론 내리고자 한다. 인간이 누군가를 사랑하는 것은 자신이 좋아서 그런 것이지만, 군주를 두려워하는 것은 군주의 뜻에 따른 것이기에, 현명한 군주라면 자신의 행동을 다른 사람의 의지가 아닌 자신의 의지에 기초해 결정해야 한다. 다만 앞서 말했듯이 미움의 대상이 되는 것만은 피하려고 노력해야 할 것이다.

# 18장
## 군주의 신의는 어떤 방식으로 지켜져야 하는가

군주가 신의를 지키며 교활하지 않고 정직하게 사는 것이 얼마나 칭송받을 만한 일인지에 대해서는 모든 사람이 알고 있다. 그럼에도 우리 시대의 경험을 통해 우리가 알게 된 것은, 오늘날 위업을 이룬 군주들이란, 신의에 대해서는 많이 고려하지 않았고 오히려 간교함으로써 사람들을 혼란스럽게 만드는 데 익숙한 사람들이었으며, 결국에는 그런 사람들이 정직성에 기초한 사람들을 능가해 왔다는 사실이다.

따라서 당신께서는 두 종류의 싸움, 즉 하나는 법을 통한 싸움과 다른 하나는 힘forza; force으로 하는 싸움이 있다는 것을 아셔야 한다. 첫 번째 방법은 인간에게 합당한 것이고 두 번째는 짐승에게 합당한 것이다. 그러나 많은 경우 첫 번째 것으로는 충분하지 않기 때문에 두 번째 방법에 의지하는 일이 필요하다. 따라서 모름지기 군주는 짐승의 방법과 인간의 방법, 두 가지 모두를 잘 알아 둘 필요가 있다.[1]

---

1) 여기에서 마키아벨리는 사악함에는 사악함만이 있을 뿐 악덕에는 유익함이 없다고 보았던 플라톤이나 키케로Marcus Tullius Cicero 등의 정치 윤리를 비판하고 있다.

## 인간의 방법뿐만 아니라 짐승의 방법도 알아야 한다

고대의 저술가들은 아킬레우스와 다른 많은 고대 군주들이 반인반수인 케이론에게 맡겨져 그의 가르침으로 양육되었다고 말함으로써, 이를 비유적으로 가르쳤다. 반인반수의 스승을 가졌다는 얘기는, 군주는 두 본성 모두를 사용하는 방법을 알아야만 한다는 것을 의미한다. 어느 한쪽이 없는 다른 한쪽은 오래 지속될 수 없다.

군주는 짐승의 방법을 잘 알아야 하는데, 그 가운데에서도 여우와 사자를 선택적으로 따라야 한다. 사자는 함정으로부터 자신을 지키기 어렵고 여우는 늑대로부터 자신을 지킬 수 없기 때문이다. 따라서 함정을 식별하기 위해서는 여우가 될 필요가 있고 늑대를 혼내 주기 위해서는 사자가 될 필요가 있다. 단순히 사자의 방법에만 의존하는 사람은 이 사태를 제대로 이해하지 못하는 것이다.

따라서 현명한 통치자라면, 신의를 지키는 일이 자신에게 불리하게 작용하거나 자신이 약속한 이유가 소멸할 경우, 약속을 지킬 수 없으며 지켜서도 안 된다. 만일 인간이 모두 선하다면 이런 계율은 유효하지 않을 것이다. 그러나 사람들은 비열하고 당신과의 신의를 잘 지키지 않는다. 그렇기에 마찬가지로 당신 역시 그들과의 신의를 꼭 지켜야 하는 것은 아니다. 또한 군주는 약속을 지키지 않은 것을 그럴 듯하게 둘러댈 정당한 이유를 항상 갖고 있다. 이 점에 대한 근래의 예는 무한히 들 수 있으며, 얼마나 많은 평화조약들과 얼마나 많은 약속들이 군주들의 배신행위로 완전히 파기되고 무효화되었는지를 보여 줄 수도 있다.[2] 여우의 방법을 더 잘 알았던 사람들이 더 성공적이었다는 것은 이미 판명된 사실이다. 그러나 이 같은 여우의 본성을 잘 숨길 줄 알아야만 한다. 즉, 능숙한 기만자이자 위선자가 되어야만 한다는 것이다.

사람들은 단순하고 목전의 필요에 복종하기 때문에 남을 속이고자 하는 사람은 언제든지 속아 넘어갈 사람을 발견하게 된다. 나는 최근의 한 사례를 꼭 언급하고 싶다. 알렉산데르 6세는 사람을 속이는 것 외에 다른 일은 행한 적도 없고 생각해 본 적도 없었으며, 속일 수 있는 사람을 항상 찾아냈다. 어떤 일을 주장하거나 단언함에 그보다 더 설득력 있고 더 강하게 맹세한 사람은 이전에 아무도 없었다. 그러나 그 자신은 그 맹세를 누구보다도 가볍게 여겼다. 그럼에도 그는 세상사의 이런 측면을 잘 이해하고 있었기 때문에 그의 기만은 항상 성공적으로 그의 욕심을 채워 주었다.

군주들이 앞서 [훌륭한 것으로] 언급된 인간적 자질 모두를 실제로 가질 필요는 없지만 실제 그것들을 갖고 있는 것처럼 보일 필요는 있다. 더 나아가 그런 인간적 자질을 갖거나 그에 맞게 행동하는 것은 항상 해롭지만 그런 것을 갖고 있는 것처럼 보이는 것, 즉 자비롭고 신의가 있으며, 인간적이고 정직하

---

2) 앞서 3장에서 마키아벨리는 전쟁 중이라도 약속은 지켜져야 한다는 주장에 대해 그렇지 않음을 나중에 설명하겠다고 했는데 이 부분이 그에 대한 대답이다. 3장에서 마키아벨리는 이렇게 말했었다. "약속했기 때문에 어쩔 도리가 없었다고 주장한다면, 나는 뒤에서 군주의 약속은 어떻게 지켜져야 하는가에 관해 논의하면서 내 생각을 말하겠다"(39쪽).

며 또한 신앙심이 깊은 것처럼 보이는 것이 실제로는 유용하
다는 것을 감히 말하고자 한다. 그러나 그렇지[자비롭고 신의가
있으며, 인간적이고 정직하며 신앙적이지] 않아야 할 필요가 있을
경우 당신은 그 반대로 행동할 수 있어야 하고, 그렇게 행동하
는 법을 알고 있어야 한다.


## 다수가 결과를 어떻게 평가하느냐가 중요하다


군주, 특히 신생 군주는, 사람들이 훌륭한 자질이라고 평가
하는 기준 모두를 따를 수 없다는 사실을 이해해야 한다. 자신
의 국가를 유지하기 위해서는 신의·자비심·인간적임과 종교
적 경건함에 반하는 행동을 취할 필요가 종종 있기 때문이다.
그런 이유로 그는 운명의 풍향과 세상사의 변화가 명령하는 바
에 따라 행동을 바꿀 수 있는 기백을 갖출 필요가 있다. 앞서
말했듯이, 할 수만 있다면 착하게 사는 것으로부터 벗어나지 않
아야 하지만 필요할 경우 어떻게 악해질 수 있는지도 알아야만
한다.

군주는 앞에서 말한 다섯 개[신의·자비심·인간적임·정직성·신
앙심]의 인간적 자질로 충만한 말이 아니라면 하나라도 자신
의 입에서 새어나오지 않도록 대단히 조심해야만 한다. 사람
들이 그를 보고 그의 말을 들을 때, 군주는 지극히 자비롭고
신의가 있으며, 정직하고 인간적이며 신앙심 깊은 것처럼 보
여야 한다. 다른 무엇보다도 신앙심 깊은 것처럼 보여야 할 필
요가 있다.

사람들은 일반적으로 손으로 만지기보다는 눈으로 봐서 당신을 판단한다. 보는 것은 모두에게 허용되지만 만지는 것이 허용되는 사람은 거의 없기 때문이다. 모든 사람은 밖으로 드러나는 당신의 모습을 볼 수 있지만 당신이 어떤 사람인지를 만져서 느낄 수 있는 사람은 극히 소수에 불과하다. 몇 안 되는 그 극소수의 사람들조차 대다수의 의견에 감히 반대하지 못하는데, 다수의 의견이란 국가의 위엄maesta; majesty에 의해 지지되는 것이기 때문이다. 모든 사람의 행동, 특히 군주라고 하는, 아무도 그에게 이의를 제기할 법정이 없는 존재의 행동에 있어서 사람들은 최종적 결과fine; end에 주목하게 된다. 따라서 군주가 국가를 획득하고 잘 유지하게 되면, 그 수단은 모든 사람에 의해 명예롭고 칭송받을 만한 것으로 평가된다. 일반 대중vulgo; masses은 외양과 결과에 의해 설득되기 때문이다. 그리고 세상의 대다수가 이런 대중이기 때문에, 누군가 이들의 지지와 결합되어 있다면 소수[귀족]가 설 자리는 없다.[3]

---

[3] 문맥만으로 보면 여기서 '소수'란 당신을 '만져서 느낄 수 있는' 사람들, 즉 귀족을 뜻한다. 그러나 이를 통해 그가 강조하려는 것은, 특성 행위에 대해 이성적으로 옳고 그름을 분별하는 소수의 탁월한 사람들의 판단보다, 행위의 결과에 대해 다수의 일반 대중이 어떻게 평가하느냐를 중시해야 한다는 점이다. 이는 인간의 한계와 개혁 정권의 불가피성 necessità을 이해하는 문제와 관련된다. 예컨대 신생 국가의 개혁자의 경우 그가 직면하게 되어 있는 불가피성은 그로 하여금 악덕을 행사하더라도 다수 시민을 위한 공익적 결과를 성취할 수 있는 인식능력을 필요로 하는데, 앞서 살펴보았듯이 마키아벨리는 이를 실천적 이성이라고 불렀다.

군이 이름을 대지 않는 것이 좋을 오늘날의 어떤 군주[4]는 입으로는 언제나 평화와 신의를 설교하지만, 실제로는 정반대로 행동한다. 만일 그가 이 두 가지 중 하나만이라도 자신의 말대로 행동했다면 그는 자신의 명성이나 자신의 국가를 잃었을 것이고 그것도 여러 번 잃었을 것이다.

---

4) 에스파냐의 페르난도 2세를 말한다. 21장은 그가 신의 영광 내지 종교적 경건함을 앞세워 자신의 목적을 어떻게 실현했는지에 대한 주제를 다룬다. 그는 삼촌을 배신하고 나폴리왕국을 획득했으며, 종교적 이유를 앞세워 에스파냐에서 무슬림을 가혹하게 탄압했다.

# 19장
## 경멸과 미움을 피하는 문제에 관하여

내가 앞서 [15장에서] 언급한 인간적 자질 가운데 가장 중요한 부분은 이미 논의했는데, 나머지 다른 인간적 자질들에 대해서는 아래와 같은 일반적인 용어로 간단히 논하겠다. 부분적으로 앞서 [16장과 17장에서] 언급했듯이, 군주가 반드시 염두에 두어야 할 것은, 자신을 미움 또는 경멸의 대상으로 만드는 일이라면 그것이 어떤 것이든 삼가야 한다는 점이다. 그런 일을 삼가게 되면 그는 자신이 해야 할 책무를 다하게 될 것이고 다른 오명을 뒤집어쓰더라도 위험에 처하지는 않을 것이다.

## 민중에게 미움과 경멸을 사지 않는 것만이
## 음모를 피하게 해준다

앞서 내가 [17장에서] 말했듯이, 다른 무엇보다도 신민의 재산과 부녀자를 탐하거나 뺏는 일은 증오를 유발하기 때문에 반드시 삼가야 한다. 일반 신민들은 자신의 재산과 명예를 빼앗기지 않는 한 만족하며 살아간다. 따라서 군주는 소수[귀족들]의 야심을 상대로 싸우기만 하면 되는데 이 세력은 다양한 방식으로 그리고 쉽게 제어할 수 있다.

군주가 경멸당하는 것은 변덕스럽고 경박하고 유약하고 소심하며 우유부단한 인물로 여겨질 때이다. 배가 암초를 피해 가듯, 군주는 이를 경계해야 한다. 그는 자신의 행동 속에서 어떤 위엄·기백·무게감, 그리고 강력함이 감지되도록 노력해야 한다. 신민들 사이의 사적 거래에 영향을 미치는 사안에 관한 한 자신의 결정을 번복하는 일이 없어야 한다. 자신의 명성을 잘 관리함으로써 누구든 그에게 거짓을 말하거나 기만하려는 생각을 하지 못하게 해야 한다. 이런 평판을 만들어 낼 수 있는 군주는 좋은 명성을 누리게 된다. 좋은 명성을 갖고 있는 사람을 대상으로 음모를 꾸미는 일은 어렵다. 그를 공격하는 일도 어렵다. 그가 매우 탁월하고 자신의 신민으로부터 존경받는 것으로 인정되는 한 말이다.

군주는 두 가지를 무서워해야 하는데 하나는 대내적인 것, 즉 자신의 신민과 관련된 것이고, 다른 하나는 대외적인 것, 즉 외부 세력과 관련된 것이다. 외세의 위협에 대해 군주는 좋은 군대와 좋은 동맹을 바탕으로 방어하게 되는데, 좋은 군대를 가지면 좋은 동맹을 얻게 된다. 음모에 의해 혼란이 발생하지 않는 한, 대외적 문제가 안정될 때 대내적 문제도 안정된다. 비록 대외적인 정세가 불안정한 경우에도, 내가 앞서 말한 바대로 평정심을 잃지 않고 생활을 영위한다면 그리고 스스로 용기를 잃지 않는다면, 그는 스파르타의 나비스가 그랬던 것처럼, 항상 모든 공격을 물리칠 수 있을 것이다. 그러나 자신의 신민과 관련해, 외부 사태기 위협적이지 않을 때조차 이들이 비밀리에 음모를 꾀하지 않을까를 두려워해야 한다. 군주가 미움과 경멸을 피하고 신민들이 군주에게 만족해한다면 군주는 이런 위험으로부터 자신의 안전을 충분히 확보하게 된다.

이 점은 내가 앞에서 길게 말했듯이, 반드시 성취해야 하는 것이 아닐 수 없다.


## 민중의 지지를 받는 군주에게 음모를 꾸미기는 어렵다

군주가 음모에 대처하는 방안 가운데 가장 강력한 것의 하나는 다수로부터 미움을 받지 않는 것이다. 음모를 꾸미려는 사람은 군주를 살해하는 것이 민중을 만족시킬 것이라고 믿고 일을 저지른다. 그런데 군주를 살해하는 것이 민중의 노여움을 불러일으킬 것이라고 생각한다면, 그들은 그런 결정을 하는 데 용기를 내지 못할 것이다.

음모자는 많았지만 성공을 거둔 사람은 드물었다는 점을 우리는 경험을 통해 잘 알고 있다. 음모를 꾀하는 사람은 혼자서 할 수 없기 때문에 동지를 구해야 하고, 그가 보기에 불만을 가졌다고 여겨지는 사람을 제외하고 그런 동지를 찾을 수도 없다. 어느 한 불평불만자에게 음모자 당신이 의도를 드러낸다고 해보자. 그 순간 당신은 그를 만족시킬 소재를 제공하는 셈이 된다. 그것은 분명 음모에 대한 정보로부터 기대할 수 있는 모든 이점을 그에게 주는 것이기 때문이다. 한편으로 그는 [음모에 대한 정보를 군주에게 누설한다면] 확실한 이득을 기대할 수 있음을 알고 있고, 다른 한편으로는 [음모에 동조하는 것역시] 결과를 알 수 없는 불확실성과 위험으로 가득한 일임을 알고 있다. 그럼에도 불구하고, 그가 당신에게 신의를 지킨다면 그는 정말로 보기 드문 절친한 친구이거나 아니면 군주에 대한 불구대천의 원수여야만 할 것이다.

사태를 단순화해서 다음과 같이 말할 수 있을 것이다. 음모자의 입장에서는 발각될 무서움, 체포에 대한 공포, 처벌에 대한 걱정만이 있다. 반면에 군주의 입장에서는 군주국이 갖는 위엄과 법률, 그를 보호하는 동맹 세력과 국가의 보호 장치를 갖고 있다. 따라서 이 모든 이점에 민중의 호의까지 덧붙여진다면 그 누구도 바보처럼 감히 음모를 꾀할 수 없을 것이다. 통상적으로 음모자는 악을 행하기 전에 두려움을 갖는다. 그러나 [민중이 군주에게 호의를 갖고 있는] 이 경우에는 악을 행한 이후에도 두려움을 갖지 않으면 안 되는데, 음모자는 민중을 적으로 만들 것이고 그 때문에 그 어떤 도피처도 기대할 수 없기 때문이다.


## 벤티볼리오의 사례

이 주제와 관련된 예는 끝없이 제시할 수 있지만 나는 우리 선조 시대에 있었던 사례 하나로 만족하고 싶다. 볼로냐의 현재 군주인 메세르 안니발레의 조부 메세르 안니발레 벤티볼리오는 그에게 음모를 꾀한 칸네스키 가문 사람들에게 살해되었다. 당시 그에게는 갓난아이였던 아들 메세르 조반니 외에 아무런 후계자가 없었다. 그기 살해딩하자 민중은 즉시 봉기해 칸네스키 가문 사람들을 모두 죽였다. 이는 당시 민중이 벤티볼리오 가문에 대해 갖고 있던 호의 때문에 생겨난 일이었다. 이런 호의는 다음과 같이 이야기할 수 있을 정도로 컸다.

당시 볼로냐에는 국가를 다스릴 수 있는 벤티볼리오 가문의 사람이 아무도 없었다. 그런데 벤티볼리오 가문의 누군가가 피렌체에서 대장장이의 아들로만 알려진 채로 살고 있다는 이야기가 전해졌다. 그러자 볼로냐인들은 피렌체에서 그를 데려왔고, 메세르 조반니가 통치에 적합한 연령에 도달할 때까지 볼로냐를 통치하게 했다.

결론적으로 나는 군주가 민중의 호의를 얻고 있는 동안에는 음모의 가능성에 대해 별로 걱정하지 않아도 된다고 말하고 싶다. 그러나 민중이 군주에 대해 적대적이고 그에게 미움을 갖고 있는 경우에는 매사에 모든 사람을 두려워해야 한다. 질서가 잘 잡혀 있는 국가와 현명한 군주는, 귀족들이 필사적으로 나오지 않게 만들고 민중을 만족시키며, 나아가 그런 상태를 유지하기 위해 모든 노력을 기울였다. 이것이야말로 군주가 관심을 가져야 할 가장 중요한 일들 가운데 하나이기 때문이다.


## 우리 시대의 사례 : 프랑스의 루이 9세

우리 시대에 훌륭하게 조직되어 있고 잘 통치되고 있는 왕국 가운데 하나는 프랑스이다. 이 나라에는 국왕을 자유롭고 안전하게 하는 데 기초가 되는, 많은 좋은 제도가 있다. 그 가운데 으뜸가는 것이 대단한 권위를 가진 고등법원parlamento; parlement이다.

이 왕국의 질서를 세운 사람[루이 9세]은 권력을 가진 자들

potente; the powerful(귀족)의 야심과 오만을 잘 알고 있었고, 따라서 이들을 제어할 장치가 필요하다고 판단했다. 다른 한편 귀족들grandi; the great에 대한 민중의 증오심은 무엇보다 무서움에 바탕을 둔 것임을 알았다. 그는 민중을 보호하고자 했는데, 그럼에도 불구하고 그것이 국왕의 특별한 관심사로 보이지 않기를 바랐다. 민중을 우호적으로 대할 때 귀족들로부터 받게 되는 부담과 귀족을 우호적으로 대할 때 민중으로부터 지게 되는 부담을 피하기 위해서였다. 따라서 그는 제3의 심판 기관을 수립해 국왕은 아무런 부담을 지지 않으면서도 귀족을 견제하고 평민minori; lesser folk에게 호의를 베풀고자 했다.

이보다 더 훌륭하거나 현명한 제도는 있을 수 없었고, 왕이나 프랑스 왕국의 안전에 더 큰 효과를 가져다준 것도 없었다. 여기에서 우리는 또 다른 특기 사항을 추출할 수 있다. 즉, 군주는 비난받을 일은 반드시 다른 사람을 통해 집행하고 호의를 얻을 일은 자신이 직접 해야 한다는 것이다. 다시 한번 결론적으로 말한다면, 군주는 귀족을 존중하기는 해야 하나 그렇다고 민중의 미움을 사서는 안 된다.


## 로마 황제들의 사례

아마도 많은 사람들에게 몇몇 로마 황제의 삶과 죽음의 사례가 나의 의견과 정반대되는 것으로 여겨질 수 있다. 그들은 항상 탁월한 삶을 살았고 또한 기백이라는 큰 비르투를 과시했지만 권좌를 상실하거나 모반을 꾸민 자신의 수하들에게 살해되었기 때문이다.

　이런 반론에 대해 한편으로 나는 이들 황제의 인간적 자질을 분석함으로써, 그들이 몰락한 원인이 앞서 내가 제시했던 것과 별반 다르지 않음을 보여 주고자 한다. 다른 한편 당시 역사 속의 인물들이 보인 행적을 잘 알고 있는 사람이라면 누구라도 주목할 만한 일들에 대해서도 살펴볼 것이다. 철학자 마르쿠스[아우렐리우스]에서 막시미누스에 이르는 황제들에 대해 살펴보는 것만으로 충분하기를 바라는데, 곧 마르쿠스[161~180년 재임], 그의 아들 코모두스[180~192년 재임], 페르티낙스[193년 재임], 디디우스 율리아누스[193년 재임], 셉티미우스 세베루스[193~211년 재임], 그의 아들 카라칼라[211~217년 재임], 마크리누스[217, 218년 재임], 헬리오가발루스[218~222년 재임], 알렉산데르 세베루스[222~235년 재임] 그리고 끝으로 막시미누스[235~238년 재임]가 바로 그들이다.

　우선 주목해야 할 사실은, 다른 군주국에서는 오직 귀족의 야심과 민중의 오만함에 맞서 싸우면 됐지만 로마 황제들에게는 제3의 어려움이 있었다는 점이다. 곧 군인들의 잔인함과 탐욕이 그것이다. 이는 대단히 어려운 일이었다. 그 때문에 많은 황제들이 몰락했다. 군인들과 민중을 동시에 만족시키는 일은 매우 어려웠다. 민중은 평온한 삶을 좋아했고, 따라서 온화한 군주를 반겼다. 그에 반해 군인들은 호전적인 군주, 즉 오만하고 잔인하며 탐욕스러운 군주를 좋아했다. 군인들은 황제가 민중을 오만하고 잔인하며 탐욕스럽게 대함으로써 자신들의 급료를 두 배로 늘리고 자신들의 탐욕과 잔인함을 만족시킬 배출구를 원했다.

이상과 같은 이유로, 타고난 재능이나 후천적 기예가 부족해서 민중과 군인을 제어할 만큼 큰 명성을 확보하지 못한 황제들은 항상 몰락했다. 이런 황제들 대부분, 특히 새롭게 권좌에 오른 황제들은 민중과 군인의 서로 상반된 욕구를 동시에 만족시키는 일이 어렵다는 사실을 깨닫게 되자마자, 민중이 박해받는 일은 가볍게 여긴 반면 군인들을 만족시키기 위해서는 애를 썼다. 이런 선택이 불가피한 면은 있다. 군주는 누군가로부터 미움받는 일을 피할 수 없기 때문이다. 그렇기에 무엇보다도 [공통의 이익을 갖는 다수들의] 집단università; collectivities으로부터 미움받지 않도록 모든 노력을 기울여야 하는데, 그것이 불가능한 경우에는 그중에서 좀 더 강력한 세력의 미움을 피해야만 한다. 따라서 새로 즉위했기 때문에 강한 호의를 얻을 필요가 있었던 신생 군주들은 민중보다 군인 편에 섰다. 이런 선택은, 황제가 군인들 사이에서 자신의 명성을 유지할 방법을 알고 있는지의 여부에 따라 유용한 것일 수도 아닐 수도 있었다.

## 마르쿠스 아우렐리우스, 페르티낙스, 알렉산데르 세베루스의 사례

앞서 언급한 이유로 다음과 같은 일이 일어났다. 마르쿠스 아우렐리우스, 페르티낙스, 알렉산데르 세베루스는 모두 검소한 생활을 했고, 정의를 사랑하고, 잔인함을 적대시했으며 인간적이고 자비로웠다. 하지만 마르쿠스 아우렐리우스를 제외하고는 모두가 비극적인 종말을 맞았다. 마르쿠스 아우렐리우스만이 대단히 명예롭게 살다가 죽었는데, 그것은 그가 세습에 의해 황제직을 계승받았고 그렇기에 군인이나 민중 누구에게도 빚을 지지 않았기 때문이다. 그뿐만 아니라 많은 비르투를 갖고 있었기에 사람들로부터 존경을 받았고, 재위 기간 내내 이 두 집단이 일정한 한계선을 넘지 못하도록 통제했으며, 누구로부터도 미움이나 경멸을 받지 않았다.

그러나 페르티낙스는 군인들의 뜻에 거슬러서 황제가 되었다. 그런데 [앞선 황제] 코모두스 밑에서 방종한 생활에 익숙했던 군인들은 페르티낙스가 검소한 생활을 회복시키려 하는 것에 견딜 수가 없었다. 따라서 페르티낙스는 군인들의 미움을 사게 되었고 게다가 늙었다는 이유로 경멸까지 받게 되면서 결국 재임 초기에 몰락하고 말았다. 여기에서 미움이란 나쁜 행동뿐만 아니라 선한 행동을 통해서도 생겨날 수 있다는 점에 주목해야 할 것이다. 내가 앞서 [15장에서] 말한 바와 같이 자신의 국가를 유지하고자 하는 군주는 종종 불가피하게 착해서는 안 될 때가 있다. 예컨대 민중이건 군인이건 혹은 귀족이건 간에, 당신이 자신을 지키기 위해 가장 필요로 하는 집단이 부패했다고 해보자. 그들을 만족시키고자 한다면 그들의 기질 l'umore; humor을 제어해서는 안 될 텐데, 이 경우 착한 행동은 당신의 적이 될 것이기 때문이다.

알렉산데르 세베루스의 경우를 살펴보자. 그는 대단히 훌륭한 군주였으며 그가 행한 여러 가지 일로 칭송받았다. 대표적으로 재위 14년 동안 그는 재판 없이는 아무도 처형하지 않았다. 그럼에도 그는 자기 어머니의 치마폭에 싸인 유약한 사

람으로 여겨졌다. 이 때문에 그는 경멸의 대상이 되었고, 군대
는 그에 대항해 음모를 꾸며 결국 그를 살해해 버렸다.


## 셉티미우스 세베루스의 사례

이와 대조되는 인물들로 코모두스, 셉티미우스 세베루스,
안토니누스 카라칼라와 막시미누스의 인간적 자질을 살펴보
자. 당신께서는 이들이 모두 대단히 잔인하고 탐욕스러운 인물
들이었음을 발견하시게 될 것이다. 이들은 군인들을 만족시키
기 위해 민중에게 해가 될 갖은 악행을 서슴지 않았다. 그 결과
셉티미우스 세베루스를 제외한 다른 모든 황제들은 비극적 종
말을 맞았다. 세베루스는 민중에게 적지 않은 부담을 주었지만
많은 비르투를 갖고 있어서 군인들과는 우호적 관계를 유지했
고 끝까지 성공적으로 통치할 수 있었다. 군인이나 민중이 보
기에 그의 비르투는 대단히 경탄할 만한 것이었다. 민중은 망
연자실할 정도로 놀랐고 군인들은 존경과 만족을 느꼈다.

세베루스의 행동은 새로운 군주로서 특기할 만할 정도로
탁월한 것이었다. 그가 사자와 여우의 성격을 사용하는 방법을
얼마나 잘 알고 있었는지에 대해 간략하게 언급하고 싶은데,
이는 군주가 모방해야 할 필요가 있는 자질이라고 앞서 [18장에
서] 내가 말했던 것이다. 셉티미우스 세베루스는 황제 디디우스
율리아누스가 무능하다는 것을 알고 있었다. 따라서 그는 자신
이 슬라보니아 지역[1]에서 지휘하고 있었던 군대에, 페르티낙
스 황제가 근위병에게 살해되었으니 로마로 행군해 황제의 복

수를 하자고 설득했다. 이런 명분을 앞세워 그는 황제가 되고 싶은 자신의 야심을 드러내지 않고 로마로 진군했다. 그는 자신의 출발이 채 알려지기도 전에 이탈리아에 도착했다. 로마에 도착하자 공포에 질린 원로원은 그를 황제로 선출하고 율리아누스를 처형했다.

그러나 세베루스가 국가 전체의 통치자가 되고자 하는 야심을 실현하는 데에는 아직 두 가지 난점이 남아 있었다. 하나는 아시아 지역이었다. 그곳에서는 군의 지휘자 페스켄니우스 니게르가 스스로 황제임을 선포하고 나섰다. 다른 하나는 [클로디우스] 알비누스 역시 제위를 노리고 있던 서부 지역이었다. 세베루스는 이 두 세력 모두를 적으로 삼는 일은 위험하다고 판단했기 때문에 우선 니게르를 공격하고 알비누스는 속이기로 결정했다.

그는 알비누스에게 편지를 썼고, 원로원이 자신을 황제로 선출했지만 자신은 그 자리를 알비누스와 공유하기를 원한다고 했다. 그 뒤 알비누스에게 카이사르라는 황제의 직함을 보내면서 원로원의 결정을 통해 그를 자신의 공동 통치자로 삼았음을 알렸다. 알비누스는 이를 사실로 믿었다. 그러나 세베루스는 니게르를 격파해 죽인 다음 동부 지역의 사태를 평정한 후 로마에 귀환했고, 원로원에 나가서는 알비누스가 자신이 베푼 은혜를 고마워하지 않고 자신을 살해하려는 배신행위를 저질렀다고 말했다. 그리고 그의 배신행위를 응징하는 것이

---

1) 로마 시대에는 파노니아Pannonia라고 불린 발칸반도 지역을 가리킨다.

필요하다고 호소했다. 그런 후에 그는 프랑스에 있는 알비누스를 공격해 그의 국가와 생명을 빼앗았다.

그의 이런 행동을 자세하게 검토해 본 사람이라면 누구나, 그가 대단히 사나운 사자와 대단히 교활한 여우였음을 알게 된다. 또한 모든 사람이 그를 두려워하고 존경했으며 자신의 군대로부터 미움을 사지 않았다는 점도 알게 될 것이다. 따라서 신생 군주로서 세베루스가 그토록 거대한 제국을 지배할 수 있었다는 사실은 그리 놀랄 만한 일이 아니다. 세베루스는 자신이 가진 위대한 명성 덕분에, 권력을 약탈한 그의 행동으로 말미암아 민중이 품었을지도 모를 미움으로부터 자신을 지킬 수 있었기 때문이다.


## 안토니누스 카라칼라의 사례


그의 아들인 안토니누스 카라칼라 또한 대단히 탁월한 자질을 갖고 있어서 민중으로부터는 경탄을 자아냈고 군인들로부터는 환영을 받았다. 그는 전사였고 모든 종류의 고난을 아주 훌륭하게 견뎌 냈으며, 모든 사치스러운 음식과 모든 종류의 안락함을 경멸했기 때문이다. 이런 그의 성향으로 인해 군대 내의 모든 사람이 그를 좋아했다. 그럼에도 불구하고 그는 수많은 개인적이 살인 행각을 저질렀으며 다수의 로마인과 일렉산드리아의 전체 주민을 처형했다. 그가 보인 광포한 행동과 잔인함은 그때까지 들어 본 적이 없을 정도였다. 그 때문에 세상 모든 사람들로부터 극심한 미움을 받았다. 신하들조차도 그를 두려워했다. 그래서 그는 자신의 군대가 보는 한가운데에서 [로마군의 최소 전투 단위를 가리키는] 백인대의 한 부대원에게 살해당했다.

어떤 군주도 마음속 깊이 맺힌 원한에서 비롯하는 이런 종류의 암살을 피할 수 없다는 점은 특기할 만하다. 죽음을 두려워하지 않는 사람이라면 누구든지 군주를 해칠 수 있기 때문이다. 그럼에도, 그런 일은 지극히 드물기 때문에 군주는 덜 두려워해도 된다. 단지 군주는, 안토니우스가 그랬던 것처럼, 그를 보좌하는 측근들이나 자신의 군주국에 복무하는 궁정 신하들을 심하게 다루지 않도록 주의하면 된다. 그는 문제의 백인대 부대원의 동생을 모멸적인 방식으로 죽였을 뿐만 아니라 그 백인대원도 매일 겁박해 댔다. 그런데도 안토니우스는 그를 자신의 경호원으로 계속 두었다. 이것이야말로 자신을 파멸시킬 수도 있는 경솔한 결정이었다. 실제로도 사태는 그렇게 되고 말았다.

## 코모두스의 사례

이제 코모두스를 검토하기로 한다. 그는 마르쿠스 아우렐리우스의 아들로 세습에 의해 제국을 획득했기 때문에 대단히 쉽게 제위를 유지했다. 그는 아버지의 발자취를 따르는 것만으로도 충분히 군인과 민중을 만족시킬 수 있었다. 그러나 그는 잔인하고 야수적인 기질을 타고났기 때문에 민중을 상대로 탐욕을 충족하기 위해 군대의 비위를 맞췄고 군대를 방종하게 만들었다. 다른 한편으로는 황제로서 자신의 격조를 유지하지 못했다. 검투사와 결투하기 위해 투기장으로 내려가기도 했고 대단히 천박스러울 뿐만 아니라 제국의 위엄을 나타내기에는 아무런 가치도 없는 행동으로 군인들로부터 경멸의 시선을 받게 되었다. 한쪽 집단으로부터는 미움을, 다른 쪽 집단으로부터는 경멸을 받게 되어 그는 음모에 의해 살해되었다.

## 막시미누스의 사례

이제 막시미누스의 인간적 자질을 서술하는 일이 남았다. 이 사람은 대단히 호전적인 인물이었다. 내가 앞서 언급한 바대로, 군대는 알렉산데르 세베루스의 유약함에 염증이 나서 그를 살해하고 막시미누스를 황제로 선출했다. 그러나 그의 지위도 오래 지속되지는 않았는데, 두 가지 일로 인해 그도 미움을 사고 경멸을 당했기 때문이다.

우선 그가 트라키아 지방에서 양치기를 한 아주 비천한 신분 출신이었다는 점이다. 이 사실은 널리 알려져 있어서 모든 사람들로부터 경멸감을 불러일으켰다. 또 하나는 그가 재임 초기에 로마로 가서 황제 자리를 차지하는 일을 제때 신속하게 하지 못했다는 점이다. 그러고는 로마와 제국 내 다른 여러 곳에서 자신의 지방장관들을 통해 많은 잔혹 행위를 저질렀기 때문에, 결과적으로 그는 매우 잔인한 인물이라는 평판을 얻게 되었다.

그의 천한 출신은 경멸의 대상이 되었고, 가공할 잔인함은 사람들을 분개시켰기 때문에, 먼저 아프리카에서 반란이 일어났다. 뒤이어 로마의 원로원과 시민들이 음모를 꾸몄고 이탈리아 전체가 그 뒤를 이었다. 마지막으로 그의 군대가 합세했다. 군대는 아퀼레이아를 포위했지만 장악하지는 못하고 곤경에 처하게 되었는데 그러면서 그의 잔인함에 넌더리를 치게 되었다. 그리고 그가 그토록 많은 사람들로부터 적대시되고 있다는 사실을 알고 그를 덜 무서워하게 되자 그를 살해해 버렸다.

그 밖에 엘라가발루스, 마크리누스, 디디우스 율리아누스는 완전히 경멸되었고, 제위에 오른 뒤 곧바로 살해되었기 때문에 더 논의하지 않겠다. 대신에 이 주제에 대한 논의의 결론으로 바로 넘어가고자 한다.


## 오늘날의 시대에는 군인보다 민중을 더 중시해야 한다

나는 오늘날의 군주들은 재임 중에 예외적인 수단을 통해 군인들을 만족시켜야 하는 어려움이 비교적 적다고 말하고자 한다. 여전히 군주들은 군인들에게 어느 정도 주의를 기울여야 하지만, 그럼에도 불구하고 어떠한 군주도 로마제국에서처럼 나라의 통치와 행정에 깊이 관여하고 있는 군대를 갖고 있지 않는 까닭에 군인들을 만족시켜야 하는 어려움은 크지 않기 때문이다.

로마제국 당시에는 민중보다 군인들을 더 만족시켜야만 했다. 그것은 민중보다 군인들이 더 많은 일을 할 수 있었기 때문이다. 그러나 앞서 살펴본 이유로, 지금은 민중이 군인들보다 더 많은 일을 할 수 있기 때문에, 투르크와 이집트의 술탄을 제외한 모든 군주는 군인들보다 민중을 더 만족시키는 것이 필요하다. 내가 투르크를 예외로 한 것은 술탄은 항상 1만 2000명의 보병과 1만 5000명의 기마병을 자신의 주변에 주둔시키고 있는데 그의 왕국이 누리는 안전과 힘은 이 병력에 의존하고 있기 때문이다. 따라서 이런 군주는 다른 모든 고려에 앞서서 군대를 우호 세력으로 유지해야 할 필요가 있는 것이다. 이와 유사하게 이집트의 술탄 왕국도 전적으로 군인들 수중에 있기 때문에 민중에 대한 고려보다 군대를 우호 세력으로 유지하는 것이 필요하다.

당신께서는 이집트의 술탄 국가가 다른 모든 군주국과 다르다는 점을 기억해 두실 필요가 있다. 이 술탄 국가는 교회 국가인 교황국과 비슷한데, 그렇기에 세습 군주국이라 할 수도 없고 그렇다고 신생 군주국이라고도 부를 수 없다. 옛 군주의 아들들이 상속자가 되어 군주가 되는 것이 아니라, 선거권을 가진 자들에 의해 군주가 선출되기 때문이다. 이 제도는 예로부터 내려온 것이어서 신생 군주국에서 발생하는 어려움이 하나도 없기 때문에 신생 군주국이라고 부를 수 없다. 비록 군주가 새로운 인물이기는 하나, 이런 국가들의 제도는 오래된 것이기도 하고, 마치 그를 세습 통치자인 것처럼 받아들일 만큼이나 확고하기 때문이다.

이제 우리의 주제로 돌아가기로 하자. 앞에서 언급된 논의를 검토한 사람이라면 누구든지 다음과 같은 사실을 알게 될 것이다. 미움 또는 경멸은 앞서 언급된 황제들을 몰락시킨 원인이었다. 황제들 가운데 서로 정반대의 방식으로 처신했던 사람들이 있다. 그 가운데 어느 한쪽의 황제들은 성공적인 결과를 얻었고 다른 쪽의 황제들은 비참한 결과를 맞게 되었다. 신생 군주였던 페르티낙스와 알렉산데르 세베루스가 세습에 의해 황제의 지위에 오른 마르쿠스 아우렐리우스를 모방하고 싶어 한 것은 무익하고 해로운 일이었다. 마찬가지로 카라칼라, 코모두스와 막시미누스가 셉티미우스 세베루스를 모방하고자 한 것도 치명적인 일이었다. 이들은 셉티미우스 세베루스의 발자취를 따르는 데 필요한 충분한 비르투를 갖지 못했기 때문이다.

따라서 신생 군주국의 새 군주는 마르쿠스 아우렐리우스의 행동을 모방할 수도 없고, 그렇다고 셉티미우스 세베루스의 행적을 따라야만 하는 것도 아니다. 그보다는 국가를 세울 때 필요한 부분은 셉티미우스 세베루스로부터 교훈을 얻어야 하고, 견고하게 수립되어 있는 국가를 유지하기 위해 적절하고도 영광스러운 조치를 취하고자 할 때 필요한 부분은 마르쿠스 아우렐리우스로부터 배워야 할 것이다.

## 20장
## 요새를 구축하는 일과 군주들이 일상적으로 행하는 다른 많은 일들, 그것들은 유용한가 그렇지 않은가

어떤 군주들은 자신의 국가를 확실히 장악하려는 생각에서 자기 신민들의 무장을 해제했다. 어떤 군주들은 정복지의 신민들 사이에 분열을 조장했다. 또 어떤 군주들은 자신에 대한 적의를 키우기도 했고, 어떤 군주들은 국가를 장악했던 초기에 의심스럽게 여겼던 사람들을 자기편으로 만들기도 했다. 또 어떤 이는 요새를 건설하기도 하고 어떤 이는 요새를 파괴했다. 이와 같은 결정을 내려야만 했던 국가들의 자세한 사정을 고려하지 않은 채, 이 모든 일에 대해 어떤 단정적인 판단을 내릴 수는 없을 것이다. 그럼에도 나는 주제 그 자체가 허용하는 범위 안에서 가급적 일반화할 수 있는 방식으로 내 생각을 말하겠다.

### 신생 군주는 민중을 무장시켜야 한다

우선 신생 군주가 자신의 신민을 무장해제 시킨 일은 결코 없었다. 오히려 신민들이 무장하지 않은 채로 있을 때 신생 군주는 이들을 무장시켰다. 당신이 이들을 무장시키게 되면 이 무장 세력은 당신의 것이 된다. 당신이 의심했던 사람들은 충성스럽게 된다. 원래 충성스러웠던 사람은 그 상태를 유지한다. 보통의 신민들로부터는 열렬한 지지자를 얻게 된다.

물론 신민 전체를 무장시키는 일은 불가능하다. 때문에 무장한 사람들에게 당신이 혜택을 준다면 그들을 통해 그렇지 않은 사람들을 좀 더 확실하게 통제할 수 있다. 무장한 사람들은 자신들이 우대받고 있다고 인식하기 때문에 당신에게 의무감을 느낀다. 나머지 사람들은 좀 더 큰 위험과 책임을 감수하는 사람들이 더 큰 보상을 받아야 한다고 판단함으로써 당신의 행동을 양해할 것이다.

그러나 이들의 무장을 해제시키게 되면 당신은 그들의 마음을 상하게 만든다. 겁이 많거나 신의가 부족해서 이들을 불신하는 것이라는 사실을 드러내는 셈이 되기 때문이다. 겁이 많다거나 신의가 없다는 것은 모두 당신에 대한 미움을 만들어 내게 된다. 당신이 무장하지 않은 상태로 있을 수는 없기 때문에 용병군에 기댈 수밖에 없는데, 이 문제에 대해서는 앞서 [12장에서] 말한 바 있다. 즉, 용병군은 아무리 훌륭하다고 해도 강력한 적군과 의심이 많은 신민들로부터 당신을 지켜 줄 수 있을 만큼 강하지는 않다. 내가 앞에서 말했듯이 신생 군주국의 새 군주는 항상 그곳 신민들의 군대를 조직했다. 역사에는 이런 예들로 가득 차 있다.

그러나 군주가 새로운 국가를 획득해 본래의 자기 국가에 병합하고자 한다면 그 국가를 무장해제 시킬 필요가 있다. 정복하는 과정에서 당신을 열렬히 지지했던 사람들을 제외하고는 말이다. 그리고 시간과 기회가 허용하는 대로 이 지지자들의 세력 역시 약화하고 순종적이 되도록 만들 필요가 있다. 그리고 당신 국가의 모든 무력은 당신의 본국에서 당신과 함께 지내는 데 익숙한 당신 자신의 군인들로 조직할 필요가 있다.


## 분열 통치는 무익하다

현자로 존경받는 사람들을 포함해 우리 선조들은, 피스토이아는 파벌을 통해 다스리고, 피사는 요새로 봉쇄해 통치하는 것이 필요하다고 말했다.[1] 이 때문에 우리 선조들은 자신들이 복속시킨 도시 내부에 내분을 조장해 그들을 좀 더 쉽게 장악하고자 했다. 이탈리아에서 평화적 균형 상태가 유지된 시대[2]에는 이런 방책이 훌륭하게 제 기능을 발휘했음에 틀림없다. 그러나 이제 오늘날에는 그것이 따라야 할 수칙이 될 수 없으며, 그런 분열 통치 정책은 결코 누구에게도 좋은 결과를 가져오지 못한다고 나는 믿는다. 오히려 분열된 도시는 적군이 다가오면 필연적으로 빼앗기고 만다. 약한 당파는 항상 외부 세력과 연합하려 하고 그 결과 나머지 세력들은 이제 권력을 유지할 수 없게 될 것이기 때문이다.


1) 베네치아 대사였던 마르코 포스카리Marco Foscari에 따르면 로렌초 데 메디치는 "피스토이아는 파당을 조장해, 피사는 가난하게 해서, 볼테라 Volterra는 힘으로, 아레초는 시골 지역의 편을 늘어, 코르토나Cortona는 호의를 제공해 통치하는 것이 필요하다."라고 말했다고 한다. Connell(2005, 105), 각주 3 참조.
2) 1454년부터 1494년까지 유지되었던, 이탈리아 내부의 평화적 균형 상태를 말하는데, 이에 대해서는 11장에서 자세히 다뤘다.

앞에서 말한 이유로 베네치아인들은 자신들이 지배하던 도시 안에 [교황을 지지하는] 겔프와 [황제를 지지하는] 기벨린이라는 파벌을 조장했다. 이들 사이에 유혈 사태까지 허용되었던 것은 아니지만, 베네치아인들은 그들 사이의 분열을 이용해 시민들로 하여금 서로에 대한 견해차에 몰두하게 함으로써 베네치아를 상대로 단결할 수 없게 했다. 뒤에서 살펴보겠지만, 이는 베네치아인들이 의도한 결과를 낳지 않았다. 베네치아가 바일라 전투에서 패배하자 이 당파들 가운데 하나가 그 즉시 베네치아로부터 자신들의 국가를 모두 탈취할 만큼 대담한 행동을 했기 때문이다.[3]

그런 분열 통치 정책은 군주의 약함을 보여 주는 증거다. 강력한 군주국이라면 결코 그런 분열 통치 정책을 허용하지 않을 것이기 때문이다. 오직 평화의 시기에만 그런 정책은 효과가 있을 뿐이다. 그때에만 그런 수단으로 신민을 좀 더 쉽게 관리할 수 있기 때문이다. 그러나 전시가 되면 그런 정책의 오류는 드러나게 된다.

의심의 여지 없이 군주는 자신에게 닥친 어려움과 자신이 직면한 반대를 극복할 때 위대해진다. 이런 이유로 운명의 여신은, 다른 경우에도 그렇지만 특히나 세습 군주보다 더 큰 명성을 필요로 하는 신생 군주를 위대하게 만들고자 할 때, 그를

---

3) 친프랑스적인 기벨린파들이 바일라 전투에서 베네치아가 패배하자 즉시 반란을 일으켜 자신들의 도시(브레시아·베로나·비첸차·파도바)를 프랑스에 넘겨줬던 사례를 가리킨다.

위해 적을 만들어 내고 이들로 하여금 신생 군주를 공격하게 한다. 그렇게 해서 그 신생 군주가 적대 세력을 극복할 기회를 만들어 주고, 그 적대 세력을 사다리 삼아 더 높이 올라가게 해 준다. 따라서 많은 사람들은 다음과 같이 판단한다. 현명한 군주라면 그런 기회가 주어질 경우, 자신을 향한 적대감을 교묘하게 조장하고 이를 극복함으로써 자신의 위대함을 증대하는 결과를 성취한다.


## 반대파를 통합하는 것이 유익할 수 있다

군주, 특히 신생 군주는 자신의 국가를 형성하는 초기만 해도 그가 의심스럽게 여겼던 사람들이 원래부터 신임하던 사람들보다 더 신의가 있고 유용하다는 것을 발견할 때가 있다. 시에나의 군주 판돌포 페트루치[4]는 다른 사람보다도 더 자주 그가 의심스러워했던 사람들을 통해 국가를 통치했다. 그러나 사람에 따라 사정이 다르므로 이를 일반화해 말할 수는 없다. 다만 다음과 같은 점만을 말하고자 한다.

군주국의 시작 단계에 적이었던 사람 가운데에서 자기편을 만드는 일은 군주가 언제든 아주 쉽게 할 수 있다. 특출한 자질

---

4) 판돌포 페트루치는 1497년부터 시에나의 군주가 되었고 안팎의 혼란을 극복하며 시에나를 지켜 냈다. 그를 신뢰하지 않았던 체사레 보르자가 1502년 세니갈리아에 초청해 죽이려 했으나 실패한 것으로 유명하다.

을 갖고 있는 사람일지라도 그 가운데는 자신을 지키기 위해 누군가에게 의지할 필요가 있는 사람이 있게 마련이다. 그리고 그들은 자신에 대해 다른 사람이 갖고 있던 나쁜 인상을 지워야 할 필요성을 인식하고 있기 때문에 군주에게 충성스럽게 봉사할 수밖에 없다. 따라서 군주는 자신의 지위가 매우 확고해서 군주의 일을 등한시하는 사람들보다 그런 사람들로부터 항상 더 많은 유용함을 얻게 된다.

우리가 다루고 있는 주제 때문에 꼭 필요해서 빠뜨리고 싶지 않은 것이 있다. 이는 신생 군주가 반드시 상기해야 할 일이기도 하다. 즉, 특정 국가 내부자의 호의를 통해 그 국가를 장악한 지 얼마 안 된 군주라면, 자신에게 도움을 준 사람이 어떤 동기에서 그런 행동을 취했는가를 심사숙고해야 한다. 그 이유가 신생 군주에 대한 자연적인 애정이 아니고 단지 원래의 국가에 대한 불만 때문이었다면, 대단한 노력과 어려움을 감수해야만 그들과 우호적 관계를 계속 유지할 수 있을 것이다. [3장에서 보았듯이] 신생 군주 역시 그들을 만족시키기란 불가능하기 때문이다. 고대와 현대의 역사로부터 뽑아낼 수 있는 여러 사례를 바탕으로 그 이유를 잘 검토해 보면, 신생 군주로서는 이전의 국가에 만족해했고 따라서 그에게는 적이었던 사람들을 동맹 세력으로 만드는 일이, 이전의 국가에 만족하지 못해 그의 동맹 세력으로 붙어 정복을 도운 사람들보다 훨씬 쉬운 일임을 알게 될 것이다.

요새에 의존하는 자는 망하고
민중의 지지를 받는 자는 흥한다[5]

관행적으로 군주들은 국가를 좀 더 안전하게 유지하고 갑작스러운 공격으로부터 안전한 피난처를 확보하기 위해 요새를 구축했다. 그런 요새는 군주에게 대항해 반란을 꾸미려는 자들에게는 재갈이자 굴레가 되기도 한다. 이런 통치 방식은 고대로부터 사용되어 왔고 그렇기에 나는 이 방식을 높게 평가한다.

그럼에도 우리 시대에 와서 보게 된 것은, 니콜로 비텔리가 자신의 국가를 지키기 위해 치타 디 카스텔로의 두 요새를 파괴했다는 사실이다. 우르비노의 통치자 귀도 우발도[다 몬테펠트로]는 체사레 보르자에게 쫓겨났다가 자신의 영지를 되찾은 후 그 지역의 모든 요새를 완전히 허물어 버렸다. 그 요새들이 없으면 여간해서는 자신의 국가를 또다시 상실하는 일은 없을 것이라고 판단했기 때문이다. 벤티볼리오 가문 사람들이 [율리오 2세에 의해 축출되었다가] 볼로냐로 귀환했을 때에도 비슷한 조치를 취했다.

요새는 상황에 따라 유용할 수도 그렇지 않을 수도 있다. 어떤 상황에서 도움이 된다면 다른 상황에서는 유해한 것이 될

---

5) 몽골제국을 이끈 칭기즈칸도 "성을 쌓는 자는 망하고 길을 내는 자는 흥한다."라는 말을 한 적이 있는데, 마키아벨리식으로 말한다면 '민중으로부터 고립된 요새를 쌓는 군주는 망하고, 민중의 호의와 지지를 얻으며 그 속에서 길을 내는 군주는 흥한다.'고 표현할 수 있겠다.

수도 있다. 이 점은 다음과 같이 이야기될 수 있다. 외국의 적보다 자신의 신민을 더 무서워한다면, 군주는 요새를 세워야만 한다. 그러나 자신의 신민보다 외국 군대를 더 무서워하는 군주라면 마땅히 요새를 없애야만 한다. 프란체스코 스포르차가 밀라노에 건설한 밀라노 성은 그 국가의 다른 어떤 것보다도 큰 골칫거리의 원인이 되어 왔고 또한 앞으로도 그럴 것이다.

최선의 요새는 민중으로부터 미움을 사지 않는 것이다. 민중이 일단 무기를 잡으면 그들과 결탁할 외국 세력은 항상 존재한다. 민중이 당신을 미워한다면 어떠한 요새도 당신을 지켜 주지 못한다. 우리 시대에 와서 요새로 인해 덕을 본 사람은 아무도 없었다. 예외가 있다면 포를리의 백작 부인[카테리나 스포르차]이었다. 그녀는 [1488년] 자신의 남편인 지롤라모 리아리오 백작[6]이 [민중 봉기로] 살해당했을 때 요새 덕분에 자기 민중의 공격을 피할 수 있었다. 그러고는 밀라노로부터의 지원을 기다렸다가 국가를 되찾았다. 당시에는 어떤 외세도 민중에게 도움을 줄 수 없는 상황이었다. 그러나 뒤에 체사레 보르자가 공격했을 때 그 요새는 그녀에게 거의 아무런 쓸모가 없었다. 적대적인 그녀의 민중은 이 외부 침입자와 연합했다. 따라서 그때나 그 전이나 카테리나 스포르차에게는 민중에게 미움받지 않는 것이 요새를 갖는 것보다 더욱더 안전했을 것이다.

6) 교황 식스토 4세의 조카로 이몰라와 포를리의 군주를 지냈다. 가혹한 통치를 펼치다 1488년에 암살되었다.

이 모든 점을 고려할 때 나는 요새를 건설하는 군주나 그렇게 하지 않는 군주 모두에게 찬사를 보내지만, 요새만 믿고 민중으로부터 미움받는 문제를 경시하는 군주라면 누구라도 비난하지 않을 수 없다.

# 21장
## 탁월한 존재로 여겨지려면
## 군주는 무엇을 해야 하는가

그 어떤 것도 위대한 업적을 이루고 유례없이 비범한 행동을 보이는 것만큼 군주에게 위대한 평판을 얻게 해주는 것도 없다. 우리 시대의 예로는 현재 에스파냐 국왕인 아라곤의 페르난도가 있다. 그는 신생 군주로 불릴 만하다. 그는 약소국의 군주로 시작해 명성과 영광을 얻어 기독교 세계 제일의 왕이 되었기 때문이다.[1]

## '경건한 잔인함'의 표본으로서 페르난도

그의 행적을 검토해 보면 모든 것이 매우 위대했고 또한 비범한 것이었음을 알게 된다. 그는 재임 초기에 그라나다[2]를 공략했고, 대규모 군사작전을 통해 자신의 국가를 탄탄한 기반 위에 올려놓았다. 무엇보다도 그는 이 전쟁을 아무도 모르게, 그리고 누구의 방해도 받을 걱정이 없는 상태에서 시작했

---

1) 앞서 살펴보았듯이, 그는 아라곤Aragón 왕국의 왕자였는데, 1469년 카스티야의 왕녀 이사벨과 결혼해 1479년 카스티야의 공동 군주가 되었다. 알렉산데르 6세는 그에게 '가톨릭 왕'이라는 칭호를 내렸다.
2) 무어인이 지배했던 에스파냐 남부의 무슬림 왕국을 가리킨다.

다. 그는 카스티야 제후들의 정신을 빼앗아 이들의 이목을 전투와 관련된 문제에 집중시켰다. 그러는 동안 그들은 체제를 변혁할 생각조차 할 겨를이 없었다. 이런 방식으로 그는 제후들이 눈치채지 못하는 사이에 명성을 얻었고 제후들에 대한 지배권을 확보했다.

그는 교회와 민중으로부터 돈을 거둬 군대를 육성했고 장기간의 전쟁을 통해 자신의 군사들이 성장할 수 있는 기초를 마련해 주었다. 나중에 이들은 그에게 명성을 가져다주었다. 나아가 그는 더 위대한 전쟁을 벌이고자 계속해서 종교를 이용했고 경건한 잔인함pietosa crudelta; pious cruelty에 의존했다. 즉, 자신의 왕국에서 마라노들3)을 색출해 추방했는데, 이보다 더 잔인하고 충격적인 사례는 볼 수 없었을 정도였다. 같은 [종교적] 명분을 내세워 그는 아프리카를 공격했고 이탈리아를 정벌했으며 최근에는 프랑스에 대한 공격을 감행했다.4) 이렇게 그는 늘 위대한 사업들을 계획하고 성취했는데, 이로 인해 그의 신민들은 언제나 긴장감과 경이감으로 가득 차 사태의 귀추에 몰두하지 않을 수 없었다. 이런 행동이 쉴 새 없이 이어졌고 하나의 행동에서 다른 행동 사이에 틈을 주지 않았기 때문에

---

3) 마라노Marrano는 에스파냐어로 '돼지들'을 뜻하며 모욕적으로 쓰이던 말인데, 그라나다가 점령된 뒤 강제로 기독교인이 된 유대인과 무슬림을 가리킨다. 이들은 1501, 02년 동안 에스파냐에서 축출되었다.

4) 1509년에는 북아프리카의 오랑을 빼앗았고 1511년에는 트리폴리를 장악했다. 이탈리아 남부의 나폴리왕국을 완전히 획득한 것은 1503년이고 프랑스와 전면전을 벌인 것은 1512년이다.

신민들은 그에 맞서 은밀하게 일을 꾸밀 수가 없었다.

군주가 자신의 왕국 안에서 비범한 모범을 보이는 것 또한 매우 유익한 일이다. 밀라노의 통치자였던 베르나보[5]가 그랬던 것처럼, 군주는 좋은 일이든 아니든 시민 생활에 있어 뭔가 비범한 일을 해낸 사람들이 나타나면 그 일이 두고두고 사람들 입에 오르내리도록 상을 내리거나 처벌을 해야 한다. 그리고 무엇보다도, 군주가 먼저 자신의 모든 행동을 통해 비범한 재능을 가진 위대한 인물이라는 명성을 얻을 수 있어야 한다.


## 중립에는 유익함이 없다

군주는 자신이 진정한 동맹인지 공공연한 적인지를 명확히 할 때, 즉 아무런 주저 없이 다른 편에 반대해 어느 한편을 지지할 때 높이 평가된다. 이런 결정은 중립으로 남아 있는 것보다 언제나 더 유익하다. 만일 인접한 두 강대국이 서로 맞붙는다면 이들 가운데 어느 한 나라는 승리할 텐데, 그때 당신은 그 승자를 두려워하게 되는 상황과 그렇지 않은 상황 가운데 어느 하나에 직면할 것이다. 두 경우 가운데 어느 쪽이든, 당신은 자신의 입장을 분명히 밝히고 용기 있게 싸우는 것이 항

---

5) 1355년 다른 두 형제들과 함께 밀라노의 공동 통치자가 된 베르나보 비스콘티를 말한다. 잔인하면서도 공정한 것으로 유명했다. 밀라노를 독립된 국가로 만드는 데 기여했다.

상 더 유익할 것이다.

　승자를 두려워하게 되는 첫 번째의 경우, 당신은 어느 한쪽을 편드는 분명한 입장을 취하지 않았더라도, 승자가 누구든 그의 희생물이 되고 말 것이다. 이는 패배한 자로서도 반길 일이 될 것이다. 그 경우 당신은 부당한 피해를 입을 수도 있고, 아니면 당신을 보호해 주거나 피난처를 제공할 우방을 구할 수 없게 된다. 승자의 입장에서는 어려웠을 때 자신을 돕지 않은 의심스러운 상대인 당신과 동맹을 원할 리 없을 것이고, 패자의 입장에서는 공동의 운명을 감수하지 않았고 손에 무기를 들려 하지 않았던 당신에게 피난처를 제공하지 않을 것이기 때문이다.

　안티오코스가 아이톨리아인들의 요청으로 그리스에서 로마를 쫓아내기 위해 그리스 안으로 진격한 적이 있다. 안티오코스는 로마의 동맹국이던 아카이아에 사절을 파견해 중립을 지켜 줄 것을 촉구했다. 다른 한편, 로마는 이들에게 자신을 위해 무기를 들어 줄 것을 설득했다. 이 사안은 아카이아의 평의회에서 심의되었는데 여기에서 안티오코스의 사절은 이들에게 중립을 유지해 줄 것을 설득하려 했다. 이에 대해 로마의 사절은 다음과 같이 응수했다. "귀국이 전쟁에 개입하지 않는 것이 좋을 것이라고 하는 그들의 주장에 대해 한마디 한다면, 그보다 귀국의 이익에 반하는 것은 없을 것이다. 어떠한 호의도 위엄도 보여 주지 못한 귀국은 승자의 전리품이 될 것이다."

　우방이 아닌 쪽은 당신이 중립을 유지하기를 요구할 것이고, 당신의 우방은 당신이 무장하고 나설 것을 요청한다는 것은 늘 있는 일이다. 우유부단한 군주는 목전의 위험을 회피하기 위해 대개의 경우 중립을 취하는데, 대부분은 몰락을 면치 못한다. 그러나 군주가 어느 한쪽을 강력하게 지지하는 태도를 표명했다고 해보자. 그리고 그 지지한 쪽이 승리했다고 하자. 비록 승리한 쪽이 강력해져서 당신의 운명이 그의 재량에 달려 있게 되더라도 그는 당신에게 의무감을 갖지 않을 수 없다. 또한 거기에는 우호적인 계약관계가 있다. 인간이란 배은망덕을 과시하며 당신을 공격할 정도로 파렴치하지는 않다. 더욱이 승자가 제멋대로 행동해도 좋은, 특히 다수가 생각하는 정의giustizia; justice를 무시해도 좋은 승리는 결코 없다. 반대로 당신이 단호히 지지한 쪽이 패배한다 할지라도, 패자는 당신에게 은신처를 제공할 것이다. 그는 당신을 도울 수 있는 한 도울 것이고 당신이 다시 부활할 수 있도록 운명의 동반자가 되어 줄 것이다.

두 번째는 서로 싸우는 당사국들 가운데 어느 쪽이 이기더라도 당신이 두려워할 필요가 없을 경우이다. 설령 그렇다 해도 동맹에 적극 가담하는 일이 더욱더 실천적 이성에 맞는 일이 된다. 이는 당신이 어느 한쪽의 도움을 받아 다른 쪽을 몰락시킨 것과 다름없는 셈이 되기 때문이다. 승자가 현명하다면, 그럴 경우 패한 쪽이 몰락하도록 방치하지는 않아야 한다. 당신의 도움이 없었다면 승리는 불가능했기에, 승리에도 불구하고 승자의 운명은 당신의 처분에 맡겨지기 때문이다.

## 자신보다 강한 자와의 동맹은 피해야 한다

여기에서 주목해야 할 것이 있다. 방금 위에서 언급했듯이 어떤 불가피성에 의해 강요되지 않는 한, 군주는 다른 군주를 공격하기 위해 결코 자신보다 더 강한 군주와 동맹을 맺어서는 안 된다는 점이다. 그렇게 해서 승리할 경우 당신은 그 강한 동맹국의 포로가 되기 때문이다. 군주란 모름지기 다른 군주의 처분에 맡겨지는 상황을 피하기 위해 가능한 한 최선을 다해야 한다.

베네치아인들은 밀라노 공작을 공격하고자 [1499년] 프랑스와 동맹을 맺었다. 이런 동맹은 피할 수 있는 것이었다. 실제 이 동맹 때문에 베네치아는 파멸에 이르렀다. 그러나 교황과 에스파냐 왕이 자기 군대를 이끌고 [1512년] 롬바르디아 지방을 공격했을 때 피렌체에 닥쳤던 상황처럼 피할 수 없는 것이라면 앞에서 언급한 이유로 동맹에 반드시 참여해야 한다. 어떤 국가든 항상 안전한 선택을 할 수 있다고 믿어서는 안 된다. 그와는 반대로 어떤 선택이든 꼭 필요한 것인지를 의심해 봐야 한다. 어떤 하나의 불편inconveniente; inconveniences을 피하려고 하면 반드시 또 다른 불편함에 직면하는 것이 세상사의 이치이기 때문이다. 실천적 이성이란 바로 그런 불편함의 특성을 파악하는 방법을 알고 그 가운데 가장 덜 나쁜 것을 최선인 것으로 간주해 선택하는 것에 있다.

## 군주는 시민 삶에 활력을 불어넣어야 한다

군주는 또한 비르투를 가진 인물들을 환대함으로써 스스로 비르투를 사랑하는 사람임을 보여 주어야 한다. 특정 기예에서 탁월함을 발휘한 사람에게는 명예를 수여해야 한다. 그뿐만 아니라 군주는 자신의 시민들이 상업이든 농업이든 아니면 다른 어떤 직업을 가졌든 그들이 추구하는 바를 평화롭게 수행하도록 고무해 주어야 한다. 어느 누구라도 빼앗길까 봐 재산을 늘리는 것을 두려워하지 않고, 징세가 무서워 새로 사업을 시작하는 것을 두려워하지 않도록 말이다.

오히려 군주는 그런 일을 하고자 하는 사람들과, 어떤 방식으로든 그의 도시와 국가를 증강하려는 사람들에게 기꺼이 상을 주어야 한다. 그 밖에도 1년 중 적절한 시기에 축제나 볼거리로 사람들이 즐길 수 있게 해주어야 한다. 그리고 모든 도시는 동업 집단arte; art(길드)과 가족 집단tribù; wards, neighborhoods[6]으로 나뉘어 있기 때문에, 군주는 그런 집단들을 반드시 고려해야 하며 때때로 그들과 직접 만나 자신의 인간미와 호의를 보여 주어야 한다. 그럼에도 불구하고 군주는 항상 군주다운 위엄을 유지해야 한다. 어떤 행동에서도 위엄이 결여되어서는 결코 안 되기 때문이다.

---

6) arte는 '기예', '기술'이라는 뜻으로 동업 집단으로서 길드를 가리키고, tribù는 '이웃'이라는 뜻으로 같은 가문이나 족벌을 가리킨다.

# 22장
## 군주를 보좌하는 측근 신하에 관하여

군주가 측근 신하를 선택하는 일은 그 중요성에 있어서 작은 문제가 아니다. 이는 군주의 실천적 이성이 어떠냐에 따라 좋은 선택이 될 수도 있고 나쁜 선택이 될 수도 있다. 어떤 한 통치자의 두뇌 능력cervelli; brains에 대해 사람들이 갖게 되는 첫 번째 평가는 그의 주위에 있는 사람들을 살펴봄으로써 이루어진다. 그들이 유능하고 충성스러우면 통치자는 늘 분별력이 있다는 평가를 받을 수 있다. 자기 측근 신하들의 능력을 식별할 줄 알고, 그들의 충성심을 유지시킬 줄 아는 것으로 평가되기 때문이다. 그러나 그렇지 않은 경우에는 측근 신하들을 선택하는 첫 번째 일부터 실수를 범한 것이기 때문에 군주는 형편없는 평가를 받게 마련이다.

### 판돌포 페트루치의 사례

시에나의 군주였던 판돌포 페트루치의 측근 신하인 안토니오 다 베나프로[1]를 알고 있는 사람치고, 판돌포를 매우 탁월한 인물이라고 평가하지 않는 사람은 아무도 없었다. 판돌

---

1) 나폴리 출신으로 시에나 대학교에서 교수를 지낸 법률가.

포가 그를 측근 신하로 데리고 있었기 때문이다.

두뇌 능력에는 세 가지 종류가 있다. 첫째는 스스로 이해하는 것이고, 둘째는 남이 이해하는 바를 파악하는 것이며, 셋째는 스스로도 이해하지 못하고 다른 사람을 통해서도 이해하지 못하는 것인데, 첫 번째 것은 대단히 탁월한 것이고, 두 번째 것은 우수한 것이며, 세 번째 것은 무용지물이다. 따라서 판돌포의 두뇌 능력은 첫 번째 급은 아니더라도, 불가피성ne-cessità을 자각하는 [즉, 측근 신하인 안토니오 다 베나프로를 통해 이해할 줄 아는] 두 번째 급에는 도달했음에 틀림없다.

스스로는 [자기 힘으로 이해할 수 있는] 그런 독창성을 갖추지 못했어도 매 순간 다른 사람이 행했거나 말했던 것에서 좋은 점과 나쁜 점을 인지할 능력을 갖추고 있기만 하면, 그는 자신의 측근 신하가 잘한 일과 잘못한 일을 인지하고, 잘한 것을 칭찬하고 잘못한 것을 바로잡을 수 있다. 그리고 자신의 군주를 속이기 어렵다는 점을 알기에 측근 신하는 계속해서 잘하려고 노력하게 된다.

## 측근 신하의 신뢰를 유지하는 방법

군주로서는 자신의 측근 신하가 어떤 사람인지를 가늠해볼 수 있는 확실한 방법이 있다. 당신의 측근 신하가 당신보다 자신의 일에 더 많이 마음을 쓰고, 모든 행동에서 자기 이익을 더 추구한다고 하자. 이런 사람은 결코 좋은 측근 신하가 될 수 없고, 믿을 만한 사람도 될 수 없다. 군주를 대신해서 국가

행정을 관장하고 있는 사람은 결코 자신을 생각해서는 안 되고 항상 군주만을 생각해야 하며, 군주와 관련 없는 일들에 대해서는 아무것도 생각하지 않아야 하기 때문이다.

다른 측면에서 볼 때, 군주는 측근 신하의 충성을 확고히 하기 위해 그를 명예롭게 여기고 부유하게 하며, 스스로에게 책임감을 갖게 하고, 그의 명예와 책무를 공유하는 방법으로 그를 배려해야 한다. 그럼으로써 그가 군주 없이 혼자 설 수 없게 만들어야 한다. 많은 명예와 재화를 가짐으로써 더 많은 명예나 재화를 바라지 않도록 만들어야 한다. 많은 직위를 맡겨서 정권이 바뀌는 것mutazioni을 두려워하게 만들어야 한다. 측근 신하와 군주 사이의 관계가 이런 식으로 만들어진다면 이들은 서로를 신뢰할 수 있을 것이다. 그렇지 않다면 그 결과는 언제든 군주와 측근 신하 모두에게 해로운 것이 될 것이다.

# 23장
## 아첨꾼을 어떻게 피할 것인가

중요한 주제 하나를 반드시 논의하고 넘어가고자 한다. 그리고 군주가 대단한 분별력을 갖추지 못하거나 아니면 좋은 조언자를 선택하지 못할 경우, 군주가 스스로를 방어하는 데 어려움을 겪게 되는 잘못에 대해서도 짚어 보겠다. 이는 바로 궁정을 가득 채우고 있는 아첨꾼들에 관한 것이다.

### 지혜로운 조언자를 선발해 중용해야 한다

인간이란 자기 자신의 문제에만 몰두해 있고 그러면서 자기기만에 쉽게 빠지기 때문에 이 아첨이라는 질병으로부터 자신을 방어하기가 어렵다. 더욱이 아첨으로부터 자신을 방어하려고 할 때는 경멸의 대상이 될 위험에 처하게 된다. 당신 자신을 아첨으로부터 보호하는 유일한 방법은 당신에게 진실을 말해도 당신을 불쾌하게 만들지 않는다는 점을 사람들이 알게 되는 것이다. 그러나 아무나 당신에게 진실을 말할 수 있게 되면 당신은 존경심을 잃게 된다. 따라서 현명한 군주라면 제3의 방도를 따라야 하는데, 그것은 자신의 국가 안에 있는 지혜로운 사람을 선발하는 것이다.

군주는 이들에게만 진실을 말할 수 있는 자유를 허용해야 한다. 다만 오직 군주가 요구한 사안에 대해서만 솔직하게 말할 수 있어야 하고, 다른 경우는 허용해서는 안 된다. 그러나 군주는 모든 일에 대해 물어야 하고 이들의 의견을 청취한 다음 스스로 자신의 방식대로 숙고하고 결정을 내려야 한다. 그리고 이들 조언자 가운데서 어느 누구에 대해서도, 그들이 자유롭게 얘기하면 할수록 더욱더 잘 받아들여진다고 믿을 수 있도록 처신해야 한다.

이들 선발된 조언자를 제외하고는 다른 누구의 말에도 귀기울여서는 안 된다. 결정된 사안에 대해서는 반드시 따라야 하고 그가 내린 결정을 둘러싸고 동요해서는 안 된다. 이와 다르게 행동하는 사람은 아첨꾼에 둘러싸여 재난을 당하든지 아니면 변덕스러운 의견들에 휘둘려 자주 입장을 바꾸게 된다. 그 결과 그는 형편없는 사람으로 평가받게 된다.


## 나쁜 사례로서 막시밀리안 황제

나는 이와 관련해 최근의 사례 하나를 들겠다. 현재 신성로마제국의 황제인 막시밀리안 1세의 신하인 루카 [리날디] 주교는 황제에 대해 언급하면서, 그는 누구와도 상의하지 않지만 그렇다고 자신이 원하는 대로 행동하지도 않는다고 말했다. 이는 내가 앞서 말한 바와 정반대의 방식을 그가 고집하는 것에서 비롯된 문제이다.

황제는 비밀에 둘러싸인 인물이었기 때문에 자신의 계획을 누구에게도 말하지 않고 누구의 조언도 구하지 않는다. 그러나 일단 그 계획이 알려지고 그가 자신의 계획을 실천에 옮기게 되면서 문제가 드러나게 된다. 그때 그의 측근들은 그 계획에 반대하기 시작한다. 그러면 그는 단순한 성격이어서 자신의 계획을 폐기한다. 어느 날 내린 결정을 그가 다음 날 뒤집었던 것은 바로 이런 이유에서였다. 이 때문에 그가 무엇을 원하고 또 하고자 하는 바가 무엇인지를 아무도 이해하지 못하게 되어 사람들은 그의 결정을 신뢰할 수 없었다.

군주는 항상 조언을 들어야 한다. 그러나 조언하는 사람이 원하는 때가 아니라 자신이 원할 때 듣도록 해야 한다. 반대로 군주 자신이 요청하지 않았는데도 모든 사안에 대해 모든 사람이 조언하는 것은 하지 못하게 해야 한다. 군주는 폭넓은 질문자여야 하고, 그러고 나서는 질문된 사안과 관련된 진실을 참을성 있게 청취해야만 한다. 어떤 사람이 무슨 이유에서건 진실을 말하지 않았다는 것을 알게 되면 그에게 노여움을 표해야 한다.


## 군주가 현명해야 좋은 조언도 얻는다

어떤 군주가 현명하다는 명성을 갖게 되는 것은 그 자신의 자질 때문이 아니라 주변의 훌륭한 조언자들 때문이라고 많은 사람들이 생각하고 있는데, 내가 보기에 이런 믿음은 의심의 여지 없이 잘못된 것이다. 군주가 현명하지 못하다면 결코 좋은 조언을 받지 못한다는 것, 이것이야말로 보편적 법칙이라고 할 만큼 틀림없는 일이기 때문이다. 그렇지 않은 예외가 있다면 그것은 우연히 매사 모든 문제에서 군주를 통솔할 만큼 현명한 어떤 사람이 있어서 군주가 그에게 자신을 맡기는 경우이다. 그러나 그럴 경우 군주는 좋은 조언을 얻을 수는 있겠지만 군주의 지위를 오래 유지하지는 못한다. 그 조언자가 얼마 지나지 않아 군주로부터 국가를 탈취할 것이기 때문이다.

현명하지 못한 군주가 두 사람 이상으로부터 조언을 받게 될 경우, 그는 결코 하나로 통합된 조언을 받을 수 없게 될 뿐만 아니라, 그런 조언들을 어떻게 조정해야 할지도 모를 것이다. 모든 조언자들은 각기 자신의 이익만을 생각하게 될 것이고, 군주는 이를 바로잡을 방법도, 이해할 방법도 알지 못할 것이기 때문이다. 인간이란 어떤 불가피성에 의해 선한 행동을 강요받지 않는 한 언제든 당신에게 사악한 존재로 돌변하곤 한다.

이상과 같은 이유에서 다음과 같이 결론지을 수 있다. 좋은 조인이란 어느 누구에 의한 것이든 근본적으로 군주의 실천적 이성에서 나오는 것이지, 좋은 조언에서 군주의 실천적 이성이 생겨나는 것은 아니다.

# 5막
## 오늘날 이탈리아에는 어떤 군주가 필요한가


# 24장
## 이탈리아의 군주들은 왜 국가를 상실했는가


앞에서 기술한 사항들을 현명하게 준수한다면 신생 군주도 오래된 군주처럼 보이게 되고, 빠른 시간 안에 자신의 국가 안에서 좀 더 안정되고 견고한 지위를 차지하게 될 것이다. 마치 그 국가 안에서 오래전부터 성장해 온 세습 군주처럼 말이다.

신생 군주의 행동은 세습 군주에 비해 훨씬 더 많은 주목을 받는다. 그의 행동이 비르투로 가득 차 있는 것으로 사람들이 인식하게 되면 그는 오래된 가문의 군주보다도 훨씬 더 확고히 사람들을 장악하게 되고, 사람들로 하여금 자신에 대해 훨씬 더 강한 애착을 갖게 할 수 있다. 인간이란 과거의 것보다 현재의 일에 더 많은 관심을 두게 마련이고, 현재의 상황이 좋다면 그것에 만족하고 다른 데를 돌아보지 않기 때문이다. 사실 군주가 다른 면에서 부족함이 없는 한, 사람들은 그를 지키기 위해 모든 일을 다 할 것이다.

이렇게 되면 그는 새로운 군주국을 창건한 것에 더해 훌륭한 법과 훌륭한 군대 그리고 훌륭한 본보기를 통해 신생 군주국을 정비하고 강화함으로써 자신의 영광을 배가할 수 있다. 마치 군주로 태어났지만 실천적 이성이 부족해서 자신의 군주국을 잃을 경우 군주의 수모가 배가되는 것과 같이 말이다.


## 국가를 잃어버린 군주는 자신의 게으름을 탓해야 한다

나폴리의 왕[프레데리크], 밀라노 공[루도비코 스포르차] 그리고 다른 경우처럼, 우리 시대에 이탈리아에서 국가를 상실했던 통치자들을 고찰한다면 우리는 다음과 같은 사실을 발견하게 될 것이다. 우선 그들 모두는 공통적으로 무력에서 취약했다. 그 원인에 대해서는 앞서 길게 이야기했다. 다음으로 그들 중 몇몇은 민중이 적대적이었고, 다른 몇몇은 민중은 우호적이었지만 귀족으로부터 자신을 보호하는 방법을 몰랐다는 사실이다. 이런 결함이 없었다면 야전에서 군대를 유지할 만한 능력을 가진 군주가 자신의 국가를 상실하는 일은 없기 때문이다.

마케도니아의 필리포스 왕, 즉 알렉산드로스의 아버지가 아닌, 티투스 퀸투스에게 패했던 필리포스 왕[1]은 그를 공격한 로마나 그리스에 비해 보잘것없는 크기의 국가를 가지고 있었다. 그럼에도 그는 전사였고 민중의 지지를 받는 방법을 알고 있었기에 로마와 그리스를 상대로 긴 전쟁을 견뎌 낼 수 있었

---

1) 알렉산드로스대왕의 아버지는 필리포스 2세이고 여기에서 가리키는 왕은 필리포스 5세이다.

다. 비록 몇몇 도시에 대한 지배권을 상실하기는 했지만, 끝끝내 그는 자신의 왕국을 지켜 냈다.

따라서 우리 시대의 군주들이, 오랜 기간 살아온 자신의 군주국을 잃었을 때 그들은 운명을 탓할 일이 아니라 자신의 게으름을 탓해야 한다. 인간에게 공통된 결함은 평온할 때는 폭풍의 가능성을 생각하지 못한다는 것인데, 평온한 시기에 그들은 상황이 바뀔 수 있다는 점을 전혀 생각하지 않았다. 그러다 역경이 닥쳤을 때에는 그것에 맞서 자신과 자신의 국가를 지키려 하지 않고 도망칠 궁리만 했다. 그러고는 정복자들의 오만함에 염증을 느낀 민중이 자신을 다시 불러 줄 것을 희망하기만 했다. 이런 선택은 다른 모든 것이 불가능한 상황에서나 온당할 수 있다. 그러나 다른 구제책이 있음에도 그것을 내버려 두고 이런 희망에 기대는 것은 정말로 나쁜 선택이다.


## 남이 손잡아 줄 것을 기대하고 넘어지는 것은 비겁하다

당신은 다른 누군가가 손잡아 줄 것을 기대하고 넘어져서는 안 된다. 그런 일이 일어나지도 않겠지만, 설령 넘어지는 당신을 누군가가 붙잡아 준다 해도 그것이 당신의 안전을 보장하지는 못한다. 이런 방어책은 당신 자신에게 의존하는 것이 아니기에 비겁한 일이다. 바람직하고 확실하고 영구석일 수 있는 유일한 방어책은 당신 자신과 당신의 비르투에 의존하는 것이지 다른 것이 될 수 없다.

# 25장
## 운명은 인간사에서 얼마나 강력하고,
## 인간은 운명에 어떻게 대항할 수 있는가

 세상의 일이란 운명의 여신과 신Dio; God에 의해 주관되기 때문에 인간들은 실천적 이성으로도 이를 바로잡을 수 없고 사실상 구제책이 없다는 견해를 많은 사람이 가져왔고 지금도 갖고 있음을 내가 모르는 바는 아니다. 이런 생각에서 그들은 세상일을 위해 애써 노력해 보았자 소용이 없고 그저 우연sorte; chance이 자신을 좌우하도록 내버려 두는 것이 낫다고 판단할 수도 있을 것이다.

 이런 견해는, 그간 우리가 겪었고 지금도 매일 목도하지 않으면 안 되는, 인간의 예견 능력을 넘어선 엄청난 변동 때문에 우리 시대에 더욱더 신봉되어 왔다. 때때로 이 점을 생각할 때 나 역시 어느 정도는 이런 견해에 이끌리곤 한다. 그럼에도 불구하고 인간의 자유의지libero arbitrio; free will를 박탈하지 않기 위해 운명의 여신은 우리 행동의 절반에 대해서만 결정권자의 역할을 하며 나머지 절반 혹은 거의 그 정도는 우리가 통제하도록 사실상 허용하고 있다는 것이 진실일 거라고 나는 판단한다.

## 운명의 힘을 통제하는 방법 : 일반적 방법

나는 운명의 여신을 이러저러한 사나운 강들 가운데 하나에 비유한다. 강들이 격분하면 평야를 홍수로 집어삼키고 나무와 건물을 파괴하고 땅을 들어 이쪽저쪽으로 옮겨 놓는다. 모든 사람이 그들이 닥치기 전에 도망가고 그들을 저지하지 못해 어쩔 줄 몰라 하면서 그들의 힘에 굴복한다. 그렇다고 해서 평온한 시기에 인간들이 미리 도랑을 파고 제방을 세움으로써, 홍수가 일어났을 때 불어난 강물을 수로를 통해 흐르게 하거나 제멋대로 휘젓고 다니지 못하게 해 피해를 줄일 수 있도록 예방 조치를 취할 수 없는 것은 아니다.

운명의 문제도 이와 유사하다. 운명의 힘은 자신에게 대항할 비르투가 조직되어 있지 않은 곳에서 위력을 과시한다. 지신을 제지하기 위한 제방과 수로가 준비되어 있지 않은 곳을 알아채고는 자신의 물길을 그리로 돌리는 것이다. 당신께서 이탈리아를 돌아보신다면, 다시 말해 격변의 중심지이자 동시에 그런 격변에 원인을 제공하고 있는 이탈리아를 돌아보신다면, 이곳이야말로 아무런 제방도 수로도 갖추고 있지 못한 형세라는 것을 아시게 될 것이다. 만일 이탈리아가 독일, 에스파냐 그리고 프랑스처럼 충분한 비르투로써 방비되었다면 그런 홍수는 지금까지 만들어 낸 그런 큰 격변을 야기하지 않았을 것이다. 아니면 아예 그런 홍수가 이곳 이탈리아에서 일어나지도 않았을 것이다.

## 시대와 상황에 맞게 행동해야 한다

이 정도면 일반적인 차원에서 운명에 대처하는 문제에 관해 충분히 말한 셈이다. 그러나 이 문제를 좀 더 구체적인 사안들로 좁혀 살펴본다면, 나는 이렇게 말하겠다. 군주가 자신의 성격이나 기질을 시대의 특성에 따라 변화시킬 수 없으면 오늘은 흥했다가 내일은 몰락하는 모습을 보이게 된다. 이런 사태는 일차적으로 내가 앞서 [7장에서] 길게 논의한 원인, 즉 전적으로 운명의 힘에 의존하는 군주는 운명이 변함에 따라 몰락한다는 사실로 인해 발생한다고 나는 믿는다. 여기에 덧붙여 나는 시대의 특성에 맞추어 일을 추진하는 방법을 아는 사람은 행복하고, 마찬가지로 시대와 맞지 않는 방식으로 대처하는 사람은 불행해진다고 믿는다.

사람들은 자기 앞에 놓인 목적, 즉 영광과 부에 이르도록 하는 일을 추진함에 있어 서로 다른 방식을 취한다. 어떤 사람은 조심성 있게, 어떤 사람은 저돌적으로, 어떤 사람은 난폭하게, 어떤 사람은 교활하게, 어떤 사람은 참을성 있게, 어떤 사람은 그 반대로 행동한다. 이들 모두는 이 다양한 방식을 통해 목적에 도달할 수 있다. 또한 조심성 있게 행동한 두 사람 가운데서도 어느 한 사람은 자신이 의도한 바를 달성하고 다른 사람은 그렇게 하지 못하기도 한다. 마찬가지로, 조심성 있는 사람과 저돌적인 사람 모두 서로 성향이 다름에도 불구하고 똑같이 성공하기도 한다.

이런 일들은 그들이 시대의 특성에 적응하느냐의 여부 말고 다른 데 원인이 있지 않다. 때문에 이로부터 위에서 말했던 사태가 발생한다. 즉, 서로 다른 방식으로 행동하는 사람들이 동일한 결과를 얻고, 같은 방식으로 행동하는 두 사람 가운데 한 사람은 자신의 목적을 달성하고 다른 사람은 그리하지 못하기도 하는 것이다. 덧붙여 이로 인해 결과가 달라지기도 한다. 신중하고 인내심 있는 사람의 경우 그의 처신이 시대와 상황에 잘 맞는다면 성공할 것이다. 그러나 시대와 상황이 바뀌었을 때 이런 사람은 그에 맞게 행동 방식을 바꾸지 않기 때문에 실패에 이르게 된다.

모든 상황에 어떻게 적응해야 하는지를 알 만큼 충분히 현명한 사람은 없다. 인간이란 자신의 자연적 성향이 이끄는 바로부터 벗어날 수 없게 마련이고, 그간 어느 한 방식으로 항상 성공했다면 그 방식에서 벗어난 선택에 확신을 갖지 못하기 때문이다. 따라서 조심성 있게 행동해 온 사람이 저돌적으로 행동해야만 하는 상황에 처하게 될 때 그는 어찌할 바를 모르고 몰락하게 된다. 그러나 시대와 상황에 맞게 성향을 바꿀 수 있다면 그의 운명이 바뀌는 일은 없다.

## 율리오 2세의 사례

교황 율리오 2세는 모든 일을 저돌적으로impetuosamente; impetuously 추진했다. 그리고 일을 추진하는 방식이 시대와 상황에 너무나 잘 부합되었기에 그는 자신이 늘 행복한 결과를 성취했다는 것을 알게 되었다. 조반니 벤티볼리오가 살아 있던 당시, 볼로냐를 상대로 한 교황의 첫 번째 원정을 생각해 보자.[1]

베네치아는 원정을 반대했고 에스파냐 왕도 마찬가지였다. 프랑스와는 협상이 끝나지 않은 상태였다. 그런데도 그는 특유의 맹렬함과 저돌성으로 친히 원정을 이끌었다.

이런 기선 제압으로 인해 에스파냐와 베네치아는 아무런 대응도 하지 못하는 교착상태에 빠졌다. 베네치아는 무서움 때문이었고 에스파냐는 나폴리왕국 전체를 자신의 것으로 만들고 싶은 욕망 때문에 달리 행동할 수가 없었다. 반면에 프랑스는 교황에 끌려들어 가 그 뒤를 따랐다. 베네치아를 굴복시키기 위해 교황과의 동맹을 원했던 프랑스 왕은 교황이 움직이자 병력 지원을 거부할 수 없다고 판단했다. 거부한다면 교황을 화나게 만들 것이 분명했기 때문이다.

이렇듯 율리오는 다른 교황들이 뛰어난 인간의 실천적 이성을 갖고서도 해낼 수 없었을 그런 일을 저돌적인 행동을 통해 달성했다. 다른 교황들처럼, 모든 협상이 확실하게 결정되고 모든 사항이 정리될 때까지 로마를 떠나지 않고 기다렸다면, 그는 결코 목적을 달성하지 못했을 것이다. 그랬다면 프랑스 국왕은 1000가지의 핑계를 찾아냈을 것이고 다른 나라들은 율리오에게 1000가지의 두려움을 부과했을 것이기 때문이다.

율리오의 다른 유사한 행동들도 모두 그 결말이 성공적이었는데, 이에 대해서는 자세한 논의를 생략하고자 한다. 짧은

---

1) 율리오 2세가 1506년 볼로냐를 공격해 벤티볼리오 가문을 축출하고 볼로냐를 교황 직속령으로 만든 일을 가리킨다.

생애[2] 덕분에 그는 정반대의 상황을 경험하지 못했는데, 만약 그에게도 조심성 있게 행동해야만 할 시기가 도래했더라면, 그는 자신의 본성이 이끄는 식의 행동에서 결코 벗어나지 못했을 것이며, 그 결과 몰락했을 것이기 때문이다.


## 과감하고 담대한 것이 낫다


나는 다음과 같은 결론을 내리고자 한다. 운명은 가변적인데 인간은 자신의 방식을 고집하기 때문에, 인간의 처신 방법이 운명과 조화를 이루면 행복해지고 조화를 이루지 못하면 불행해진다.

그럼에도 나는 저돌적인 것이 조심스러운 것보다 낫다고 판단한다. 운명의 신은 여자이고 그녀를 당신의 통제하에 두고자 한다면 때려눕힐 듯이 달려들 필요가 있기 때문이다. 냉담하게 행동하는 남자보다 이렇게 행동하는 남자가 그녀의 마음을 얻을 수 있다는 것을 사람들은 잘 알고 있다. 여성으로서 운명의 여신은 항상 젊은 남자들에게 이끌린다. 그들은 조심스럽기보다는 맹렬하게 달려들고 그래서 그녀를 좀 더 대담하게 다루기 때문이다.


2) 교황으로 재위했던 1503년에서 1513년의 짧은 기간을 가리킨다.

# 26장
## 이탈리아를 장악하여 야만족[1]으로부터<br>자유롭게 해주기를 바라는 권고

### 이탈리아는 구원자를 필요로 한다

앞서 논의된 모든 사항을 염두에 두면서, 나 스스로 이런 생각을 해보게 된다. 오늘날의 이탈리아에서 새로운 군주에게 영광을 가져다줄 시기는 도래했는가. 실천적 이성과 비르투를 갖춘 군주에게 기회를 가져다줄 질료가 존재하는가. 그런 질료가 형상을 이룸으로써 군주에게는 영광을 가져다주고 모든 주민에게는 유익함을 가져다주게 될 것인가. 내가 보기에 새로운 군주의 출현에 너무나 좋은, 많은 요소들이 서로 결합하고 있으므로 지금보다 더 적절한 시기는 결코 없을 것 같다.

앞서 [6장에서] 말했듯이, 사람들이 모세의 비르투를 알아보기 위해서는 이스라엘 민중이 이집트의 노예로 있어야 했다. 키루스의 기백이 가진 위대함을 알기 위해서는 페르시아가 메데스인에게 억압받아야 했다. 테세우스의 탁월함을 알기 위해서는 아테네인이 흩어져 살아야 했다. 마찬가지로 이탈리아인의 기백을 가진 어떤 한 인물의 비르투를 알아보기 위해서는, 이탈리아가 지금과 같은 상황에 내몰리는 일이 필요했다. 헤브

---

[1] 1494년 이후 이탈리아를 침략했던 프랑스·에스파냐·독일을 가리킨다.

라이인들보다 더 심한 노예 상태에 놓이고, 페르시아인들보다 더 예속적이고, 아테네인들보다 더 분열됨으로써 지도자도 없고, 질서도 없고, 짓밟히고, 약탈당하고, 갈기갈기 찢겨, 모든 종류의 파멸로 괴로워하는 일 말이다.


## 체사레 보르자의 실패 이후 기회는 메디치 가문에 있다

이탈리아의 구원을 위해 신이 점지한 것처럼 여겨진 인물 [체사레 보르자]에게서 한 줄기 희미한 빛이 나타난 적이 한 번 있기는 했다. 그러나 나중에 우리가 보게 된 것은, 그의 시도가 결정적인 단계에 도달한 순간 운명의 여신에게 버림받았다는 사실이다. 그 이후 이탈리아는 빈사 상태에 빠진 채, 자신의 상처를 치유해 주고, 롬바르디아 지방이 약탈당하고 나폴리왕국 및 토스카나 지방이 조공을 강요받는 상황에 종지부를 찍고, 이미 오랫동안 겪어 온 고통을 치유해 줄 누군가를 애타게 기다려왔다.

이탈리아가 이런 야만적 잔인함과 모욕으로부터 자신을 구원해 줄 누군가를 보내 달라고 신에게 얼마나 기도하고 있는지를 사람들은 안다. 또한 누군가 깃발을 높이 든다면 이탈리아가 기꺼이 따를 준비와 자세가 되어 있다는 것도 안다. 지금 이탈리아가 희망을 걸 대상은 다른 누구도 될 수 없다. 오직 당신께서 속해 계신 빛나는 [메디치] 가문뿐이다. 당신께 부여된 운명의 힘과 비르투, 신의 은총, 그리고 당신 가문이 군주를 맡고 있는 교회의 힘을 통해 당신께서는 스스로 이 구원의 우두머리capo가 되실 수 있다.

앞에서 살펴본 위대한 인물들의 행적과 생애를 당신께서 명심하신다면 이 일은 그리 어렵지 않을 것이다. 그들이 비록 비범하고 경탄할 만한 인물들이었지만, 그들 역시 모두 인간이었다. 그들이 지금보다 더 유리한 기회를 가진 것도 아니었다. 지금의 과업보다 그들의 과업이 더 정의로운 것도 아니었고, 더 수월한 것도 아니었으며, 당신께서 받으신 것보다 신의 가호를 더 많이 받은 것도 아니었다. 여기 위대한 정의가 있다. 즉, "누군가에게 불가피한 전쟁은 정의로운 전쟁이며, 무기를 드는 것 이외에 다른 희망이 없는 곳에서 군대는 신성하다."[2] 여기 최고로 준비된 상황이 있다. 이런 상황에서 내가 본보기로 제시한 인물들의 방식을 당신의 가문이 따르시는 한, 큰 어려움은 없을 것이다.

게다가 여기 전례 없는 일들, 신에 의해 인도된 예사롭지 않은 일들이 있다. 즉, 바다가 갈라지고 구름이 길을 가리키며, 바위에서 물이 솟고, 하늘에서 [신이 내린 음식인] 만나manna가 비 오듯 내렸다. 이 모든 일이 당신의 위대함을 위해 합쳐지고 있다. 나머지는 당신께서 스스로 완수해야 할 몫이다. 신은 우리로부터 자유의지와 우리 몫의 영광을 앗아 가지 않기 위해, 스스로 모든 것을 다하기를 원치 않는다.

빛나는 당신의 가문에 희망을 걸고 있는 과업을, 앞서 언급

---

2) 리비우스Titus Livius의 『로마사』 9장에 나오는 표현으로, 마키아벨리는 다른 책에서도 이 문장을 즐겨 인용했다. Connell(2005, 120, f.6) 참조.

된 이탈리아인들 가운데 어느 누구도 성취해 내지 못했다고 해서 놀랄 일은 아니다. 그간 이탈리아에서 일어났던 그 많은 혁명revoluzioni과 그 많은 전투 속에서 이탈리아의 군사적 비르투가 소진된 것처럼 보인다 해도 놀랄 일이 아니다. 이는 이탈리아의 낡은 군사 제도 때문이기도 하고, 새로운 군사 제도를 어떻게 창안할 수 있는지를 아는 사람이 없었기 때문이다.

## 자신의 군대로, 자신의 방법으로 싸워야 한다

새로운 법과 새로운 제도를 창안하는 것만큼 새로운 군주에게 더 큰 명예를 가져다주는 것은 없다. 그런 법과 제도가 잘 확립되고 그것들이 위대함을 갖게 되면 그는 존경과 칭송을 받게 된다. 그리고 어떤 종류의 형상도 빚어낼 수 있는 질료가 이탈리아에는 결코 부족하지 않다. 여기에 위대한 비르투가 있다. 우두머리에는 결여되어 있을지 모르나 팔다리[민중] 속에는 있다. 개인들 간에 결투를 하거나 소수가 교전을 할 경우 이탈리아인들이 보여 주는 힘, 기술 그리고 지능이 얼마나 탁월한지를 보라. 그런데 군대는 그렇지 못하다. 이 모든 것이 지도자의 허약함에서 비롯되었다.

어떻게 해야 할지를 아는 사람이 있다 해도 그에게 복종하는 사람은 없고 모두가 자신이 잘났다고 생각한다. 이제까지 어느 누구도 비르투와 운명의 측면에서 다른 사람들을 굴복시킬 만큼의 충분한 탁월성을 보여 주지 못했기 때문이다. 그 결과 [1494년 이후] 지난 20년 동안 장기간에 걸쳐 치러진 많은 전쟁에서 순전히 이탈리아인들만 모아 놓은 군대는 모두 부진을 면치 못했다. 처음에 타로강에서의 전투[1495년]와, 그 이후 알레산드리아[1499년], 카푸아[1501년], 제노바[1507년], 바일라[1509년], 볼로냐[1511년]와 메스트레[1513년]에서 벌어진 전투들 모두가 이런 판단의 타당성을 증명해 준다.

따라서 당신의 빛나는 가문이, 자신의 나라를 구원한 탁월한 인물들을 따르고자 한다면 모든 과업의 진정한 기초로서 다른 무엇보다도 갖춰야 할 것이 있다. 그것은 당신만의 군대를 갖는 것이다. 그렇지 않다면 당신은 더 충성스럽고, 더 확실하고, 더 나은 병사를 가질 수 없다. 병사들 개개인이 아무리 유능해도 하나로 뭉쳐서 군주의 지휘를 받고, 그에게 존중과 우대를 받아야만 훨씬 더 훌륭한 군대가 된다. 이탈리아인이 가진 비르투로써 외적을 막아 내기 위해서는 이런 군대를 갖춰야 한다.

비록 스위스와 에스파냐 보병이 무서운 존재로 평가받고는 있지만 그럼에도 불구하고 이 두 군대는 모두 약점을 갖고 있다. 그렇기에 이들과는 다른 제3의 군사 제도를 갖춘다면 이들을 막을 수 있을 뿐만 아니라 확실히 이길 수 있다. 에스파냐군은 기병에 약하다. 스위스군은 자신들처럼 완강하게 싸우는 보병을 전장에서 만나게 되면 무서움을 갖는다. 우리가 이미 보았고 앞으로 경험으로 알게 될 것은, 에스파냐군은 프랑스 기병을 당하지 못하고 스위스 보병은 에스파냐 보병에게 패배한다는 것이다. 후자의 에스파냐 보병이 스위스 보병을 이길 것이라는 점에 대해서는, 비록 경험적 근거는 충분치 않지만, 그럼에도 스위스군과 같은 군사 제도를 채택한 독일군이 에스파냐 보병에 맞섰던 라벤나 전투에서 그 징후를 발견할 수 있다. 이 전투에서 소형 방패로 무장한 에스파냐군은 독일군의 창 사이와 그 아래를 민첩하게 뚫고 들어가 자신들은 별다른 피해를 입지 않고 상대에게 치명적 타격을 가했으며, 이에 대해 독일군은 아무런 대응도 하지 못했다. 아마 기병이 나서지 않았더라면 독일군은 전멸했을 것이다.

일단 두 나라의 보병이 갖고 있는 약점을 알고 있기 때문에, 기병에 맞설 수 있음은 물론 그들의 보병을 두려워하지 않아도 되는 새로운 편제의 보병을 조직할 수 있다. 이는 무기의 종류와 전투 대형을 바꿈으로써 가능하다. 그리고 이런 군제가 새롭게 도입될 경우, 그것은 신생 군주에게 명성과 위대함을 가져다줄 것이다.

## 기회를 놓쳐서는 안 된다

이탈리아가 그리도 긴 시간 동안 만나지 못했던 자신의 구원자를 보게 될지도 모를 지금의 이 기회를 놓쳐서는 안 될 것이다. 몰려드는 외세 때문에 고난을 겪어 온 모든 나라에서 구원자가 얼마나 많은 사랑으로 환대받게 될 것인지를 나는 감히 표현하지 못하겠다. [사랑만이 아니라] 복수에 대한 갈망, 고집스러울 정도의 신뢰, 경건한 그리고 눈물과 함께 말이다.

어떤 문이 그를 향해 닫혀 있을 수 있다는 말인가? 어떤 민중이 그에게 복종하기를 거부하겠는가? 어떤 질투가 그를 대적하겠는가? 어떤 이탈리아인이 그의 신하가 되기를 거절하겠는가? 이 야만적 지배는 모두를 역겹게 하고 있다. 이제 당신의 빛나는 가문이 정의로운 대의를 수행하는 데 요구되는 기백과 희망을 가지고 이 과업을 맡으셔야 한다. 그 휘장 아래에서 조국은 고귀해질 것이며 그 후광 아래에서 페트라르카의 다음과 같은 말이 실현될 수 있을 것이다.

광포한 침략에 맞서 비르투는
무기를 부여잡을 것이다. 전투는 길지 않을 것일지니,
이는 고대의 용맹이
이탈리아인의 마음속에서 아직 죽지 않고 살아 있기 때문이다.

# 해제
## 마키아벨리의 정치철학적 도전과 성취

최장집


## 1. 왜 마키아벨리인가


2013년 한 해 동안, 한국뿐만 아니라 전 세계에서 마키아벨리의 『군주론』*Il Principe*; *The Prince* 500주년 기념행사가 열렸다. 흥미로운 사실은 그것이 마키아벨리가 태어난 1469년으로부터도 아니고 『군주론』이 출간된 1532년으로부터도 아닌, 마키아벨리가 『군주론』 원고를 집필한 1513년을 기준으로 500주년을 기념하려 했다는 점이다. 참으로 특별한 일이 아닐 수 없다.

정치학의 적지 않은 고전들이 당대에 커다란 논란의 대상이 되고, 오랜 시간에 걸쳐 정치적·학문적 논쟁을 불러일으키는 경우가 많지만, 마키아벨리의 『군주론』만큼 큰 논쟁을 불러온 책은 없을 것이다. 당시는 물론, 현대 독자들도 충격을 느낄 만큼 『군주론』은 기존 상식이나 통념, 종교 내지 도덕적 규범의 범위를 뛰어넘는 내용을 담고 있다. 그 때문에 많은 사람들은 마키아벨리가 무엇을 말하려는지에 대해 글을 읽고 판단하기도 전에, 정치적 필요를 위해서라면 악이나 교활함도 서슴지 않고 권장하는 권모술수의 대명사로서 '마키아벨리즘'을 먼저 아는 경우가 대부분이다. 르네상스 시기 영국의 대문호

셰익스피어는 '살인적인 마키아벨리'murderous Machiavelli라는 표현을 사용함으로써 마키아벨리에 대한 대중적 이미지가 일찍부터 부정적이었음을 보여 주었다. 20세기의 대정치철학자 가운데 한 사람이자, 문헌 해석의 대가이기도 한 레오 스트라우스Leo Strauss는 그를 '악의 교사'a teacher of evil라고 말함으로써 마키아벨리가 갖고 있는 부정적 이미지에 학문적 권위를 부여했다.[1]

물론 17, 18세기 철학자이자 정치사상가인 스피노자Baruch Spinoza와 루소Jean-Jacques Rousseau는 마키아벨리를 공화주의의 대변자이자 자유의 옹호자로 해석함으로써 마키아벨리를 복권시키는 과업에 앞장서기도 했다. 퀜틴 스키너Quentin Skinner, 존 포칵John G. A. Pocock, 필립 페팃Philip Pettit으로 대표되는 케임브리지 학파 역시 이런 전통의 연장선상에 있다. 이들은 마키아벨리가 정치를 권력 게임이나 자기 이익의 추구로 본 것이 아니라, 시민적 덕을 중심 가치로 삼아 정치 공동체를 건설하려 했다는 점을 부각했다. 이들의 노력에 힘입어 마키아벨리는 전통적 공화주의의 이상과 가치의 대변자로 해석되었는데, 그 뒤 이런 관점이 해석의 주류를 이루게 되었다. 특히 1970년대 중반 포칵의 대표작『마키아벨리언 모멘트』The Machiavellian Moment는 미국 헌법에 대한 재해석을 불러올 정도로 큰 영향을 미치기도 했다.[2]

---

[1] Leo Strauss, *Thoughts on Machiavelli* (University of Chicago Press, 1955), pp. 9, 10.

최근에는 존 나제미John Najemy, 조지프 페미아Joseph Femia, 존 맥코믹John P. McCormick 같은 역사학자, 정치 이론가가 마키아벨리 해석에 있어서 정통 이론으로 자리 잡은 공화주의적 관점에 도전하면서 학문적 논쟁을 확대하고 있다. 그 가운데서도 특히 2011년에 출간된 존 맥코믹의 『마키아벨리적 민주주의』 Machiavellian Democracy는 마키아벨리에 대한 케임브리지 학파의 해석에 통렬한 비판을 가하면서 민주주의자로서 마키아벨리를 부각했다.[3] 그는 케임브리지 학파가 마키아벨리를 귀족주의적 공화주의자로 잘못 해석했다고 비판한다. 동시에 마키아벨리 이론에 내장되어 있는 것은 귀족과 상층 부유층 중심의 공화주의가 아니라, 보통 사람들의 정치 참여가 확대된 민주적 공화주의였다는 점을 인상적으로 부각했다. 그리하여 마키아벨리의 정치 이론을 현대 민주주의의 이론과 실천에 훨씬 더 밀접한 연관성을 갖는 것으로 이해할 수 있게 했다.

마키아벨리에 대한 해석과 이해를 어렵게 하는 것은, 실로 그가 많은 얼굴을 갖는 철학자이자 이론가였다는 사실에 있다. 그의 언어와 수사는 양면적이고, 나아가 자신이 말하려는 것을 의도적으로 숨기면서 정반대되는 것을 동시에 말하기 때문

2) John G. A. Pocock, *The Machiavellian Moment: Florentine Political Thought and the Atlantic Republican Tradition* (Princeton University Press, 1975) (『마키아벨리언 모멘트: 피렌체 정치사상과 대서양의 공화주의 전통』, 곽차섭 옮김, 나남출판, 2011).

3) John P. McCormick, *Machiavellian Democracy* (Cambridge University Press, 2011).

에 다성적多聲的이라는 특징을 갖는다.[4] 따라서 우리는 그가 정치사상사를 통틀어 가장 해석하기 어려운 사상가의 한 사람이라는 점에 동의하지 않을 수 없다. 19세기 이탈리아 대역사가 베네데토 크로체Benedetto Croce가 "마키아벨리의 수수께끼는 영원히 풀릴 수 없다."고 말했던 것도 그런 이유에서였다.

그러나 마키아벨리를 정확히 이해하는 것이 아무리 어려운 일이라 하더라도 그가 매우 독창적인 인물이었다는 점을 의심하는 사람은 별로 없다. 정치철학자 이사야 벌린Isaiah Berlin은 마키아벨리의 독창성은 아무리 강조해도 부족하지 않다고 말한다. 그에 따르면, 서구 정치사상에서 그 이전까지는 누구도 당대의 지배적 정치관 내지 그 저변에 깔린 가정에 대해 이의를 제기하지 않았다. 마키아벨리 당시에는 기독교 교리가 "태양과 별의 진로를 규율할 뿐만 아니라, 모든 생명체에 적절한 행동 윤리를 지시하는 단일한 원리"였다. 그러나 마키아벨리는 기독교 윤리가 아닌 것에 기초를 두고, 인간의 실제 행

---

4) 여기에서 '다성적'polyphonic이라는 말은 러시아 문학 이론가 미하일 바흐친Mikhail Bakhtin이 도스토옙스키를 해석할 때 사용했던 이론적 의미를 갖는 말이다. 특정 인물의 의식 속으로 타자의 소리 내지 담론이 스며들면서 자신의 말 안에 타자의 소리를 포함하게 된다는 뜻이다. '다성적'이라는 말은, 마키아벨리의 특징을 말하는 데 직접 적용될 수 없을는지 모른다. 그러나 마키아벨리의 언어와 발상에서도 하나의 균일하고 동질적인 논리로 자신의 주장을 전개한다고 보기 어려운 점을 발견할 수 있다. Mikhail Bakhtin, "Dostoevsky's Polyphonic Novel: A Plurality of Consciousness", "Double Voiced Discourse in Dostoevsky," Pam Morris ed., *The Bakhtin Reader* (Edward Arnold, 1994), pp. 88-96.

위에 부합하는 윤리이자 현실의 정치 영역에서 효능을 가질 수 있는 윤리를 찾으려 했다. 이를 통해 마키아벨리는 도덕 영역과 구분되는 정치의 독자성 내지 자율성을 말할 수 있었다.[5] 이 점에서 그는 최초의 근대 정치철학자였다고 할 수 있다. 홉스Thomas Hobbes가 기독교의 가정과 정신세계를 벗어나지 않는 범위 안에서 자신의 논의를 전개했다는 점을 감안한다면, 마키아벨리는 그보다 더 근대적이고 더 급진적이며 더 혁명적인 사상가였다.

이 해제는 마키아벨리의 『군주론』을 위한 것이다. 그러나 두루 알다시피 『군주론』이 그의 대표작이라 하더라도, 마키아벨리의 다른 책인 『티투스 리비우스의 로마사 첫 10권에 관한 강론』Discorsi sopra la prima deca di Tito Livio; Discourses on the First Ten Books of Titus Livy(이하 『강론』) 또한 『군주론』 못지않게 중요하다.[6] 두

---

5) 이사야 벌린은 마키아벨리의 정치 윤리가 이교異敎, paganism에 기초하고 있다고 말한다. Isaiah Berlin, "The Originality of Machiavelli," *Against the Current: Essays in the History of Ideas* (Penguin Books, 1982). 특히 본문의 상기 인용문은 p. 67을 참조.

6) 『군주론』의 한글 번역은 박상훈의 본 번역본을 사용했고, 영문판은 Niccolo Machiavelli, *The Prince*, William J. Connell trans. and ed.(Bedford/St. Martin's, 2005), 이탈리아어판은 Niccolò Machiavelli, *Il Principe* (Milano: Arnaldo Mondadori Editore S. p. A., 1994)를 참조했다. 『강론』은 James B. Atkinson and David Sices trans., *The Sweetness of Power, Machiavelli's Discourses* (Northern Illinois University Press, 2002), 이탈리아어판은 Niccolò Machiavelli, *Discoursi sopra la prima deca di Tito Livio* (Torino: Giulio Einaudi editore S.p.A., 2000), 한국어판은 강정인·안선재 옮김, 『로마사논고』(한길사, 2003)를 참조했다.

권의 저작이 서로 다르고 나아가 상충하는 주제를 다룬다 하더라도, 그 내용은 서로 긴밀하게 연결되기 때문에 필요에 따라 『강론』을 많이 참조할 것이다.

이하에서 필자는 마키아벨리의 정치 이론 가운데 세 가지 주제에 초점을 두고자 한다. 첫째는 '국가에 관한 새로운 비전'이고, 둘째는 '정치적 현실주의'이며, 마지막으로는 '민주적 공화주의'가 그것이다. 본격적인 논의에 앞서 마키아벨리의 생애에 대해 간단히 살펴보기로 하자.


## 2. 마키아벨리의 생애

마키아벨리는 1469년 피렌체에서 가난한 변호사의 아들로 태어났다. 그는 1498년 수립된 소데리니 정부에서 제2행정위원회[7]의 서기장으로 선출되었고 곧이어 막강한 '10인 전쟁위원회'Dieci di Balia의 행정 비서로 발탁되었다. 마키아벨리가 정치 무대에 본격적으로 등장하기 전까지 젊은 시절의 그에 대한 기록은 거의 존재하지 않는다. 하지만 당시 엘리트들처럼 라틴어 교육과 고전 교육을 포함한 인문학 교육을 받았음은 분명하다. 그렇지 않고서는 공직 선출과 수행이 가능하

---

7) 원래 제1행정위원회(서기국)는 대외관계와 외교 교신을 담당하고 제2행정위원회는 시정과 전쟁을 관장했지만, 이후 전쟁과 용병 관리가 중요해지면서 두 기관의 업무가 중첩 또는 뒤바뀌는 현상이 일어났다.

지 않기 때문이다.[8] 또한 1494년부터 4년간 피렌체를 통치했던 지롤라모 사보나롤라 정부가 붕괴된 이후 공직에 진출할 수 있었다는 것은, 사보나롤라 정부하에서 그의 정치적 태도와 처신이 무척 신중했음을 말해 준다. 공직에 선출되기 위해서는 여러 형태의 검증 절차를 거쳐야 했고, 당시 많은 반反사보나롤라파들이 새로 수립된 소데리니 정부를 주도하면서 사보나롤라를 지지했던 급진적 공화파들을 배제했기 때문이다.

마키아벨리는 1512년 공화국이 붕괴되고 메디치 가문의 정권이 다시 복원되면서 파직을 당하기 전까지 14년 동안 외교·군사 업무 분야의 주요 공직을 담당했다. 마키아벨리의 공직 기간은, 1494년 프랑스의 이탈리아 침공으로 메디치 가문이 권좌에서 물러난 이후부터 1512년 교황과 에스파냐 황제의 도움으로 다시 메디치 가문이 권력으로 복귀하기까지, 총 18년간의 공화정 시기 가운데 대부분에 걸쳐 있다.

공직 기간 동안 마키아벨리는 프랑스 궁정과 신성로마제국 황제 막시밀리안 1세의 궁정,[9] 로마교황청을 수없이 방문했다. 특히 로마교황청군의 총사령관으로 로마냐 지방을 평정하면서 피렌체와 토스카나 지방으로 침공할 준비를 하고 있었던 체사레 보르자를 만나기 위해 우르비노·이몰라·체세나·세

---

8) Robert Black, "Machiavelli, Servant of the Florentine Republic," Gisela Bock, Quentin Skinner and Maurizio Viroli eds., *Machiavelli and Republicanism* (Cambridge University Press, 1990), pp. 71-99.

9) 당시 막시밀리안 1세의 궁정은 현재 오스트리아에 속하는 티롤Tirol에 위치해 있었다.

니갈리아를 방문했고, 알렉산데르 6세의 사망으로 실의에 빠져 있던 체사레 보르자를 로마에서 만나기도 했다. 말하자면 그는 루이 12세, 막시밀리안 1세, 교황 알렉산데르 6세와 율리오 2세, 보르자를 비롯해 당시 이탈리아 정치에 영향을 미쳤던 주요 인물들을 직접 만나면서 외교 활동을 펼친 외교관이자 정치가였다.[10]

마키아벨리에게는 메디치가家의 복귀가 재난이 아닐 수 없었다. 그는 파직됐을 뿐만 아니라, 반反메디치 음모에 가담했다는 혐의로 투옥되었다. 또한 혐의를 끝까지 부인했음에도 스트라파도strappado라고 불리는, 당시 많이 행해졌던 가혹한 고문을 받았다. 이는 양손을 뒤로 묶어 천장에 매달았다가 바닥 가까이로 되풀이해서 떨어뜨리는 고문 방식인데, 심하면 그로 인해 몸이 부서져 죽기도 했다. 그러고 나서 『군주론』을 썼다는 사실에 놀라게 되는 것은, 그와 같은 위대한 작품을 썼다는 사실만이 아니라, 그런 고문을 받고도 뭔가를 쓸 수 있었다는 데 있다. 때마침 조반니 데 메디치가 교황(레오 10세)으로 선출되고 이를 기념하는 대사면으로 풀려나는 행운이 없었더라면 그의 생명은 위태로웠을지 모른다.

이후 그는 피렌체 남쪽 교외인 산탄드레아Sant'Andrea의 작은 농장에서 부인과 6명의 자녀를 건사하며 어려운 생활을 영

10) Quentin Skinner, *Machiavelli, A Very Short Introduction* (Oxford University Press, 2000), pp. 3-22 (『마키아벨리의 네 얼굴』, 강정인·김현아 옮김, 한겨레출판, 2010).

위했다. 저술 활동에 전념하면서 공직 복귀를 시도했지만 뜻을 이루지 못했다. 『군주론』과 『강론』은 바로 이 시기의 작품이다. 마키아벨리는 당시 피렌체의 로마교황청 대사이자 손아래 귀족 친구였던 프란체스코 베토리Francesco Vettori에게 보낸 1513년 12월 10일자 편지로 『군주론』을 집필하고 있다는 사실을 밝힌다. 서구 문학 전통에서 가장 유명한 사신私信으로 평가되는 이 편지에서 그는 당시 자신의 정황을 다음과 같이 생생하게 적고 있다.

> 저녁이 되면 귀가해 공부에 들어갑니다. 문 앞에서 나는 진흙이 묻어 온통 더러워진 옷을 벗고 궁정에서 입는 관복으로 갈아입는다오. 옷을 잘 가다듬은 다음 옛 선현들의 궁정으로 들어가면, 그분들은 나를 융숭하게 맞아들이지요. 그리고 오로지 나의 몫으로 주어진 것을 먹고, 사는 데 필요한 것만 먹습니다. 나는 그들과 대화하는 것을 부끄러워하지 않고 그들이 왜 그런 행동을 했는지 그 이유에 대해 물으며, 그들은 또 정중하게 대답해 준답니다. 모든 근심 걱정도 잊어버리고, 빈궁함을 두려워하지 않으며, 죽음도 나를 놀라게 하지 못합니다. 나는 완전히 그들에게 빠져듭니다.[11]

이 편지는 당시 그가 어떤 궁핍 속에 살았고, 얼마나 헌신

---

11) William J. Connell trans. and ed., *The Prince*, "Part III: Related documents," p. 138.

적이고 경건하게 역사로부터 교훈을 끌어내려 노력했는지, 또 어떤 자세로 『군주론』과 『강론』을 집필하고 있었는지를 명징하게 보여 준다.

이 편지의 다른 부분에서 밝히고 있는 내용이지만, 마키아벨리는 새 정부에서 공직을 얻고자 하는 희망으로, 새로 선출된 교황 레오 10세의 동생인 줄리아노 데 메디치에게 『군주론』을 헌정할 생각이었다. 하지만 나중에 그 대상을 바꾸어 줄리아노의 조카인 우르비노 공 로렌초 데 메디치에게 헌정했다. 마키아벨리는 군주정 지지자도 아니고 메디치 가문을 좋아하지도 않았다. 그럼에도 불구하고 그가 메디치가의 수장에게 『군주론』을 헌정하고자 했던 데는 두 가지 목적이 있었다. 하나는 생계유지의 필요가 절실했기 때문이었고, 다른 하나는 공직에 복귀해 피렌체를 강력한 국가로 건설하는 데 헌신하고자 함이었다. 도시국가 내지 도시 공화정의 시대는 끝나 가고 있었고 당시 유럽은 절대왕정을 통해 새로운 국가 체제가 형성되는 방향으로 급변하고 있었다. 마키아벨리 역시 이런 현실을 받아들여야 했다.

그러나 『군주론』을 통해 공직을 얻고자 했던 그의 원래 목표는 실패로 돌아가고 말았다. 그의 여망에 대해 돌아온 대답은 무관심 혹은 무관심으로 표현된 사실상의 거부였다. 한참 뒤에야 교황 클레멘스 7세[12]는 마키아벨리에게 피렌체 역사를

---

12) '위대한 로렌초'Lorenzo il Magnifico의 조카인 줄리오 데 메디치를 가리킨다.

집필하는 프로젝트를 맡겼다. 그 결과물이 마키아벨리의 마지막 작품이라 할 『피렌체사』였지만, 이는 메디치 가문이 보여준, 지나치게 때늦은 반응이었다. 그나마도 현실 정치에 개입하지 못하도록 마키아벨리를 묶어 두고자 하는 의도를 반영한 것이었다.

마키아벨리는 (nobili, ottimati, 또는 grandi로 표현되는) 귀족 엘리트 가문이 아닌 중산층 평민popolo 출신으로 비교적 신분 배경이 낮았다. 그는 탁월한 업무 수행 능력을 인정받았지만 베토리나 귀치아르디니와 같은 명문 귀족 가문 출신 외교관이나 정치인과 달리 대사가 될 수 없었다. 행정비서, 외교사절 또는 민병 조직자로서 마키아벨리의 공직 수행은 '현명한 실질적 조언자'라는 평가를 받았다. 그러면서도 파당적 정치에 관여하지 않고, 오직 자신의 신념에 충실한 독립적인 정신과 태도로 공직에 임했다.

그러나 그의 독립적인 정치 신조와 낮은 출신 배경은 귀족들이 그를 무시하고 업신여기는 요인으로 작용했다. 그가 업무에서 성취를 이루었다 해도 공적은 늘 다른 사람에게 돌아갔다. 최근의 연구들은 1512년 말 소데리니 정부가 붕괴되었을 때 다른 행정관들 대부분이 현직을 유지한 반면 마키아벨리는 즉시 파직되고 그다음 해 체포되어 고문까지 받게 된 이유에 주목한다. 그것은 정권 교체의 혼란 속에서 있을 법한 단순한 오해나 사고가 아니라, 공직 기간 동안 그가 보여 순 정치적 태도와 관점이 귀족들의 반감을 불러오고, 그들 사이에서 강력한 적대자들을 만들었음을 의미하기 때문이다.[13]

그는 파직된 이후 사망할 때까지 불운의 부담을 떨치지 못하고 물질적으로나 정신적으로 매우 힘들게 살아야 했다. 그의 저술 전체를 통해 흐르는 비관적 정조는 당시의 정치 환경뿐만 아니라 이런 그의 내면적 체험과 밀접한 관계를 갖는다고 하겠다. 사망하기 얼마 전 귀치아르디니에게 쓴 편지에서 마키아벨리는 자신을 가리켜 '역사가, 희극작가, 비극작가'라고 표현했다. 그만큼 자신과 자신의 조국 이탈리아의 비극적 운명은 그의 모든 역사적·정치적 저작의 배면에 흐르는, 드러나지 않는 주제였다고도 할 수 있다.[14]

1527년 5월 6일, 에스파냐 국왕이자 신성로마제국 황제인 카를 5세의 군대가 로마를 약탈했다. 교황 클레멘스는 투옥되었다. 그 여파로 5월 17일 피렌체에서 반메디치 봉기가 일어나고 공화정이 수립되는 정변이 발생했다. 마키아벨리는 그로부터 한 달 후인 6월 21일에 사망했다. 일대 격변이 휘몰아치는 위험한 시기였고, 당시로서는 불온한 저술이 아닐 수 없는 『군주론』과 다른 대작들을 인류에게 남긴 채, 그는 역사의 무대에서 사라졌다.

---

13) John M. Najemy, "The controversy surrounding Machiavelli's service to the repulic," Bock et al. eds., *Machiavelli and Republicanism*, pp. 101-117.

14) James B. Atkinson, "Niccolò Machiavelli: a portrait," John M. Najemy ed., *The Cambridge Companion to Machiavelli* (Cambridge University Press, 2010), pp. 27, 28.

## 3. 국가의 새 비전

### 국가 : 통치자에서 제도화된 통치체로의 전환

『군주론』은 1장 첫 번째 문장에서, "사람들에 대해 통치권 imperio; rule을 가졌거나 갖고 있는 모든 국가stati; states, 모든 지배dominio; dominions는 공화국 아니면 군주국이다."라며 정치체제를 이분법적으로 분류하는 것으로 시작한다. 여기에서 말하는 '국가'는 이탈리아 말 stato(복수형 stati)를 번역한 것이다. 전체 텍스트 가운데서 '국가'라는 말은 『군주론』의 중심축을 이루는 두 개념인 (행운·운명·기회·환경과 같은 객관적 상황 내지 제약을 의미하는) '포르투나'fortuna와 (용기·대담성·결단력·위용·의지·리더십·교활함과 같은 지도자의 덕목 내지는 주체적 역량, 능력을 뜻하는) '비르투'virtù라는 말에 버금갈 정도의 비중을 갖는다. 물론 stato를 국가로 번역하는 것이 완전히 정확한 것은 아니다. 왜냐하면 국가라는 말은 근대의 영토적 주권국가를 전제하는 것이고 당연히 그것을 의미하지만, 마키아벨리가 이 말을 사용하던 시점에서 그런 근대적 의미의 국가는 역사의 전면에 등장하지 않았기 때문이다.

원래 stato라는 말은 14세기 들어와 통치자의 지위, 신분을 의미하는 라틴어 status와 동의어로 사용되기 시작했다. 당시에는 왕권 혹은 왕의 신분을 뜻하는 status regis(estate royal)라는 표현에서 보듯 status와 stato는 왕의 통치권을 기술하는 말로 사용되었고, 이후 로마법에 기초한 통치자의 법적 지위를 의미하는 개념으로 발전했다. 말 그대로 지위, 신분이라는 말은 통치자 개인이 갖는 인물 중심의 통치권을 가리키게 되었는데, 이런 개념 발달사의 마지막 자락에 마키아벨리가 위치한다.

『군주론』의 중심 주제는, 한 사람의 통치자가 정치적 지위를 유지하고자 한다면 무엇을 해야 하는가에 있다. 그리고 이 질문에 대한 대답으로서 마키아벨리는, 그 이전 시기 정치철학의 기반이었던 도덕적 명령과 규칙에 의해 구속받지 않는 정치적 행동 원리를 제시하고자 했다. 마키아벨리 이전 시기인 15세기 말에 이미 정치 이론가들은 통치 체제를 군주/귀족 통치자stato signori에 의한 지배와 민중에 의한 지배stato popolare로 구분한 바 있다. 『군주론』 1장 첫 문장에서 모든 국가를 공화정과 군주정으로 양분한 것에서 보듯 마키아벨리 역시 이를 따랐고, 그 뒤 귀치아르디니를 포함해 다른 정치 이론가들도 마찬가지였다.[15]

그러나 지위, 신분을 지칭하는 것과 국가라는 의미가 혼용되던 그 이전 시기와는 달리, 마키아벨리 시대에 들어와 stato라는 말의 뜻은 한 사람의 통치자 또는 최고 행정관의 통치권이 미치는 지역을 의미하는 방향으로 집약되기 시작했다. 『군주론』 3장과 24장 등 여러 곳에서 그가 길게 말하고 있듯이 국가는 한 군주의 통치가 미치는 영역을 의미하는 것이었다. 스

---

15) Quentin Skinner, "The State," Terence Ball, James Farr, Russell L. Hanson eds., *Political Innovation and Conceptual Change* (Cambridge University Press, 1989), p. 99.

키너도 지적하고 있듯이, 당시 국가라는 통치권을 행사하는 제도들과 그 제도들을 관장하는 통치자를 일관되게 구분했던 것은 다른 누구도 아닌 마키아벨리였다.

마키아벨리는 국가란 그들 통치권자 자신의 기반이고, 또한 각 국가들은 자신들의 특별한 제도·풍습·법령을 갖는 것이라고 생각했다. 분명 마키아벨리는 '지위'lo stato라는 말을 통해 통치자의 신분을 가진 한 사람의 행위자에 대해 말한다. 그러나 동시에 마키아벨리는 그 말을 통해 통치자인 그가 특정 행동을 선택할 수 있고 위기 시에는 시민들의 충성심을 요구할 수 있음을 나타내고자 했다. 그러므로 마키아벨리가 말하려고 했던 것은, 군주의 행위에만 있었던 것이 아니라, 『군주론』 3장에서 보듯 '국가에 관한 것' 내지 '국가의 책략'dello stato; statecraft에 대한 것이기도 했다.[16] 정치적 리더십의 카리스마적 요소를 핵심으로 한 국가 개념에서 최고 주권 내지 비인격적 권위 형태로서 현대적 의미의 국가 개념 사이의 전환적 시점에 마키아벨리가 위치했던 것이다.

### 이탈리아 : 포스트 균형 체제에서 국가의 문제

마키아벨리가 어떻게 새로운 비전으로 국가를 볼 수 있었는지 이해하기 위해 당시의 시대적 배경을 살펴보자. 1494년 프랑스의 샤를 8세가 이탈리아를 침공했다. 이는 피렌체가 위

---

16) Skinner, *Machiavelli*, p. 25; Skinner, "The State," p. 102.

치한 토스카나 지방과 북부 이탈리아 도시국가들, 로마교황청, 나아가 남부의 나폴리왕국에 이르기까지 모두를 혼란에 빠뜨린 역사적인 대전환점이었다. 이로써 어느 한 압도적 권력이 부재한 가운데 피렌체·베네치아·밀라노·로마교황청·나폴리의 5대 지역 강국 사이에 유지되고 있던 세력균형이 와해되고 말았기 때문이다. '로디의 평화'라고 불렸던 이 세력균형 체제는 1454년 체결된 이래 1494년 프랑스와 그 후 에스파냐가 이탈리아를 침공하기 전까지 이 지역에 전례 없는 안정적 평화공존을 가능하게 했다. 『군주론』 20장에서 마키아벨리가 말한 대로, '일정한 세력균형'은 강력한 외세의 개입이 존재하지 않는 조건에서 가능한 것이었다.

이탈리아 내부의 주변 도시국가들과는 비교할 수 없이 강력한 두 제국이 등장하면서, 피렌체를 포함한 이탈리아 북부 지역 국가들은 외세의 먹잇감으로 전락했다. 이런 환경에서는 주민들 사이의 불화를 조장하거나 파벌로 분열시키는 것과 같은 전통적인 통치 방식은 더는 허용되지 않았다. 즉, 강력한 외부의 적을 상대하기 위해서는 국가 내부의 통합력을 강화할 수 있도록 정치가 재구성되지 않으면 안 되는 상황에 직면했던 것이다. 『군주론』은 바로, 1494년 토스카나 지방에 대한 프랑스의 침공과 그로 인한 메디치 정부의 붕괴 그리고 뒤이은 피렌체의 정치혁명으로부터 시작해, 1512년 에스파냐군의 침공으로 프라토Prato를 방어하던 2000명의 피렌체 민병대가 살육당하고 도시가 약탈당하는 참극이 벌어진 때까지를 시간적 배경으로 한다.

마키아벨리는 "프랑스의 샤를 왕은 백묵 한 조각만으로 이탈리아를 장악할 수 있었다."는 말로 당시 이탈리아의 무력함을 피력한다(12장). 『군주론』 25장에서 그는 "나는 운명의 여신을 이러저러한 사나운 강들 가운데 하나에 비유한다. 강들이 격분하면 평야를 홍수로 집어삼키고 나무와 건물을 파괴하고 땅을 들어 이쪽저쪽으로 옮겨 놓는다."라며, 운명이 가져온 거대한 자연재해를 서사적으로 표현하고 있다. 이는 피렌체와 이탈리아가 정치 세계의 급격한 불안정으로 말미암아 고통받는 것을 운명의 희생물이 된 모습에 비유한 것이다. 이때 마키아벨리는 운명이 가져온 재난에 대항하고 분노한 강의 급류를 막기 위해 둑과 제방을 쌓는 등 무언가를 건설하지 않으면 안 되는 군주를 상상했음이 분명하다.[17]

『군주론』은 그의 표현대로 '평화 시기'가 아니라 위기가 일상화된 '비상한 시기'에 대응하는 정치론이라 할 수 있다(9장). 바꾸어 말하면, 마키아벨리가 당시 직면했던 비상한 시기의 정치 환경이, 그렇지 않았더라면 볼 수 없었을 것을 볼 수 있게 했던 것이다. 핵심은 그동안 국가를 치장했던 종교적이고 신성한 외피를 제거하고, 실제로 권력이 행사되는 요소들을 드러냄으로써 국가를 탈신비화하는 데 있다. 정치는 인간의 세계에 확고히 뿌리내리고 있으며, 그렇기 때문에 인간의 감정·열정·충동에 종속되는 것이다. 이런 판단에 기초해 그는 정치 행위의 규칙을 공식화하려고 시도했는데, 어디까지나 그것은 실

---

17) Wayne A. Rebhorn, "Machiavelli's Prince in the epic tradition," John M. Najemy ed., *Machiavelli* (Cambridge University Press, 2010), p. 91.

제 정치의 과격한 불안정성을 예리하게 이해하는 것 위에서 이루어졌다.

정치 행위의 불안정성은 인간의 의지·정신·결단력을 의미하는 비르투와, 인간이 통제할 수 있는 범위를 벗어나 있는 운명·행운·기회를 말하는 외부적 힘으로서 포르투나 간의 항구적인 투쟁의 결과물로 나타난다. 통치자, 지도자, 혹은 뭐라고 부르든 정치 행위자의 주체적 역량과 객관적 환경·조건 간의 끊임없는 그리고 역동적이고 투쟁적인 관계가 정치적 결과를 만들어 내는 것이다. 이 투쟁에서 성공하기 위해서는 운명을 지배해야 하고, 그러기 위해서는 이성·의지력·본능을 포함하는 인간의 모든 역량과 자원을 총동원하지 않으면 안 된다. 『군주론』을 통해 마키아벨리는 변화하는 환경과 조건에서 어떻게 이성과 의지력을 사용해 소기의 목적을 이룰 것인가를 보여 주려 했다.

## 전환기 국가 형성의 모델

앞에서 언급했듯이 『군주론』은 분류하는 것으로부터 시작한다. 그것은 크게 네 부분으로 구성되는데, 첫째, 1~11장으로 군주국에는 어떤 유형들이 있고, 군주는 이를 어떻게 획득하고 통치하느냐 하는 문제를 다룬다. 둘째, 12~14장으로 군주는 군사력을 어떻게 사용하고 다루어야 하는가, 그리고 자신의 민중을 조직한 민병이 용병과 원군에 비해 얼마나 우월한가 하는 점을 다룬다. 셋째, 15~23장은 군주가 어떻게 행위해야 하는가를 다룬다. 마지막으로 24~26장은 결론 부분에 해당한다.

『군주론』은 테제와 안티테제, 또는 이율배반적 구분을 통해 두 범주로 대립 항을 만들고, 이를 중심으로 논리를 전개하는 이분법적 구조로 유명하다. 제일 먼저 공화정과 군주정의 이분법이 등장하고, 군주정은 다시 세습된 것과 새로이 획득된 것으로 나뉘며, 통치의 두 유형으로서 프랑스의 분권형과 투르크의 중앙집권형으로 구분된다. 6장과 7장은 이런 구분의 마지막 단계이다. 6장에서 저자는 완전히 새로운 군주국을 다루면서 자신의 무력과 비르투를 통해 획득한 것과 타자의 무력과 포르투나를 통해 획득한 것의 두 유형으로 구분한다.

6장에서 마키아벨리는, 자신의 비르투와 무장으로 새로운 정치 공동체를 건설한 전설적인 통치자들로 모세·키루스·로물루스·테세우스를 꼽는다. 하지만 현실에서는 그런 능력을 가진 국가 창건자를 발견할 수 없기 때문에 그들을 모델로 할 수는 없다고 말한다. 그렇다면, 대안으로 남는 것은 교황(알렉산데르 6세)을 아버지로 뒀다는 행운과 타자의 군사력으로 권좌에 오른 인물인데, 『군주론』 7장에서 등장하는 패러다임 인물이 바로 체사레 보르자이다. 보르자는 기본적으로 행운에 힘입어 군주의 지위에 올랐지만, 동시에 그는 비르투를 현현顯現하는 인물이다.

마키아벨리가, 오늘날에도 인기 있는 작품으로 공연되고 있는 희극 『만드라골라』의 작기이고, 여러 소네트와 수많은 서한을 통해 문학적 자질과 명문들을 남긴 문장가임을 생각한다면, 『군주론』의 구성 자체가 극적인 것은 충분히 이해할 만하다. 즉, 그는 평면적으로 논리를 확대하는 것이 아니라, 모든 분류가 진행된 마지막 단계인 클라이맥스에서 주인공을 극적으로 등장시키고 있기 때문이다. 바꾸어 말하면 주인공을 등장시키기 위해 먼저 분류를 하고, 비르투와 포르투나의 이념형적 인물을 배열시키면서 그 초점을 보르자에게 맞추고 있는 것이다.

『군주론』6장까지의 논리로만 본다면, 기원전 3세기 시라쿠사의 통치자 히에론이 그에 더 잘 부응하는 인물이라고 할 수도 있다. 6장의 말미에서 마키아벨리는 사보나롤라를 '무장하지 않은 예언자'profeti disarmati; unarmed prophet로 지칭하고 그의 실패에 대해 비판적으로 말한 뒤, 바로 뒤이어 무장한 지도자의 성공 사례로 히에론을 등장시킨다. 히에론의 사례는, 비록 전설적 국가 건설자들만큼 카리스마적 지도자는 아닐지라도 행운에 근거하지 않고 자신의 힘으로 일개 시민에서 군주가 되고 국가를 안전하게 지켜 냈다는 점에서 언급할 만한 가치가 있다고 말한다. 그렇다면 행운과 타자의 군사력에 힘입어 군주가 된 보르자보다 더 훌륭한 사례가 아닌가? 그리고 그가 전설 속의 신화적 인물이 아니기 때문에 현실에서도 기대할 만한 지도자일 수 있지 않은가?

『군주론』7장은 현대 마피아 영화보다 더 잔인한, 책 전체에서도 가장 비인간적인 두 에피소드를 통해 보르자의 용맹스러움과 교활함을 동시에 보여 준다. 그리고 이를 긍정적으로 평가한다. 하나는 로마냐 지방에서 강력한 두 개의 파벌로 군림하고 있었던 콜론나파와 오르시니파를 교묘한 술책으로 이간시켜 콜론나파를 파멸시킨 뒤, 두려워하는 오르시니파의 지도자들을 간계로 유인해 참살한 사례이다. 다른 하나는 이 지방에 군림하면서 무능하고 약탈을 일삼던 영주들을 제거하기 위해 보르자가 발탁했던 레미로 데 오르코에 관한 사례이다. 그는 가혹한 인물로서 지방 소군주들을 몰아내는 역할을 충실히 수행했다. 하지만 그 과정에서 그가 사용한 잔인한 방법은 지방민들의 원성을 불러오고, 그 비난을 보르자로 향하게 했다. 그러자 보르자는 더 잔인한 방법으로 그를 처형해 지방민들의 비난을 잠재우고, 안정과 질서를 가져다준 조처에 감사의 마음을 갖도록 했다.

마키아벨리는 통치의 효과를 위해 '사자의 용맹과 여우의 교활함'이 필요하다고 말한다(18, 19장). 정치철학자 셸던 월린 Sheldon Wolin은 이런 마키아벨리 이론의 핵심을 '폭력의 경제학'이라고 말했다.[18] 공동체 전체의 이익보다 그들 자신의 파벌적 이익에 전념했던 사익 집단들의 세력을 폭력적으로 파괴하고 자신의 심복을 처형한 행위가 비인간적이고 잔혹하다 하더라도, 로마냐 지방의 보통 사람들이 지방의 소군주들로부터 폭력과 수탈로 고통받은 것에 비하면, 또한 이들이 불러들인 외세의 억압과 침탈이 가져온 폐해에 비하면 작은 폭력임에 분명하다. 이 점에서 마키아벨리가 말하는 것은, 인간 사회와 정치 행위에서 폭력은 피할 수 없고 또 어디에나 산재해 있다면, 작은 폭력을 절약해서 사용함으로써 큰 폭력을 제어하는 것은 악이라고만 볼 수 없다는 데 있다. 설령 그것이 악이라 해도 때

---

18) Sheldon Wolin, *Politics and Vision* (Princeton University Press, 2004), pp. 197-200 (『정치와 비전 2』, 강정인 외 옮김, 후마니타스, 2009, 52~58쪽).

론 정치에서는 유익할 때가 있음을 뜻하기도 한다.

그럼에도 불구하고, 왜 보르자인가라는 질문은 여전히 남는다. 『군주론』에 나오는 내용도 파격적이지만, 알렉산데르 6세의 서자로서 당시 사람들 사이에 폭군 내지 패륜아로 악명 높았던 인물을 새로운 통치자의 모델로서 내세운다는 것 자체가 파격적이었을 것이다. 그러나 여러 연구자들이 말하듯이,[19] 이는 대외적 관계와 국제 환경의 대변화가 몰고 올 강력한 외세의 충격과 그에 대응할 수 있도록 기존 국가 체제를 개혁해야 할 절박한 필요에 대한 마키아벨리의 대응이었다고 할 수 있다. 행운에 의한 것이든 우연에 의한 것이든 기회를 만들어야 했고, 그 기회를 살려 도시국가 내부와 이탈리아 내부의 분열을 극복하고 통합을 실현하지 않으면 안 되는 상황이었기 때문이다.

1513년 공화정의 몰락과 더불어 도래한 정치 변화는 메디치 가문에 기회를 부여했다. '위대한 로렌초'의 아들이 교황(레오 10세)으로 선임되고, 그의 동생 네무르 공 줄리아노가 새 정부 수립의 주역을 맡게 되었다. 그러나 줄리아노가 갑자기 사망한 후 피렌체 정치에 대한 교황의 대행자 역할은 그의 조카

---

19) Nicolai Rubinstein, "Italian Political Thought," J. H. Burns ed., *Political Thought, 1450-1700* (Cambridge University Press, 1991), pp. 45, 46; Elena Fasano Guarini, "Machiavelli and the crisis of the Italian republics," Bock, et al., *Machiavelli and Republicanism*, pp. 32, 33; Peter Bondanella, "Introduction: an essay on Machiavelli," Peter Bondanella and Mark Musa eds., *The Portable Machiavelli* (Penguin Books, 1979), pp. 18, 19.

220

인 로렌초에게 이양되었다. 그것은『군주론』의 헌정 대상이 줄리아노에서 로렌초로 바뀐 이유이기도 하다. 이탈리아가 강력한 외세의 침공과 내부의 분열로 고통받고 있던 시기에, 중부 이탈리아를 지배하는 메디치 가문이 교황이 되어 교황청의 재정을 관리할 수 있게 됐을 뿐만 아니라 피렌체와 토스카나에 대한 지배권을 갖게 된 것이다.

『군주론』곳곳에서 마키아벨리는, 희귀한 역사적 기회occasione는 새로운 군주의 재능·역량·기술, 즉 비르투에 대한 도전이자, 기독교적 섭리를 대체하는 포르투나 여신의 선물이라고 말한다.『군주론』26장에서 보듯, 이런 기회가 비르투를 갖는 인물에게 주어졌던 것은, 1503년 단 한 차례뿐이었다. 그것이 곧 교황 알렉산데르 6세와 그의 아들 체사레 보르자가 중부 이탈리아의 로마냐 지역으로 통치권을 확대한 시기였다. 마키아벨리 자신이 높이 평가했던 보르자는 이 점에서 1513년 집권한 메디치가의 새로운 군주에게 제시할 하나의 희망적 얼굴이라고 볼 수 있었을지 모른다. 그래서인지『군주론』11장과 마지막 26장은 외국의 지배로부터 이탈리아를 해방시키는 데 있어 메디치 가문이 그 지도적 역할을 해주길 바라는 열정적·애국적 호소를 담고 있다.

마키아벨리가『군주론』에서 명시적으로 밝히지는 않았지만, 국제 관계의 맥락에서 볼 때 외세에 대항해 이탈리아를 해방시키는 방법은, 북부와 중부 이탈리아에 강력한 국가를 새로이 건설하는 것이 아닐 수 없었다. 이 점에서『군주론』은 포르투나와 비르투를 한 몸에 구현한 인물로서 보르자라는 지도자 모델을 제시하는 한편, 북부 이탈리아에 산재해 있는 여러 형태의 소군주국들을 통합해 나가는 과정에서 만나게 될 여러 수준의 문제들에 대해 종합적인 처방을 제시하는 듯하다. 영토 확장에 따라 새로이 통합된 지역의 주민들을 어떻게 다스려야 하는가, 이 과정에서 통치를 위한 효과적인 리더십은 어떠해야 하는가, 군사력을 강화하기 위해 어떻게 군대를 조직해야 하는가, 도시화의 결과로 증대하는 다수 평민들의 정치적 힘에 어떻게 대응해야 하는가와 같은 문제들을 포함해, 『군주론』이 국가의 구조적 문제에 대한 총체적 탐구로 보이는 것은 그 때문이다.

그렇다면 새로이 건설될 국가의 구조는 어떤 모습이어야 하는가. '혼합 군주국'을 다루는 3장과 '다리우스 왕국'을 다루는 4장은 그 실마리를 제시한다. 새로 점령한 지역에 산재해 있는 크고 작은 공국들을 어떻게 통합해야 하는가? 그들은 자유의 경험을 가져 본 적이 있는가 아니면 세습된 권력의 통제에 익숙한가? 이 문제들을 포함해, 역사적 경험과 풍습, 법과 제도를 달리하는 정치 단위들을 통합해 하나의 국가를 형성한다고 할 때, 이때의 국가는 어떤 형태를 가져야 할까? 4장에서 말하고 있듯이, 여기에는 두 유형이 존재한다. 하나는 다리우스 왕국이나 투르크의 술탄 체제와 같이 중앙 집중화된 체제이고, 다른 하나는 프랑스와 같이 여러 봉건 제후들의 영향력을 존중한 연합적 체제가 그것이다. 앞의 사례[중앙 집중화된 체제]가 정복하기는 어렵지만 정복 이후 통치하기가 수월한 경우라면, 뒤의 사례[연합 체제]는 정복하기는 쉽지만 통치하기가 어렵다.

이 두 사례에서 마키아벨리는 외세에 효과적으로 대응할

수 있는 중앙 집중화된 페르시아형 국가를 선호하는 것으로 나타난다. 프랑스가 비록 강국이기는 하지만 국가를 구성하는 여러 영주들이 기회만 있으면 반란을 도모하는 경향이 있는데 이는 피렌체나 로마냐 지방에서도 마찬가지였기 때문이다. 피렌체가 관할했던 피사나 피스토이아와 같은 속령들은 외세와 결탁을 도모했다. 로마냐 지방에서는 강력한 파벌들이 자신의 권력을 유지하기 위해 경쟁적으로 외세를 끌어들이려 했다. 따라서 이탈리아에 새로운 국가를 건설하기 위해 마키아벨리가 염두에 두었던 것은 분명 강력한 리더십하에서 중앙 집중화된 국가형태였을 것이다.

## 비르투와 국가이성

앞서도 말했듯이, 마키아벨리에게 비르투는 정치 행위에 있어 최고의 가치라 할 수 있다. 비르투는 발랄하고 생동감 있는 세속적 즐거움을 표현하는 르네상스 정신의 산물이지만, 완전히 르네상스적인 것만은 아니다. 플라톤, 아리스토텔레스Aristoteles로 대표되는 그리스적 의미에서의 딕은 물론, 기독교적인 선악 구분에 상응하는 윤리적 의미를 갖는 것도 아니기 때문이다. virtù라는 이탈리아 말이 남성성·용맹스러움·용기를 뜻하는 라틴어 virtus에서 유래하기 때문에, 우리말로 평범하게 바꾸기보다는 이탈리아어 발음을 그대로 살려 비르투리고 옮기는 것은 적절한 일이다. 그것은 원래 자연적이고 역동적인 아이디어로서 일정한 야만성 내지 격렬함ferocia의 의미를 함축한다.

그러나 마키아벨리는 비르투가 규율되지 않은 어떤 자연

적 힘으로 머물러서는 안 되고, "통치자와 시민들을 위한 합목적적인 가치의 규범으로 함양되지 않으면 안 된다."고 생각했다.[20] 그러므로 비르투의 규범은 통치자와 시민들이 국가를 유지하려는 노력에서 필요했던 높은 종교적·도덕적 가치를 설정하고 있음을 함축한다고 볼 수 있다. 마키아벨리는 『강론』 가운데 종교의 필요를 주제로 한 장들(1권 11장과 12장)에서, 인간이 긍지와 용기를 갖는 데 있어 종교가 필요하다는 점을 확실히 말하고 있다. 그리고 그 연장선에서 국가의 세 가지 근본 축으로 '종교, 법, 군사 업무'를 들고 있다. 마키아벨리의 논지는, 20세기 전반 독일의 대사학자 마이네케Friedrich Meinecke의 말대로, '국가이성'raisoin d'état; ragione di stato; the reason of the state의 본질에 다가가고 있는 것이다. 이 문제와 관련해 또 다른 이론 내지 개념이 필요하다고 하겠는데, '네체시타'necessità; necessity가 그것이다.

정치 행위의 역동성이 용기·대담성·의지력과 같은 주체적 역량으로서 비르투와, 객관적 운명·행운·기회로서 포르투나 간의 투쟁으로만 설명된다면, 그것은 좀 단순하거나 지나치게 포괄적이다. 비르투는 항시적으로 행사되고 표현되어서는 효과를 가질 수 없다. 또한 비르투와 행운이 항시적으로 상호작용하는 것도 아니다. 양자의 관계는 특정 상황이나 계기를 전제

---

20) Friedrich Meinecke, *Machiavellism: the doctrine of raison d'état and its place in modern history*, trans. by Douglas Scott (Transaction Publishers, 1957/1998), p. 35.

하고 있으며, 그럴 때에만 두 힘 각각의 영향력을 가늠할 수 있고, 또 그럴 때에만 비르투의 효능을 판단할 수 있다. 어떤 상황에서 특정의 행위 또는 결단이 필요하다는 의미에서 네체시타는 특정의 정치적 선택을 동반하는 개념이라 하겠는데, 그것은 두 차원을 포함한다. 하나는 행위가 필요한, 그러나 그냥 필요한 것이 아니라 선택과 결정이 강요되는 상황을 전제하는 절대적 필요를 뜻한다. 다른 하나는 어떤 조건이나 목표를 전제했을 때 그에 상응하는 조건적이고 가정적인 필요를 말한다.[21]

군주는 자신의 지위를 유지하는 데 도움이 된다면 선하지 않을 수 있는 법도 배워야 한다. 『군주론』 18장은 '신의를 지키지 않는 것'을 정당화하는 한편, 새 군주에게 국가를 유지할 목적으로 악을 권장하는 가장 악명 높은 장이다. 여기에서 마키아벨리는 "자신의 국가를 유지하기 위해서는 신외·자비심·인간적임과 종교적 경건함에 반하는 행동을 취할 필요가 종종 있기 때문이다. …… 할 수만 있다면 착하게 사는 것으로부터 벗어나지 않아야 하지만 필요할 경우 어떻게 악해질 수 있는지도 알아야만 한다."고 말한다. 나아가 군주는 국가를 유지할 목적을 위해 부도덕하게 행위하는 것이 불가피하게 강요된다 necessitato; obliged, required는 점도 알아야 한다. 이 경우 보통의 기준에서는 부도덕한 정치 행위가 일상의 도덕적 규범이나 지배

21) Skinner and Price, "Appendix B. Notes on the vocabulary of the Prince," Machiavelli, *The Prince*, trs. and eds. by Skinner and Price (Cambridge University Press, 1988), pp. 107, 108.

적인 종교적·기독교적 윤리보다 높은 수준에서 정당화될 여지를 남긴다.

무엇보다 일상의 도덕적 판단을 뛰어넘는 행위 또는 선택의 필요는 일상의 정치에서보다 '국가이성'과의 연관성을 통해 이해될 때 훨씬 큰 설득력을 갖는다. 이 문제를 누구보다 깊이 있게 탐구했던 마이네케는 마키아벨리야말로 "국가이성의 진정한 성격을 발견한 최초의 인물"이라고 평가한다.[22] 네체시타는 공공의 유용성이라는 아이디어와 결부되고 그 행위, 결정 또는 정책의 결과가 유익함을 가져오게 될 때, 목적을 위해 동원된 수단들이 사후적으로 정당화될 수 있는 근거를 제공한다는 것이다.

이 절에서 끝으로 언급해야 할 말은, 한편으로는 권좌에 복귀한 메디치가에 후의를 간청하는 마키아벨리 자신의 개인적·이기적 이익과, 다른 한편으로는 그 자신이 과거에 그리고 내적으로 견지했던 공화주의적 자유의 이상 사이에서 발생하는 갈등을 어떻게 해소하느냐 하는 문제이다. 『군주론』과 『강론』은 이 갈등을 해소하려고 추구했던 노력의 결과물이다. 혼란의 와중에서 메디치가에 대한 기대가 순진했든 아니든 간에, 마키아벨리는 공화국과 군주국 사이의 관계 혹은 군주국의 새로운 국민적 과제에 대해 완전히 새로운 성찰을 이끌어 내려 한 것이다. 그리고 그것은 새롭게 태동하는 국제 관계를 바라보면서 개별 국가가 감당해야 할 정치적 과업의 본질이 무

---

22) Meinecke, *Machiavellism*, p. 41.

엇인가를 꿰뚫어 본 작업이 아닐 수 없다.


## 4. 정치적 현실주의

### 도덕적 의무론에 반하는 행위 이론

정치적 현실주의는 마키아벨리 이론의 본질적인 측면이라 할 수 있다. 현실주의는 인간의 정치 행위가 두 개의 상충하는 요소로 구성된다는 사실과 관련된다. 하나는, 한 사회가 공공선의 추구나 공적 질서의 창출과 같은, 공적 문제를 위한 집합적 결정을 필요로 한다는 점이다. 인간이 공동체를 형성해 살아가는 한 정치는 필요한 것이고 또한 피할 수 없다. 다른 하나는 권력의 추구와 타자를 지배하고자 하는 욕구, 그로 인한 권력투쟁은 제어하기 어려운 인간의 욕망이라는 점이다. 그것은 사실상 인간 본성의 중요 부분이기 때문에 피할 수 없는 것이기도 하다. 그러므로 인간에게 정치는 집합적 결정을 위한 수단이기도 하지만 그 자체가 목적이기도 하다. 집합적 결정이라는 필요와, 인간의 본능적이고 이기적인 권력 추구 욕구라는 두 요소가 서로 얽히면서 정치는 무한히 복합적이고 변화무쌍한 현상을 만들어 낸다.

정치는 인간의 이기적 이이 추구가 빚어내는 권력을 둘러싼 쟁투 그리고 그것이 동반하는 악·폭력·부패·타락과 같은 부정적 현상과 불가피하게 혼합될 수밖에 없다. 이런 성격들이 정치의 특성을 만들어 낸다. 정치에 대한 본격적인 탐구가 시작된 고대 그리스 이래로 철학자들은 정치를 이상적이고 도덕적으로 바라봄으로써 이 딜레마를 해결하고자 했다. 중세 기독교 시대에는 종교적 목적에 부합하는 정치만이 정당화되었다. 그러나 이런 접근은 결과적으로 정치를 부정적으로 이해하게 만들었다. 정치와 윤리, 정치와 종교는 불가분의 관계로 결합됐고, 정치는 윤리의 하위 범주 내지 종교의 세속적 실천을 위한 한 하위 분야로 자리매김되었다. 앞의 것이 플라톤과 아리스토텔레스의 전통을 따르는 정치철학이라면, 뒤의 것은 기독교적 전통에서 이해되는 정치사상이다. 그러나 정치를 도덕적 규범이나, 종교의 세속적 실천의 규칙으로 접근하면 할수록, 정치에 대한 올바른 이해는 더 멀어지고 정치의 타락은 더 심화되는 결과를 가져왔다. 마키아벨리가 보았던 것은 이 패러독스이다.

정치 이론가 욘 엘스터Jon Elster는 이 패러독스를 현대의 정치학적 언어로 이렇게 설명한다. 도덕적이거나 종교적인 담론은 자기 이익을 추구하고자 하는 인간의 욕구를 배제하는 특징을 갖는다. 다시 말해 다른 사람들이 부도덕하게 행위하는 상황 혹은, 공공선을 위한 사람들의 도덕적 의무감이 발동되지 않을 수 있는 상황을 수용할 수 없거나, 비도덕적 환경에서는 도덕적 의무의 성격이 달라진다는 사실을 다룰 수가 없는 것이다. 따라서 다른 사람들이 부도덕하게 행위할 때 사람들의 도덕적 의무가 변형되는 현실을 방치할 수밖에 없으며, 그 결과 모든 사람이 도덕률을 시행한다고 할 때 나타날 수 있는 최적의 행위에서 늘 일탈하는 현실밖에는 만들 수가 없다.[23]

마키아벨리는 『군주론』 15장에서 이런 상황에 대해 "무엇을 행해야만 하는가의 문제에 매달려 무엇이 실제로 행해지고 있는가의 문제를 소홀히 하는 사람은 자신을 지키기보다는 파멸로 이끌리기 쉽다. 어떤 상황에서도 착하게 행동할 것을 고집하는 사람이 착하지 않은 많은 사람들 속에 있으면 반드시 파멸하게 된다."고 말한다. 더욱이 한 국가의 통치자가 신의를 파기하고 국가 간의 조약과 약속을 무효화하는 것이 예외가 아니라 다반사일 때, 도덕률에 따라 신의를 지켜야 한다고 믿고 행동하는 것만큼 어리석은 일은 없다. 이에 효과적으로 대응하기 위해서는 '여우와 사자를 모방'(18, 19장)하지 않으면 안 되는 상황이 있다. 너무나 많은 악이 존재하는 세계에서는 선하지 않을 수 있음도 배워야 한다는 것이다.

한 사회에서 그 사회를 지배하는 도덕적·종교적 담론이 실제 다수 사람들의 도덕적 의무감과 그에 따른 실천을 불러오지 않는 상황, 즉 담론과 실제가 다른 상황에서 그 담론이 지시하는 행동 논리를 되풀이하거나 강조한다면, 그것은 사태를 개선하는 데 도움이 되기보다 오히려 악화시킬 것임이 분명하다. 실제 정치가 천사에 의해서가 아니라 보통 사람들에 의해 행해진다고 할 때, 결과적으로 정치를 타락시키는 도덕적 담론보다는, 정치의 올바른 방향을 잡기 위한 새로운 처방이 필

23) Jon Elster, "The Market and the Forum. Three Varieties of Political Theory," Jon Elster and Aanund Hylland eds., *Foundations of Social Choice Theory* (Cambridge University Press, 1986), p. 119. 여기에서 엘스터는 자신의 논지를 뒷받침하기 위해 라이언스D. Lyons, 한손B. Hansson, 콤Serge-Christophe Kolm과 같은 학자들의 이론을 활용한다.

요하다. 마키아벨리의 정치적 현실주의가 출발하고 있는 지점은 바로 여기에 있다.

『군주론』 15장에서 마키아벨리는 '사물에 대한 사변적 상상'imaginazione; imagination보다 '사물의 실효적 진실'verità effettuale; effective truth을 추구할 것을 강조한다. 이 말은 당위적이고 이상적인 것을 있는 그대로의 현실에 대한 탐구와 구분하는 것 혹은 경험주의 내지 그에 기초한 정치적 사실주의의 가치를 표명한 것이라 할 수 있다. 이러한 현실주의는 경험적 사실에 근거해 정치 현상을 이해하고 처방을 내리는, 그 자신의 과학적 정신이자 방법론이기도 하다. 도덕과 정치를 분리함으로써 정치를 자율적 영역으로 이해하는 것이야말로 현실주의의 핵심이기 때문이다.

그러나 정치 행위에서 인과관계가 실제로 어떻게 나타났는가를 객관적으로 관찰하면서 목적 실현을 위한 최적의 합리적 수단을 발견하고자 노력한다고 할 때 도덕성의 문제는 위기에 처할 수 있다. 그럴 경우 목적의 도덕성은 어떻게 유지될 수 있을지 몰라도 수단의 도덕성이 보장될 여지는 별로 없기 때문이다. 인간이 실제로 욕구하고 행위하는 것을 '있어야 할 것'이 아니라 '있는 그대로' 본다는 것은, 정치 행위에서 좋은 것만 가려보고 말하는 것이 아니라, 많은 부분이 혐오스럽고 타기할 만한 것일지라도 그것을 부인할 수 없음을 뜻한다. 그렇기 때문에 정치적 문제에 대한 처방도 일반적으로 통용되는 상식이나 가치, 도덕이나 규범에 배치될 수 있다. 이런 사실을 받아들이는 마키아벨리의 이론이야말로, 당시로서는 정치를 이해하고 접근하는 방식에 있어 혁명적 전환에 가까운 충격이 아닐 수 없었다.

　당위적으로 있어야 하는 상상 속의 어떤 것이 아니라, 있는 그대로를 탐구한다는 말은 정치에 대한 도덕론, 형이상학적 접근을 부정한다는 것을 뜻한다. 정치를 있는 그대로 탐구할 것을 요구하는 정치적 현실주의의 핵심은 무엇보다 먼저 인간의 실제 정치 행위에 대한 탐구를 출발점으로 삼는 것이고, 그렇기 때문에 인간 행위에 역동성을 부여하는 비르투가 정치적 처방에서 중심 요소로 자리 잡게 된다. 즉, 마키아벨리의 정치적 현실주의에서 행동주의는 그 핵심적인 구성 요소의 하나라 하겠다.

　르네상스 시대 인문주의자들이 지향했던 시민적 휴머니즘의 전통에서 비르투는 아리스토텔레스적 덕의 의미로 사용되었다. 이는 현명함과 사려 깊음의 미덕을 중심으로 도덕적 선을 강소하고, 그것은 그 자체로 보상받는다고 가정한다. 그들과 달리 마키아벨리는 그리스적인 덕이나 기독교적인 덕보다 로마적인 덕을 부각함으로써, 도덕적인 덕과 자연적인 덕을 날카롭게 구분하려 했다. 정치적 가치는 기독교적 윤리와 신학 내지 그와 병행하는 형이상학과 상이할 뿐만 아니라, 그것을 부정하는 것이기도 하다. 그 점 때문에 우리는 마키아벨리의 텍스트들에서 자연적 정의라든가 자연법 같은 말을 발견할 수 없는 것이다. 그는 역사적 사실을 넘어서는 어떤 기준들 내지 추상적 보편성에 대해 관심을 갖지 않았다. 따라서 역사는 인간과 정치를 현실주의적으로 탐구할 수 있는 중요한 자원이다. 역사는 상상이 아니라 경험적 지식의 풍부한 자원을 제공하는 보고라 할 수 있다. 인간들이 만들어 낸 수많은 역사적 사건들 속에서 일정한 지속성과 반복적인 패턴을 발견하고, 당대의 현실에서도 적용할 수 있는 실천론을 만들 수 있기 때문이다.

『군주론』25장에서 그는 비르투를 남성에 비유하면서 "그녀를 당신의 통제하에 두고자 한다면 때려눕힐 듯이 달려들 필요가 있(다)"라고 말한다. 이것은 역사의 발전 방향이나 법칙 같은 형이상학적 이론이 부과하는 결정론적 힘을 부정하는 정치적 행동주의 내지는 자유의지의 선언이다. 신의 섭리나 운명의 수레바퀴에 따라 조건이 성숙할 때까지 사태를 관망할 것을 권고하는 그런 수동적 또는 사변적 태도와는 근본적으로 상이하다. 이 점 때문에 교황 율리오 2세는 많은 결함에도 불구하고 『군주론』에서 행동주의의 대표적 사례로 제시된다. 그는 볼로냐 원정에서 여러 조건들이 갖춰지지 않았음에도, 예컨대 베네치아와 에스파냐 왕이 반대하고, 프랑스와 협상이 진행되고 있는 상황이었음에도 무모할 정도로 과감하고 적극적인 공세를 취해 성공할 수 있었다. 즉, 처음에는 운명이 그의 편에 있지 않았지만, 불리했던 운명을 자신의 것으로 만든 것이다.

마키아벨리는 "운명의 여신은 우리 행동의 절반에 대해서만 결정권자의 역할을 하며 나머지 절반 혹은 거의 그 정도는 우리가 통제하도록 사실상 허용하고 있다."고 말한다(25장). 풀어 말하면 현실 정치에서 행위와 결과 간의 인과관계는 고정되어 있는 것이 아니라 인간 행위 여하에 따라 열려 있다는 것이다. 그것은 개인의 자유의지와 역량, 또는 이성만의 결과도 아니고, 환경·행운·기회를 포함하는 객관적 조건의 결과물만도 아니다. 운명은 절반밖에 사태를 지배하지 못한다. 나머지는 행위자가 얼마나 비르투를 갖느냐에 달려 있다. 그러나 중요한 것은 포르투나가 설사 불리하다 하더라도 끝내는 자기가 의도한 방향으로 환경 자체를 제압하면서 일정하게 변화시킬 수 있는데, 그것이 비르투라는 것이다. 정치적 행동주의라고 부를 수 있는 이 정치적 비르투야말로 마키아벨리 역사철학의 중심에 자리 잡고 있는 것이 아닐 수 없다.

## 마키아벨리의 순환론적 역사관

마키아벨리 이론에서 객관적인 사실을 열정적으로 탐구하는 것과, 정치적 이상·원칙에 열정적으로 헌신하는 것이 양립 불가능한 것은 아니다. 군주의 조언자로서 마키아벨리는 어떤 통치자든 그의 목적에 맞게 그의 관점에서 사태를 분석하고 최선의 방법이 무엇인지 말한다. 그러므로 그의 문제 해결 방식은 『강론』 3권 1장에서 말하듯이 의사나 예술가에 비유될 수 있을지 모른다. 숙련과 실천적 지혜를 바탕으로 환자들의 병을 진단하고 각자의 상태와 체질에 적합한 처방을 내리고 치료하는 의사나, 무정형의 상태에 있는 질료에 미적 감각을 투여해 만족할 만한 작품을 만들어 내는 예술가에 비유될 수 있기 때문이다. 분명 그것은 홉스와 같이 물리적 힘이 작용하는 일반적이고 추상화된 운동 법칙을 유추해 인간의 정치 행위를 분석하고 처방을 내리는 물리학적 방법과는 다른 것이 아닐 수 없다.

마키아벨리 이론의 세 가지 중심 개념 가운데 포르투나와 네체시타는 비르투와 달리 인간의 통제 범위 밖에 위치한다.

그러나 펠릭스 길버트Felix Gilbert가 말하듯, 네체시타가 인간의 행위를 순전히 강제하기만 하는 적대적 힘은 아니다. 네체시타는 인간으로 하여금 이성이 요구하는 바에 따라 행위하도록 만들고, 그로 인해 없던 기회가 창출될 여지를 남긴다. 인간이 어떤 상황에 처하든 최종적 결과는 네체시타가 창출한 조건에 그 자신이 어떻게 대응하느냐에 따라 다르게 나타난다. 이런 관점에서는 완전히 절망적이라고 이해되어야 할 상황은 존재하지 않는다.[24] 이 점에서 마키아벨리 이론은 그 어떤 종류의 결정론이나 고정된 틀을 벗어나 사고한다는 점에서 사실상 낙관주의에 가깝다.

그러나 다른 한편, 우리는 마키아벨리의 경험주의로부터, 역사는 또한 끊임없이 퇴행과 경신의 과정을 반복한다는 관점, 즉 진보를 거부하고 완벽한 국가의 가능성을 배제하는 하나의 비관주의적 역사관을 읽을 수 있다. 하나의 국가, 하나의 정치 공동체는 언제나 해체의 위험에 직면하고 그런 경향에 반해 생존하기 위해 투쟁한다. 따라서 완벽한 국가, 완벽한 통치자, 완벽한 시민의 목표에 대한 상像을 그리는 것 자체가 불합리하고 유해하기까지 하다. 요컨대 마키아벨리는 인간의 점진적인 진보를 믿지 않았다. 그것은 인간 본성 자체의 한계, 나아가 대중의 정치적·심리적 정향이 갖는 한계와 밀접한 연관성을 갖는다.

---

24) Felix Gilbert, *Machiavelli and Guicciardini: Politics and History in Six-teenth-century Florence* (Princeton University Press, 1965), p. 193.

인간의 역사가 전향적인 방향으로 진보하는 것이 아니라 순환적으로 움직인다고 믿었던 마키아벨리의 역사관은, 근대 계몽주의 내지 그 이후 현대적 진보 이론이 명시적이든 암묵적이든 전제하는 역사관과는 크게 다른 것이다. 진보의 역사관은 기본적으로 기독교적 사관으로부터 영향을 받았다. 그에 반해 마키아벨리의 순환론적 역사관은 '정체 순환'과 '혼합정체'를 강조한 폴리비오스<sub>Polybios</sub>의 역사관으로부터 영향받은 바가 크다.[25] 폴리비오스가 자연적 순리나 법칙을 강조한 반면, 마키아벨리는 비르투와 운명 간의 역동적 상호작용과 인간 본성의 한계에 주목했다는 점에서 두 사람은 달랐지만, 순환론적 역사관을 견지했다는 점에서는 분명 공통적이었다.

마키아벨리는 인간 행동에 있어서 탁월함의 기준을 과거의 역사 속에서 발견할 수 있다고 믿었다. 따라서 과거를 초월하려고 노력하기보다는 역사 속의 모델을 존중해야 한다고 생각했다. 『군주론』 7장에서 보듯 이런 발상은, 앞선 모델을 모방하는 것으로부터 자신의 비르투를 키워 가는 것을 권장하거나, 활의 역량이 부족할 때는 '과녁보다 더 높게 조준하는 궁수의 지혜'(6장)를 가져야 함을 강조하는 부분에서 잘 드러난다. 그것은 먼 목표물을 맞히려 할 때는 중력이 화살을 끌어내리는 힘을 계산해 조준하는 지혜를 말한다. 지혜로운 군주가 통치를 위해 모방해야 할 가장 위대한 사례 내지 역사 속의 모델로 마

---

25) 곽준혁, 「폴리비오스」, http://terms.naver.com/entry.nhn?docId=1966 158&cid=483&categoryId=483.

키아벨리는 모세·키루스·로물루스·테세우스 등 민중과 국가의 영웅적 건국 지도자 명단을 제시한다. 정치를 변화시키기 위한 바람직한 출발은 시작으로 되돌아가는 것, 즉 그것을 재생이나 경신, 부흥 등 뭐라고 부르든 과거의 덕을 부흥하는 것에 있다는 의미로 본다면, 16세기의 가장 혁명적인 정치사상가가 고대의 전범으로 되돌아가려고 애썼다는 사실은 커다란 역설로 느껴진다.

## 갈등에 대한 새로운 인식과 정치발전

역사의 이상주의적 발전 가능성을 부정하는 마키아벨리의 비관적 인식론을 구성하는 데 있어, 인간 본성의 한계는 그 중심적인 요소가 아닐 수 없다. 인간이 겉으로는 기독교적 신앙과 선행을 위해 복무하는 것처럼 보인다 하더라도 그것만이 전부가 아니다. 일반적으로 인간은 사악하고 신뢰하기 어렵다는 것이 그의 판단이기 때문이다. 『군주론』17장에서 그는 "인간이란 은혜를 모르고, 변덕스럽고, 위선적이고, 가식적이며, 위험은 감수하려 하지 않으면서 이익에는 밝다."고 말한다. 이는 인간 본성에 대해 부정적으로 표현한 대표적 구절이자, 냉정한 현실주의적 인식을 드러내는 것으로 많은 사람들에게 인용되는 유명한 문장이기도 하다.

여기서 인간은 물질적 이익을 획득하고자 하는 제어할 수 없는 욕망과 자기 이익의 원리에 의해 추동되는 지극히 이기적인 동물로 인식된다. 그렇기 때문에 외양만으로는 속임을 당하기 쉽고, 따라서 사랑보다 두려움에 기초하지 않는 한 신뢰를 끌어내기 어려우며, 그런 두려움은 처벌에 대한 공포로 유지된다고 말한다. 두려움이야말로 정치적 권위의 궁극적 기초가 된다는 점을 군주가 알아야 하는 이유는 바로 이런 인간 본성에 대한 인식에 따른 것이다. 인간 본성을 이렇게 이해한다는 것은 또한 인간의 정치가 직면하는 문제는 시대가 달라져도 변하지 않는다고 인식함을 의미한다. 인간성에 대한 이런 비관적 관점은 그로부터 추론되는 특정의 이론적 결과를 만들어 내는데, 특히 다음의 두 가지 점을 말할 수 있다.

첫 번째는, 갈등을 인간 정치 행위의 본질로 이해한 것이다. 갈등이 필연적인 것은, 인간의 욕망과 탐욕은 무한한데 자연 자원과 경제적 자원은 희소한 까닭에 인간은 항상적인 경쟁과 투쟁 상태에서 삶을 영위할 수밖에 없기 때문이다. 정치 행위의 저변에는 강자가 약자를 굴종시키고, 제한된 재화에 우선적으로 접근할 특권을 가지려 투쟁하는 검투장이나 다를 바 없는 권력투쟁이 있을 뿐이다. 이런 환경에서 모든 욕구를 실현할 능력은 한정되고, 비르투를 획득할 능력 역시 포르투나에 의해 제약된다. 하지만 인간은 "모든 것을 얻으려고 열망하지만, 모든 것을 얻지는 못한다."는 이 가혹한 진리를 받아들이려 하지 않는다(『강론』 1권 37장).

마키아벨리가 이해하는 정치 세계에서 음모·침략·전쟁, 모든 형태의 국내적·국제적 폭력은 안정적인 규범으로부터의 일탈이 아니라 자연적 정치 현상으로 나타난다. 이 점에서 그는 분명 평화주의자가 아니다. 그러나 유념할 것은, 그가 갈등의 존재를 단지 인정하는 것에 그치지 않고 그런 갈등을 적절하게 제도화함으로써 정치체제의 안정과 자유의 실현을 가져올 수 있다고 믿었다는 사실이다. 그는 귀족과 평민 간의 강력한 긴장을 바탕으로 위대함을 건설한 로마를 경험적 모델로 삼아 일종의 동태적 균형에 기초한 역동적 체제를 대안으로 제시했다. 이 문제는 다음 절의 주제인데, 뒤에서 다시 살펴보도록 하겠다.

두 번째는, 정치에서 선택은 이상주의적인 최선이 허용되지 않으므로 '최소주의적'minimalist 접근 내지는 원리를 따라야 한다는 점이다. 정치는 불편하고 고통스러운 것을 다루면서 그러한 불편과 고통을 경감하는 것을 목표로 삼는 것이지, 그것을 제거하는 데 있지 않기 때문이다. 『군주론』 21장에서 그는 이 문제에 대해 말하면서, "어떤 국가든 항상 안전한 선택을 할 수 있다고 믿어서는 안 된다. 그와는 반대로 어떤 선택이든 꼭 필요한 것인지를 의심해 봐야 한다. 어떤 하나의 불편을 피하려고 하면 반드시 또 다른 불편함에 직면하는 것이 세상사의 이치이기 때문이다. 실천적 이성prudenzia이란 바로 그런 불편함의 특성을 파악하는 방법을 알고 그 가운데 가장 덜 나쁜 것을 최선인 것으로 간주해 선택하는 것에 있다."고 권고한다. 정치에서 선택이란 두 개의 선 가운데 차선을 발견하는 것이라기보다, 두 개의 악 가운데 차악을 발견하는 것인 경우가 더 일반적이라는 것이다.

마키아벨리는 『강론』에서 이 문제를 체제 선택의 사례를 통해 다시 제기하고 있다(1권 6장). 세상만사는 인간의 의지와 이성에 의해 창출되기보다 '불가피함'necessità에 의해 인간의 통제 범위 밖에서 움직일 때가 많다. 따라서 주어진 상황에 대응하면서 행위하는 것이 좀 더 일반적이기 때문에 인간에게 최선의 선택을 할 수 있는 기회는 좀처럼 부여되지 않는다. 그렇다면 어떻게 해서든 폐해가 가장 적은 대안들 사이에서 선택하지 않으면 안 되는데, 이런 기준으로 마키아벨리는 국가를 어떻게 조직하는 것이 바람직한가 하는 문제를 다루면서, 그 사례로 베네치아·스파르타·로마를 비교한다.

국가를 협소한 영토 내에 묶어 두고 인구의 증가를 제한하면서 안정과 평온을 추구한다면 베네치아와 스파르타를 따를 수 있을 것이다. 인구 증가를 동반하는 영토의 팽창과 제국의 위대함을 추구한다면 로마를 따를 수 있을 것이다. 베네치아가 인구 유입으로 인한 평민의 증가를 억제하고, 평민의 정치 참여를 막고, 부의 불평등을 견지하는 귀족 중심의 공화정을 건설한 사례라면, 스파르타는 베네치아처럼 외부로부터의 인구 유입을 억제하고 부의 불평등을 견지하면서도 정치적 평등을 허용한 사례이다. 그러나 두 나라는 강력한 외부의 침략이 가해질 때 쉽게 허물어진다는 중대한 약점을 공유한다. 로마는 이들 사례와 달리 팽창을 거듭하면서 외부로부터 인구 유입을 허용했기 때문에 귀족과 평민 간의 갈등, 다수의 평민이 무장하는 것에서 오는 반란·소요와 같은 사회적·정치적 갈등의 증폭, 그리고 그로 인한 체제 불안정이라는 커다란 약점을 안게 되었다. 그렇다면 어느 체제를 선택할 것인가?

이들 사례는 체제의 평온과 안정을 유지하는 것과 제국의 위대함을 실현하는 것을 동시에 이룰 수 없으니, 각사는 상점과 단점을 나누어 가질 뿐이라는 것을 말해 준다. 물론 두 체제 유형의 장점만을 취합하는 최선의 선택은 애당초 가능하지 않다. 그렇게 될 때 그것은 장점의 취합이 아니라, 나쁜 것의 취합으로 귀결될 수밖에 없기 때문이다. 결국 어느 것을 선택할 것인가 하는 문제는, 국가 건설의 목표와 방향을 어디에 두느냐 하는 결정의 함수이다. 이는 가치의 다원주의를 말하는 것으로, 이성적·윤리적 판단의 문제가 아닌 것이다.

## 마키아벨리의 실천적 결과주의

마키아벨리의 현실주의 이론에서 만나게 되는 또 다른 중요한 문제는 목적과 수단 간의 관계에 대한 것이다. 이 문제는 마키아벨리가 악을 위해 악을 권장했는가 하는 문제와도 연결된다. 『군주론』 18장은 이렇게 말한다. "자비롭고 신의가 있으며, 인간적이고 정직하며 또한 신앙심이 깊은 것처럼 보이는 것이 실제로는 유용하다는 것을 감히 말하고자 한다. 그러나 그렇지 않아야 할 필요가 있을 경우 당신은 그 반대로 행동할 수 있어야 하고, 그렇게 행동하는 법을 알고 있어야 한다." 또한 15장에서도 "착하지 않을 수 있는 능력을 상황의 불가피성에 따라 사용할 수도 있고 사용하지 않을 수도 있어야 한다."고 말한다.

이 문제와 관련해 제기되는 질문은, 마키아벨리는 행위의 목적과 결과 사이의 관계에 있어 결과가 좋으면 그 수단이 어떻든 간에 좋다는, 즉 목적이 수단을 정당화하는 '결과주의자' consequentialist인가 하는 것이다. 그를 결과주의자로 보는 사람들은 역시 18장의 "사람들은 최종적 결과에 주목하게 된다."Si guarda al fine는 말을 논거로 삼는다. 여기서 그는 "군주가 국가를 획득하고 잘 유지하게 되면, 그 수단은 모든 사람에 의해 명예롭고 칭송받을 만한 것으로 평가된다. 일반 대중은 외양과 결과에 의해 설득되기 때문이다."라고 말하고 있다는 것이다.

그러나 위의 인용문들이, 어떤 정치 행위이든 원하는 목표를 실현하는 데 기여하는 한 정당화된다고 말하는 것으로 해석할 수는 없다. 우선 목표 자체가 합리적·이론적으로 수용될 수 있느냐 없느냐 하는 문제를 간과한 채, 오로지 수단 합리성만 다루는 정치 이론은 상상할 수 없다. 마키아벨리는 특정의 정치적 목적을 상정하면서, 모든 정치적 수단이 정당화될 수 있다고 믿지 않았으며, 정치와 도덕이 완전히 분리될 수 있다고 보지도 않았다. 자신과 국가를 지키고자 하는 군주라면 일반에서 통용되는 도덕적 규범을 무시해서는 안 될 것이고, 그런 규범이 실천될 수 있는 조건이라면 응당 그에 따라야 함을 말했다. 다만 어떤 행위가 정치 영역으로 들어오는 순간, 정치적 불가피성의 제약이 있고 그에 따른 행위의 규칙을 익혀야 함을 강조하려 했다.

이 문제를 보는 데 있어 좋은 사례는 『군주론』에서 여러 차례 등장하는 인물인, 고대 시라쿠사의 군주 아가토클레스와 마키아벨리 시대의 체사레 보르자이다. 아가토클레스와 보르자 두 사람 모두는 잔인한 폭력을 사용해 통치했다. 그러나 아가토클레스는 무절제한 폭력을 사용해 신민들에게 더 많은 고통을 안겨 준 폭군 이상이 아니었다. 그에 반해 보르자는 불가피한 폭력을 일거에 효과적으로 사용한 뒤 신민의 복리와 평화를 얻은, 비르투를 갖는 통치자로 평가된다. 이처럼 통치자 자신을 위해 폭력을 남발한 경우와, 국가를 지키기 위해 요구되는 폭력을 효과적으로 사용해 더 나은 공익적 결과를 낳는 경우는 완전히 다른 유형의 정치 행위라는 것이다.

마키아벨리는 비도덕적이거나 반도덕적인 인물도 아니고, 그것을 권장하려 했던 것도 아니었다. 그는 반기독교도도 아니었고, 일상 속 개인들의 도덕적 사고와 판단 또는 그에 바탕을 둔 행위를 부정하지도 않았다. 다만 특정의 환경과 조건에서는 기존의 상식과 도덕의 범위를 넘어서는 행위가 필요한 것이 정치임을 말할 뿐이다. 이는 '폭력의 경제학'과는 다른 차원에서, 무엇을 위한 폭력이냐라고 하는, 정치적 수단에 대응하는 목적의 정당성 내지 윤리성의 문제를 제기한다. 보르자와 아가토클레스 모두 잔혹한 폭력을 효과적이고도 경제적으로 사용했지만, 두 사람의 차이는 크다. 보르자는 그 행위가 비록 권력 추구의 욕망에 의해 추동됐다 하더라도 공익을 증진했던 반면, 아가토클레스는 상황을 더 나쁘게 만든 잔인한 폭군에 불과했기 때문이다. 그렇기에 전자가 비르투를 가진 통치자라면 후자는 대량 학살의 범죄자 이상일 수 없다.

마키아벨리는 성공한 통치자와 성공하지 못한 통치자를 구분한다. 그들이 추구하는 목적의 성격에 따라 누가, 왜 비르투를 가진 상찬할 만한 통치자인가에 대해 말한다. 『군주론』의 악명 높은 장들인 15~18장에서 도덕에 반하는 품행들의 목록에 잘 부합하는 듯 보이는 대표적 인물로 제시한 아가토클레스와 같은 인물이 마키아벨리 그 자신에 의해 부정되고 있는 것이다. 권력은 그 자체로 영광이나 비르투로 인정되지 않으며, 정당한 것과 동일한 것도 아니다. 성공한 군주는 전통적인 윤리와 종교적 계율 밖에서 행위할 수 있고, 그것은 권장되는 일이기도 하다. 이 사실을 인정하고 수용함에도 불구하고 마키아벨리는 강력한 통치자와 이 통치자가 추구하는 목적과의 연관성 속에서, 비르투를 갖는 상찬할 만한 사람을 가려낸다. 요컨대 『군주론』은 어떤 목적을 추구하든 모든 수단이 정당화될 수 있다고 주장하지 않는다. 목적을 성취하기 위해 어떤 방법을 사용하고 어떤 방법을 사용하지 말 것인가의 문제를 판단함에 있어, 마키아벨리는 그 행위의 최종적 결과를 고려하라고 말한다. 정치적 판단의 근거로 수단 선택의 결과를 중시한다는 점에서 마키아벨리는 분명 결과주의자라고 볼 수 있다. 그러나 그의 결과주의를 지나치게 단순화해, 목적을 위해서라면 어떤 수단도 정당화된다는 주장으로 일반화할 수는 없다. 그보다는 실천적이고 공리주의적인 기준을 통해 행위의 근거를 풍부하게 하고, 이를 바탕으로 도덕적 의무론에 결박되어 있던 기존의 경직된 정치 이론에 대응하려 했다고 말하는 것이 좀 더 공정한 해석이라고 할 수 있다.[26]

26) 마키아벨리의 관점이 공리주의적이고 결과주의적이라는 점에는 큰 이견이 없다. 그러나 그의 이론을 전체저으로 그렇세 규정할 수 있느냐 없느냐 하는 문제에 대해서는 단정적으로 말하기 어렵다. 예컨대, 페미아는 결과주의자라고 말하지만(Joseph V. Femia, *Machiavelli Revisited*, University of Wales Press, 2004), 본다넬라는 수단이 정당화될 수 있는 도덕적 측면의 조건을 강조한다. 앞에서 인용한 Bondanella, "Introduction".

# 5. 민주적 공화주의

## 민중의 정치 참여와 갈등

『군주론』의 세 번째 주제로 공화주의를 다루고자 하는 이 절은 국가의 새로운 비전과 현실주의를 주제로 한 앞의 두 절과는 좀 다른 점이 있다. 우선 공화주의는 『군주론』의 주제라기보다는 『강론』의 중심 주제라고 할 수 있다. 그럼에도 불구하고 이 문제를 다루는 것은, 그것이 전체 마키아벨리 이론에서 중심적인 주제의 하나일 뿐만 아니라 현대 민주주의의 이론과 실천에서 매우 중요한 의미를 갖고 있기 때문이다. 따라서 이 절에서는 앞의 두 절에 비해 『강론』을 더 많이 참조하는 방식으로 이 문제를 살펴보고자 한다.

한 가지 덧붙일 것은 정치적 혼란과 격변의 시기에 마키아벨리가 『군주론』을 집필하고 또 이를 메디치가의 '새로운 군주'에게 헌정했던 의도가 무엇이든, 『군주론』과 『강론』의 주장이 충돌하는 것이 아님은 물론, 두 책이 완벽하게 일관될 수 있다는 점이다. 『군주론』을 통해 저자는 군주의 통치가 민중의 정부보다 더 좋은 체제라고 상정하지도, 그렇게 말하지도 않는다. 다만 텍스트가 쓰였던 시점과 이탈리아가 놓인 현실 조건에서 군주의 통치 체제가 가장 잘 확립되고 유지될 수 있는 방법이 무엇인가에 대해 논의를 한정하고 있을 뿐이다. 그에 비해 『강론』은, 『군주론』이 마키아벨리의 '진정한 의도'를 읽기 위해 복잡한 해석의 테크닉을 필요로 하는 것과는 달리, 공화주의의 이념과 가치를 좀 더 직접적으로 말하고 있다는 점에서 중요하다.

그러나 군주정이든 공화정이든, 다시 말해 정치체제의 유형이 어떠하든 민중popolo; people의 역할이 정치의 중심으로 들어온다는 점은 두 텍스트 모두에 공통적이다. 수를 권력 자원으로 하고 다수 인구를 점하는 민중의 정치 참여, 그로 인해 발생하는 귀족과 평민 간의 갈등은 정치적 역동성의 중심적 동력이 된다. 민중을 적으로 돌릴 때 통치자의 지배는 위기를 맞게 된다. 그러나 귀족을 적대하게 될 때 군주가 자신을 보호하기란 민중을 적대할 때보다 쉽다. 그렇기 때문에 민중의 지지로 군주가 된 사람은 계속해서 민중의 환심을 사려는 노력이 필요하다. 민중의 이익과 요구는 단순하므로 이들을 보호할 때 이들로부터 쉽게 지지를 획득할 수 있다는 것이다.

그러나 한 정치 공동체에서 다수 시민의 역할을 어떻게 해석하느냐의 문제에 대해서는 뒤에서 좀 더 상세히 논하겠지만, 공화주의의 관점과 민주주의의 관점이 날카롭게 대립한다. 전자는 고전적 공화주의 전통의 중심에 있는 스키너로 대표된다. 후자는 맥코믹으로 대표되는데, 그는 대중의 정치 참여와 그 제도화를 통한 공공선의 형성을 강조하면서 정책 결정 과정에서 대중의 적극적인 역할을 공화주의의 핵심 요소라고 본다. 그렇기에 그는 공화주의와 민주주의 간의 구분 자체에 큰 의미를 두지 않는다.


### 갈등의 유익함과 유해함

평민plebeians; plebs과 원로원Senate 간의 불화가 공화국을 자유롭고 강하게 만들었다는 주장은 『강론』의 중심 주제이다. 마키아벨리는 『강론』 1권 4장에서 "귀족과 평민 간의 갈등을 비난하는 사람들은 로마가 자유로울 수 있는 가장 기본적인 이유를 비난하는 것이고, 이들 갈등이 가져온 좋은 결과보다 난동과 소요에 관심을 더 많이 기울이는 것일 뿐이다. 그들은 모든 공화국에 민중과 귀족이라는 두 대립적인 기질umori; humors, dispositions이 존재하며, 자유를 증진하는 모든 법이 이들 사이의 갈등에서 비롯된다는 사실을 고려하지 않는다."고 말한다.

이때 그는 모든 종류의 갈등을 긍정적으로 말하는 것이 아님을 분명히 한다. 민중은 지도자에 의해 계도되거나, 호민관Tribune과 같이 그들의 의사를 대변할 제도를 갖거나, 또는 시민들이 직접 귀족의 비행을 고발할 수 있는 제도를 가질 때, 즉 갈등이 제도화될 때 민중의 역할은 공화정을 위해 긍정적인 결과를 가져온다고 주장한다. 비록 『군주론』의 주제는 아니지만 『강론』과 『피렌체사』(1522년)에서 한 사회 내의 계급 갈등은 정치 변화의 중심 변수로 제시된다. 이 점과 관련해 두 방향으로부터의 영향에 대해 말할 수 있다.

하나는 고대 그리스와 로마의 역사학자들인 폴리비오스와 리비우스, 특히 리비우스의 영향이다. 마치 동양철학의 주자학이 『사서』四書에 대한 『집주』集註에서 나왔듯이, 『강론』이 리비우스의 『로마사』 142권 가운데 첫 10권에 대한 자신의 해석이었다는 사실을 감안하면, 리비우스로부터 영향을 받았음은 당연하다. 리비우스의 『로마사』는, 귀족의 '뛰어남'과 민중의 '물리력'이 만들어 냈던 '조화'concordia가 공화정의 영광을 가능하게 했던 원동력이라면 이 조화의 가치가 소멸한 것이 곧 그 쇠락의 원인이라는 점을 중심 주제로 다루었다. 그것은 리비우스와 더불어 로마의 또 다른 대표적 사학자 살루스티우스 Gaius Sallustius Crispus의 관점이기도 했다. 이런 관점으로부터 마키아벨리는 로마의 영광을 이끌었던 양대 세력 간의 관계가 만들어 내는 역사 변화의 틀을 수용했다. 그러나 동시에 마키아벨리는 이 조화의 가치를 전면적으로 부정하고, 또 그것이 창출하는 것으로 전제하는 조화와 정의 사이의 연계 자체를 부정하면서, 그 자리를 두 세력 간의 갈등으로 대체했다.[27]

　　다른 하나는, 갈등을 정치 변화의 동력으로 이해하는 것은 사회경제적 변화와 접맥된다는 점이다. 정치에서 갈등의 문제는, 당시 세계 최초의 금융·상업·산업자본주의를 주도했던 피렌체의 사회경제적·정치적 조건과 아울러 도시환경의 변화를 반영하는 것이다. 피렌체의 정치 변화는, 북부 이탈리아를 둘러싼 국가 간 체제의 변화라는 대외적 정치 환경뿐만 아니라, 길드(노동하는 사람들의 결사체)로 대표되는 사회경제적 집단의

---

27) Eric Nelson, "Republican Visions," John S. Dryzek, Bonnie Honig and Anne Phillips eds., *The Oxford Handbook of Political Theory* (Oxford University Press, 2006), pp. 200-203. 레오 스트라우스는 넬슨과 다른 관점에서 마키아벨리와 리비우스의 차이를 말한다. 스트라우스는 "리비우스의 『로마사』가 마키아벨리의 바이블이라면, 그것은 안티 바이블이다." 라고 말했는데, 그것은 마키아벨리가 기독교 이전 로마의 종교를 긍정적으로 본 것과 달리, 리비우스는 기독교를 비판하지 않았기 때문이다. Leo Strauss, "Niccolo Machiavelli," Leo Strauss and Joseph Cropsey eds., *History of Political Philosophy*, 3rd ed.(The University of Chicago Press, 1963/1987), pp. 307, 308.

다원화와 그들의 참여 요구 확대라는 변화를 반영하는 것이기도 하다.[28]

『피렌체사』에서 마키아벨리는 정치발전에 긍정적 효과를 갖는 좋은 갈등과 파괴적 효과를 갖는 나쁜 갈등을 구분하고, 이 갈등을 야기하는 사회적 집단들과 그들의 정치 행태를 분석한다. 나아가 사회경제적(직업·직능적) 이해관계와 행동 정향·정서·기질을 공유하는 수평적 집단들과, 가족·붕당·후원-수혜자 관계에 기초한 수직적 분파 내지 종파sètte를 구분한다. 앞의 것으로부터 한 사회에서 공화정 체제를 강화하는 긍정적인 효과를 기대할 수 있다고 주장하는 반면, 뒤의 것에 대해서는 극도의 부정적 태도를 보인다. 이는 그들 간의 갈등이 공동체를 파괴하는 효과를 갖는다고 보았기 때문이다.

마키아벨리에게서 사회경제적 변수는 갈등을 몰고 오고 그것이 정치 변화의 중심 요소로 등장한다. 루소식으로 표현한다면, 사회경제적 집단 갈등은 '일반 이익'을 창출하는 데 기여하지만, 파당이 중심이 된 갈등은 특수 이익을 추구하는 투쟁에 몰입하는 것일 뿐이다.[29] 이런 집단 간 갈등이 중요한 이유는, 이들 간의 균형이 만들어 내는 공간에서, 내부로부터 참주에 의한 지배나 외부로부터 제국적 권력에 예속되지 않을 수 있는 자유가 창출되기 때문이다. 그리고 자유는 한 도시, 한 정치 공

---

28) Andrea Zorzi, "The popolo," John M. Najemy ed., *Italy in the Age of the Renaissance* (Oxford University Press, 2004), pp. 145-164.

29) Gisela Bock, "Civil discord in Machiavelli's Istorie Fiorentine," Bock, et. al., *Machiavelli and Republicanism*, p. 198.

동체의 조직을 강하게 하고, 시민적 덕을 함양할 수 있게 하기 때문이다. 즉, 갈등은 한 도시가 강하고 자유롭고 위대하게 되는 일련의 인과관계에서 가장 중요한 출발점이 된다.

## 공화정의 기초는 통치자와 민중의 상호 의존

이 갈등의 문제가 마키아벨리 저작에서 처음 나타나는 것은 『군주론』 9장 「시민 군주국에 대하여」에서이다. 여기서 그는 군주가 되는 경로를, 사악한 방법이나 폭력에 의한 것과 동료 시민들의 지지에 의한 것으로 나눈 다음, 후자의 유형을 시민 군주국이라고 정의했다. 이 정치체제 유형은 공화정으로 발전하는 전 단계이거나, 아니면 공화정의 정부 형태로서 혼합정체를 말하는 것으로 이해될 수도 있다. 여기서 그는 모든 도시에는 서로 다른 두 개의 기질, 민중과 귀족이 있다고 전제하면서, "민중의 경우 귀족으로부터 명령과 억압을 받지 않기를 원하고, 귀족의 경우는 민중에게 명령과 억압을 부과하길 원(한다)"고 말한다. 이렇듯 서로 다른 욕구는 군주정, 공화정, 무정부라는 다른 결과를 가져오는 원인이라는 것이다.

"귀족들의 목적은 억압하는 데 있고 민중의 목적은 억압으로부터 벗어나는 데 있"다는, 민중과 귀족이라는 두 중심적인 사회집단의 행동 정향 차이를 파악하는 군주는, 자신의 권력을 유지하기 위해 귀족보다는 민중과 더 친회적인 관계를 유지할 필요가 있다. 귀족에 비해 민중은 다수이기에, 군주가 민중을 적대적으로 만들 경우 권력을 상실할 위기를 맞게 될 가능성이 높기 때문이다. 그에 비해 통치자가 귀족과 적대하게 되더라도 민중과 친화적 관계를 유지하면서 자신을 보호할 수 있다면, 민중과 적대해야 할 이유는 없다.

『군주론』 9장에서 저자는, "민중을 기반으로 서있는 자는 진흙 위에 서있는 것과 같다."라는 격언을 인용한다. 그러나 이 격언을 인용한 것은 그 말을 부정하기 위해서이다. 즉, 그것은, 민중은 적절하게 관리된다면 성채·동맹국·용병보다 군주의 국가를 위해 좀 더 견실한 기반을 제공할 것임을 주장하기 위한 것이다. 바꾸어 말하면 통치자와 민중의 이익은 필연적으로 어긋나는 것이 아니라 합치될 수도 있다는 것이다. 그러므로 시민 군주국이 군주국이냐 공화국이냐 하는 정치체제의 유형 문제는 형식적인 것에 불과하게 된다.

이 문제와 관련해 루소가 『사회계약론』에서 『군주론』 9장을 해석하는 부분은 매우 흥미롭다. 루소는 이렇게 말한다. "신민이 언제나 완전히 종속되어 있다고 가정한다면, 그때에는 인민의 힘이 군주의 이익이 될 것이다. 그러면 이 힘이 왕의 힘이 되어 인근 왕들이 그를 두려워하게 될 테니까. 하지만 이것은 부차적인 이익이고 다른 조건에 종속된 이익이기 때문에, 그리고 그것의 두 전제[군주의 이익과 민중의 이익]는 양립 불가능하기 때문에, 군주들은 당연히 자신에게 가장 직접적으로 이로운 [자신의 권력 독점이라는] 원칙을 선호하게 된다. …… 그는 왕들에게 교훈을 주는 척하면서 큰 교훈들을 인민에게 주었다. 마키아벨리의 『군주론』은 공화주의자들의 책이다."[30] 루소가 말한 대로 『군주론』은 군주를 비웃는 하나의 풍자로도 읽을 수는 있다. 그러나 마키아벨리가 말하고자 했던 것의 진의는 군주의 권력 강화와 민중의 권력 강화가 양립 가능할 수 있는 접점이 존재하고, 통치자와 민중 간의 공존이 가능한 권력관계를 발전시킬 수 있다는 것에 더 가까워 보인다.

9장에서 말하는 통치자와 민중 간의 상호 의존 문제는 공화정의 내용을 담는 것이기도 해서 『군주론』과 『강론』을, 직접적이지는 않다 하더라도 어느 정도 비스듬히, 연결하는 고리의 역할을 한다. 9장과 함께, 외세에 대응해 민중을 무장시킬 필요가 있는가라는 주제에 대해 말하는 20장은, 왜 군주의 정치적 기반을 민중에 두는 것이 필요한가를 다루고 있다는 점에서 중요하다. 여기서 군주는 "외국의 적보다 자신의 신민을 더 두려워하지 않아야 하고", "최선의 요새는 민중으로부터 미움을 사지 않는 것이며", "민중이 당신을 미워한다면 어떠한 요새도 당신을 지켜 주지 못한다."는 점을 군주에게 일깨우고 있다.

계급 간 사회적 갈등의 주제는, 『군주론』 9장에서 로마공화정의 역사 가운데 가장 중요한 사건의 하나인 그라쿠스 형제의 토지개혁 문제를 다루면서 사회경제적 문제의 중심으로 다가간다. 기원전 2세기 호민관으로 선출된 티베리우스 그라쿠스Tiberius Gracchus는 로마 명문가의 후예인 대귀족으로서 실업 상태의 소농들에게 토지를 분배하는 개혁법을 만들어 이를 단행하고자 시도했지만, 원로원을 지지하는 군중에 의해 살해됐다. 이 과업은 역시 호민관으로 선출된 동생 가이우스 그라쿠

30) Jean-Jacques Rousseau, *On the Social Contract*, Donald A. Cress trans. (Hackett Publishing Co., 1983), Book III, Ch. 6, p. 59 (『사회계약론』, 김영욱 옮김, 후마니타스, 2022, 90, 91쪽).

스Gaius Gracchus에 의해 다시 추진됐는데, 원로원을 중심으로 한 로마 귀족들의 저항으로 말미암아 그의 개혁 역시 실패하면서 3000명이나 되는 지지자들이 살해되고, 그 자신 또한 자결하는 일대 참사로 종결되었다.

통치자와 민중 간의 관계에 초점을 둔 『군주론』에서 이 문제는, 민중의 지지로 권력을 획득한 통치자 개인이, 문제를 확실히 다룰 수 있는 현명함과 지도력을 갖지 않은 상태에서 민중이 지지할 것이라는 선의만 믿고 일을 도모할 때 발생하는 위험을 경고하는 부정적 사례로 제시된다. 그러나 같은 토지개혁 문제를 다루고 있는 『강론』의 여러 장들 가운데, 특히 1권 37장은 이와는 대조적으로, 계급 간 이해 갈등이 첨예하게 대립하는 로마 사회의 최대 정치적·사회경제적 이슈에 관해 정면으로 접근한다. 그리고 그에 대한 평가는 유보적이지만 분명히 긍정적이다.

여기서 마키아벨리는 "잘 질서 잡힌 공화정은 공적 재산은 부유하게 하고, 그들의 시민들은 가난하게 한다."고 말한다. 이어서 그는 "지혜롭고 현명한 기준에서 평등하고 온건한 부의 분배를 보장하는 것을 목표로 한 법적 개혁"을 긍정적으로 인정한다. 요컨대 마키아벨리는 토지개혁법이 부당하다는, 당시 귀족들의 의견에 전혀 동의하지 않았다. 토지개혁 자체는, 정복을 통해 새로 획득한 공적 소유의 방대한 토지가 사유화됨으로써 귀족과 농민 간의 빈부 격차가 확대되고 공화정의 사회경제적 기반이 약화된 상황에 대응하는 것이었다. 따라서 이 개혁은 사회 안정과 공존에 절대적으로 기여하기 때문에 필요하고, 그 점에서 긍정적이다.

그럼에도 불구하고 토지개혁에 문제가 있다면, 그것은 오래전에 제정된 토지개혁법을 둘러싼 계급 갈등을 재현한 것이기 때문에 '과거 지향적'이고, 그로 인해 본격적인 계급 대립이 불러들여지고 급기야 공화정의 붕괴를 가져오는 요인이 되었다는 데 있었다. 두 텍스트가 같은 문제를 다루고 있음에도 주제는 차이가 있다. 즉, 하나는 통치자가 민중을 다루는 방식에, 다른 하나는 공화정의 안정을 위해 사회경제적 개혁을 추진하는 방식에 초점을 둠으로써 같은 문제를 다른 관점에서 조명하고 있는 것이다.

## 귀족적 공화주의와 민주적 공화주의의 갈등

공화주의를 말하지 않고 마키아벨리의 정치 이론을 말할 수는 없다. 먼저 이 문제를 현대 민주주의의 맥락에 위치시켜 보도록 하자. 오늘날 우리가 실천하고 있는 민주주의는 두 원류를 갖는다. 하나는 고대 그리스 민주주의로, 시민의 정치적 평등에 기초한 '시민 스스로의 통치 체제'citizen self-rule를 발전시킨 아테네가 그 중심이다. 다른 하나는, 민중이 그들의 통치자를 선출하는 로마공화정republic government이다.

민중 주권과 정치적 평등의 원리가 없는 민주주의를 상상할 수 없듯이 선거를 통해 대표, 즉 통치자를 선출하지 않는 민주주의 또한 가능하지 않다. 오늘날 현실에서 존재하는 민주주의는 대의제 민주주의이다. 혹자는 현실에서 실천되는 대의제 민주주의에 실망한 나머지 선거 없이 치자와 피치자가 순환적으로 통치하는 고대 그리스 민주주의를 상상할지 모르지만, 대규모 사회에서 복잡한 공적 문제를 집합적으로 결정하기 위해서는 선출직 대표의 역할이 불가피하다. 그뿐만 아니라 그렇지 않은 직접 민주주의적 체제가 기능적으로 더 효과적일 가능성은 더더욱 없다. 공화주의 전통에서 선거와 공공선에 관한 심의를 중심으로 한 민중의 정치 참여와 혼합정체를 통해 귀족의 권력 독점에 대한 평민의 견제와 균형을 강력하게 주장했던 마키아벨리는 현대 대의제 민주주의의 대표적 이론가의 한 사람이라고 할 수 있다.

1950년대 영국 케임브리지 대학교의 고대사 교수 아널드 존스Arnold H. M. Jones는 이런 의문을 제기했다. 수많은 문헌이 생산된 그리스의 가장 위대한 민주주의에서 민주주의 정치 이론에 대한 연구가 존재하지 않는다는 것은 기이한 일이라고 말이다. 소크라테스Socrates·플라톤·아리스토텔레스·투키디데스Thucydides·크세노폰·이소크라테스Isocrates 등 수많은 철학자와 역사가는 (헤로도토스Herodotos를 예외로 한다면) 민주주의에 대해 비판적이었다. 왜일까?[31] 이 질문은 그리스 민주주의에 대한 본격적인 연구와 더불어 대표적인 철학자들을 재해석하는 고전 연구를 촉발하는 계기가 되었다. 다시 말하면, 그리스 민주주의는 이를 옹호하는 자신의 이론가를 갖지 않았다.[32] 반면 로마공화정은 폴리비오스·키케로·세네카Lucius Annaeus Seneca·리

---

31) A. H. M. Jones, *Athenian Democracy* (The Johns Hopkins University Press, 1957/1986), p. 41.

32) John Dunn, "Conclusion," John Dunn ed., *Democracy: The Unfinished Journey, 508BC to AD 1993* (Oxford University Press, 1992), pp. 239-266.

비우스·살루스티우스·타키투스는 물론, 그 뒤를 잇는 르네상스 시기 이탈리아, 특히 피렌체의 라티니Brunetto Latini·부르니Leonardo Bruni·마키아벨리·귀치아르디니·지아노티Donato Giannotti 등의 이론가를 가졌다. 이 대표적인 인문학자들과 철학자들은 한결같이 공화정을 최고 형태의 정치체제라고 옹호·찬양했을 뿐만 아니라, 그들 스스로 공화주의 이론을 발전시켰다.

르네상스 시기 이탈리아의 여러 도시 가운데서도 피렌체만큼 통치 형태의 기본 문제들, 예컨대 자유를 유지할 수 있는 제도들을 어떻게 수립할 것인지, 강력한 시민적 정신을 어떻게 함양할 것인지, 전체 공동체의 선을 위해 시민을 어떻게 설득할 것인지 하는 문제들에 대해 체계적이고 깊이 있게 탐구했던 도시는 없다. 참여의 문제야말로 이 모든 문제의 초점이었고, 마키아벨리의 공직 생활 시기 최대의 이슈이기도 했다. 길드로 조직된 사회경제적 직업·직능 집단을 포함해 광범한 시민이 정치에 참여할 기구로서 '대평의회'Consiglio Maggiore; the Great Council를 건설하는 것은 1494년 수립된 사보나롤라 정부의 중심적인 정책이었다.

귀족과 보통 시민은 어떤 형태의 정부를 지지하는가, 즉 대부분의 귀족이 지지했던 '작은 정부'governo stretto인가, 일반 시민이 지지했던 '큰 정부'governo largo인가라는 논쟁은 당시 최대의 정치 쟁점이었다.[33] 여기에서 큰 정부와 작은 정부라고 할

---

33) Giovanni Silvano, "Florentine republicanism in the early sixteenth century," Bock, et. al., *Machiavelli and Republicanism*, pp. 41-70.

때, 그것은 우리 시대의 용법처럼 국가가 경제와 시장에 폭넓게 개입하고 규제하거나(큰 정부) 시장 자율성에 맡기는 것(작은 정부)을 의미하지 않는다. 르네상스 시기 피렌체에서 말하는 큰 정부는 정치적 대표를 위한 사회적 기반이 넓은 것, 작은 정부는 그 기반이 협애한 것을 말한다. 따라서 작은 정부는 귀족 중심의 체제를 말하는 것인 데 반해, 큰 정부는 상인, 기업인, 금리 소득자, 장인, 자영업자 등 모든 길드 회원을 포함하는 광범한 사회계층에 기초한 정치 공동체를 지칭하는 것이었다. 그러므로 '대평의회'는 큰 정부의 제도적 표현이었고, 사보나롤라 공화정의 상징이었다. 이렇듯 참여를 둘러싼 논쟁은 그의 몰락 이후 마키아벨리 공직 시기 소데리니 정부하에서도 최대의 정치적 이슈로 지속되었다.

물론 마키아벨리는 광범한 정치 참여에 의한 정부가 공화국의 안정에 기여한다고 믿었다. 큰 정부에 기초한 공화정에 대한 그의 지지는 『강론』(특히 1권 6장)에서, 작은 정부를 갖는 스파르타와 베네치아를 부정적으로, 큰 정부를 구현한 로마를 바람직한 모델로 제시했을 때 분명하게 드러난다. 그와 달리, 그의 친구 프란체스코 귀치아르디니는 피렌체의 정부 형태는 통치를 위해 필요한 지식과 경험을 소유한 귀족 가문에 한정되지 않으면 안 된다고 믿었다. 이를 구현한 모델은 베네치아 공화정이었다. 그에 비해 로마는 계급 간 갈등과 쟁투, 내전과 무질서로 몰락할 수밖에 없었던 실패 사례였다. 이는 단지 귀치아르디니에게 한정된 것이 아니라, 당시 귀족들이 널리 공유한 일반적인 견해이기도 했다.

## 참여를 둘러싼 대논쟁

참여를 둘러싼 논쟁은 피렌체의 역사를 관류했던 쟁점이었고, 15세기를 통해서도 해결되지 않은 분열적 이슈로 남아 있었다.[34] 이런 시대적 배경은, 왜 마키아벨리가 메디치가에 헌정한 『군주론』에서 공화정 문제를 다룰 수 없었는지를 설명해준다. 나아가 공화정을 주도할 미래 세대를 위해 집필한 『강론』에서 앞서 말했던 당시 최대의 정치 쟁점에 대해 본격적으로 자신의 견해를 피력한 이유를 이해하게 해준다.

『강론』은 마키아벨리가 자신의 의지로는 쓰지 않았을 책을 쓰지 않을 수 없도록 만들었다고 말했던 두 젊은 친구, 자노비 부온델몬티Zanobi Buondelmonti와 코시모 루첼라이Cosimo Rucellai에게 헌정되었다. 이 젊은 친구들의 어떤 점이 그로 하여금 글을 쓰도록 만들었을까? 그들은 마키아벨리도 참여하고 있는 문학 독서 그룹의 구성원들로서 사회적으로는 귀족 가문grandi 출신이자 앞으로 피렌체 지배계급의 일원이 될 사람들이었다. 그들은 이탈리아 여러 도시의 귀족 가문 자제들과 친교 관계를 맺고 있었고, 메디치가의 로렌초 궁정에서 자주 모임을 갖기도 했으며, 플라톤의 아카데미에 비견되는, 당시 피렌체에서는 최고의 교육장이었던 오르티 오르첼라리(루첼라이 정원)의 고정 참가자이기도 했다. 확실히 마키아벨리와 가장 가까웠던

---

34) Gene Brucker, *Florence: The Golden Age, 1138-1737* (University of California Press, 1998), pp. 150, 151.

친구들은 귀치아르디니, 베토리를 포함한 귀족들이었다. 그는 무엇을 기대하면서 이들과 교류했고 『강론』을 집필했을까?

최근 맥코믹은 이 질문에 대해 나름대로의 해답을 제시했다. '자유로운 삶의 방식' 또는 '자유로운 정부'vivere libero라고 불렀던 확대된 민중의 참여는 보통 시민들이 귀족들의 야망을 제어할 수 있는 능력을 증진하는 데 그 핵심이 있었다. 마키아벨리의 생각을 따라간다면, 위대함과 지배하고자 하는 욕구는 그의 청중이자 독자이기도 한 귀족 가문의 젊은 자제들이 추구했던 목표이고, 그들이 지녔던 행태이자 태도였다. 그러나 그 자체가 목적이 될 수는 없다. 자유로운 정부는 민중의 정치 참여를 북돋우는 동기를 부여할 수 있기 때문에 귀족 가문의 청년들은 민중의 정치 참여를 위한 제도의 확대라는 대안을 지지할 수 있을 것이다. 평민에게 권력을 부여하는 것은 귀족과 평민 모두에게 도움이 되는 것이기도 하다. 억압하고자 하는 귀족들의 욕구를 만족시키려 할 때 체제는 위태로워지고, 권력을 공유할 때는 체제가 안정될 수 있기 때문이다. 그렇기 때문에 공화정은 귀족들이 완벽하게 민중을 억압하도록 허용해서는 안 된다.

억압하고자 하는 귀족들의 욕구는, 『군주론』에서 말하고 있듯 군주정에 대한 근본적인 위험이 되는 것처럼, 『강론』에서도 공화정에 대한 가장 큰 위협이 된다고 말한다. 귀족들이 군주를 도와 민중을 지배한다면 공화정은 언제나 파국을 맞을 수밖에 없다. 그렇기 때문에 귀족 가문의 젊은 세대들은 민중에 반해 군주와 동맹하거나 귀족주의적 공화정을 고수하기보다 민중의 정치 참여를 허용하는 것이 그들의 부와 명성을 확대하고 고양하는 데에도 도움이 된다는 점을 이해할 필요가 있었다. 요컨대 『강론』은 참주를 제거하고, 군사적·정치적 과업에 민중을 포섭하고 참여시키는 것이 귀족들의 이해관계에 대립하는 것이 아니라는 점을 강조하고 있다.[35]

　『군주론』 20장은 자신의 신민을 무장시키지 않고 분열시킨 베네치아 귀족 지배의 공화정을 신랄하게 비판하고 있지만, 베네치아에 대한 본격적이고 체계적인 비판은 『강론』에서 발견할 수 있다. 그렇기 때문에 『강론』에서 우리는 마키아벨리가 베네치아를 비판하면서 피렌체가 취해야 할 모델로 고대 로마에 대해 논하는 것은 당시 피렌체에서 지배적이었던 귀족 중심 공화주의에 대한 강력한 비판이자, 자신이 생각하는 대안을 제시하는 것으로 읽을 수 있다. 이런 점에서 『강론』 1권 1장부터 6장은 그가 제시하는 공화정 체제에 관한 이론을 아우르는 총론이라고 할 수 있다. 『군주론』의 처음 장들이 군주정의 유형 분류로부터 시작했던 것과 마찬가지로, 『강론』의 첫 번째 장들은 최선의 공화정을 제시하기 위한 유형 분류로 시작한다. 그는 먼저 좋은 정치체제의 세 유형, 즉 왕정·귀족정·공화정으로 통치 체제 유형의 범위를 넓힌다. 그 변화의 궤적에 대한 분석을 배경으로, 공화정의 세 유형인 고대의 스파르타와 로마, 동시대의 베네치아 사례를 비교 분석한다.

　『강론』의 첫 장 시작은 어떻게 시민들이 비르투를 획득하고, 그들이 자유를 굳건히 지킬 수 있도록 로마의 성치 공동체

---

35) McCormick, *Machiavellian Democracy*, pp. 58-61.

를 조직하느냐 하는, 처음부터 『군주론』의 범위를 넘어서는 문제를 제기한다. 그리고 2장에서 로마가 어떻게 올바른 길을 택하는 데 성공할 수 있었는지를 보기 위해 오르디니ordini, 즉 로마의 제도, 헌법, 시민을 질서 있게 기율을 세워 조직하는 방법에 대해 탐구할 필요가 있음을 말한다. 여기서 테마는 도시 내부의 공공 업무를 관장하고 운영하는 데 있어 부패를 피하기 위해 발전시켜야 할 정치적·헌법적 제도가 무엇인가 하는 것이다.

이 질문에 대한 해답으로서 세 개의 순수한 헌법적 형태, 즉 군주정·귀족정·민주정의 장점을 혼합한 하나의 '혼합 정부' mixed government, mixed constitution가 기존의 여러 정부 형태 가운데 가장 완벽한 공화정으로 제시된다. 폴리비오스를 원조로 하여 로마공화정에 대한 혼합정체론은 키케로에 의해 계승되고, 15세기 르네상스 시기 피렌체의 주요 인문주의 이론가들이 이를 널리 수용하면서 지배적인 이론으로 자리 잡았다. 이 이론에 따르면, 왕의 위치에 두 명의 통령Consuls이 있어서 최고 행정 수반의 역할을 하고, 귀족의 대표 기구로는 원로원Senate이 자리 잡고, 민중의 대표로서 호민관Tribunes을 설치한다. 이렇게 함으로써 기존의 세 통치 형태인 왕정·귀족정·민주정을 하나의 정체 내로 혼합함으로써 완벽한 통치 형태를 구성할 수 있다는 것이다. 그러나 마키아벨리에 이르러 이런 일반적인 공화주의 이론은 극적인 전환점을 맞게 된다.

우리는 『강론』 1권 2~6장을 통해 귀족-평민 간 갈등이 가져오는 역동성과 그것의 긍정적 기능에 대한 강조를 읽을 수 있다. 혼합정체를 최선의 공화정이 되게 하는 요인으로 당시 지배척이었던 사회 세력 간 '조화'corcordia의 가치가 아닌, 집단 갈등을 통한 사회 세력 간 견제와 균형의 원리라는 새로운 아이디어가 들어온 것이다.[36] 앞에서 『강론』 1권 4장을 인용했고, 『군주론』 9장에서 두 갈등하는 기질이라는 주제에 대해 말한 바 있지만, "모든 공화국에는 민중과 부자라는 적대적인 두 파당이 존재"한다는 것이다. 이들 집단 중 어느 쪽이든 다른 한 쪽을 완전히 압도하는 상황이 발생한다면, 공화국은 쉽게 부패하고 말 것이다(『강론』 1권 2장). 부유층을 대표하는 누군가가 군주가 되어 통치한다면 직접적인 참주정tyranny의 위험이 현실화될 것이고, 역시 부유층의 파당이 귀족정적 형태를 갖는다면 그들 자신의 이익에 복무하는 과두정이 될 것이며, 마찬가지로 민주정은 민중들의 이익에 봉사하는 정부가 될 것이다. 이 각각의 경우에서 일반적 선은 파당적 이익에 종속될 것이고, 결과적으로 비르투와 공화국의 자유는 상실되고 말 것이다(『강론』 1권 2장, 4장). 이 문제에 대한 해결책은 이들 두 대립적인 사회 집단이 긴장된 균형을 유지할 수 있도록 헌법과 그에 관련된 법을 만드는 일이다. 이를 통해 이들 집단은 정부의 업무res publica에 참여하면서 부자의 오만과 빈자의 방종이 지배하지 않도록 서로 경계하고 감시·감독할 수 있게 되는 것이다(2장).

공적 자유에 부응하고 이를 창출하는 법과 제도의 역할은 여기에서 필수적이다. 비록 각 당파들이 이기적 이익에 의해 추동된다 하더라도 이들은 히니의 '보이지 않는 손'이 작용하듯

---

36) Eric Nelson, "Republican Visions," pp. 200-203.

이 그들의 모든 입법적 행위에서 공적 이익에 기여하는 방향으로 계도될 것이다. 이처럼 자유에 기여할 수 있는 모든 법은 대립하는 사회집단들 사이의 불화에서 발생한다(4장). 위에서 살펴본 바와 같이 불화를 찬양하는 마키아벨리의 주장이 당시 많은 사람들을 놀라게 했을 것임은 말할 것도 없다. 대표적으로 귀치아르디니가 그의 이런 주장에 대해 "그것은 마치 병자에게 처방된 치료를 칭찬하기 위해 병자의 병을 칭찬하는 것과 같다."고 논평할 정도였다.[37]

그러나 귀족적 공화주의에 대한 마키아벨리의 비판은 현대 민주주의 이론을 위해서도 가장 중요한 문제를 제기한 것이라 볼 수 있다. 2014년 2월 타계한 로버트 달은 명실상부하게 20세기 최고의 민주주의 이론가, 나아가 철학자라고 할 수 있다. 그는 1956년에 출간했고 이미 고전이 된 『민주주의 이론을 위한 서설』에서 미국 헌법을 정초한 제임스 매디슨James Madison의 민주주의관을 그 근본으로부터 비판한 바 있다. 그 핵심은 헌법적 균형만을 고집함으로써 갈등하는 집단들 사이의 사회적 균형 문제가 배제되었다는 데 있었다. 즉, 의회와 대통령, 사법부라고 하는 권력 간의 수평적 균형의 문제로 민주주의를 축소한 결과, 사회적으로 참여와 평등의 가치를 약화했다는 것이다.[38] 이를 지금 우리가 다루고 있는 주제에 맞게 바

---

37) Skinner, *Machiavelli*, p. 75.

38) Robert A. Dahl, *A Preface to Democratic Theory* (University of Chicago Press, 1956)(『민주주의 이론을 위한 서설』, 한상정 옮김, 후마니타스, 2022). 특히, 5장을 참조할 것.

꿔 말한다면 이렇게 될 수 있다. 만약 매디슨과 미국 헌법이 르네상스 공화주의로부터 영향을 받았다면 그때의 그것은 참여의 확대와 사회적 책임성을 강조한 마키아벨리보다는 참여의 제한과 수평적 책임성을 강조한 귀치아르디니적인 공화주의에 가까운 것이었다.

## 고전적 공화주의와 마키아벨리적 공화주의

뒷날 학자들은 로마공화정과 르네상스 이탈리아 공화정의 경험으로부터 발전한 철학 내지 정치 이론을 고전적 공화주의라고 통칭한다. 고전적 공화주의의 중심적이고 지배적인 이론과 마키아벨리 사이에는 확연한 차이가 존재한다. 이러한 차이는 또한 우리가 시금 경험히고 있는, 확대일로의 사회경제적 불평등 구조에 기초하고 있는 이 시대 민주주의의 현실이라는 관점에서 볼 때, 이 두 관점을 공화주의라는 하나의 범주로 묶어서 보기도 어렵게 한다. 그뿐만 아니라 우리가 보통 스키너·포칵·페팃을 하나로 묶어 케임브리지 학파라고 통칭하고 있는데, 여기에서 상세하게 말할 수는 없지만, 이들 사이에도 커다란 차이가 존재한다. 그러나 그 차이가 어떠하든 이들의 노력에 힘입어 1980, 90년대를 통해 우리는 네오 로만적 전통 내지 고전적 공화주의 이론의 강력한 등장을 보게 됐다. 이 점과 관련해 포칵의 경우는 특별히 언급할 만하다. 1970년대 중반 출간된 그의 『마키아벨리언 모멘트』는 마키아벨리를 필두로 한 피렌체 공화주의 이론가들의 사상이 17세기 영국의 해링턴James Harrington, 시드니Algernon Sidney, 그리고 프랑스의 몽테스키외Charles Louis de Secondat Montesquieu 등을 거쳐 18세기 제임스 매디슨을 포함하는 미국 헌법의 지도자들에게 결정적인 영향을 미쳤다는 것을 중심 내용으로 한다. 자유주의 철학자 로크 John Locke와 더불어 마키아벨리는 미국 헌법을 모태로 한 현대 대의제 민주주의 원조 이론가로 등장하기에 이르렀다.

앞서 말했듯이, 새로운 세대의 마키아벨리 학자 가운데 한 사람인 맥코믹은, 공화주의의 정통 이론으로 자리 잡은 케임브리지 학파의 마키아벨리 해석에 통렬한 비판을 가함으로써 공화주의 전통 내에서 의미 있는 균열을 만들어 냈다. 그의 관점에서 마키아벨리는, 네오 로만적 공화주의 이론가들의 주장과는 달리, 공화정에서 자유에 대한 가장 큰 위협의 원천은 '다수의 전제정'이라는 말로 표현되는 맥락의 보통 시민이 아니라 소수의 귀족 엘리트들에게 있다고 본다. 나아가 소수 엘리트가 아니라 민중이 공공선에 유익한 결정을 하는 데 더 크게 기여했다는 것이다. 역사적인 관점에서 민주주의는 사회경제적 엘리트에 비해 물질적 자원을 갖지 못한 보통 민중들에게 정치적으로 보상하고, 그들 스스로 정책을 심의하고 결정할 권력과 권한을 공식적으로 부여하는 체제라는 점을 맥코믹은 부각하고 있다. 반면 공화주의는 일반적으로 민중의 도전으로부터 엘리트의 기득권과 특권을 보호하고 이른바 중립적이거나 탈정치화된 전문가들이 민중을 대신하도록 결정권을 부여하는 체제라는 점을 강조한다.

여기에서 우리는 마키아벨리를 해석하는 두 개의 경쟁적인 관점을 발견할 수 있다. 즉, 엘리트주의적인 것과 민중주의적인 것 사이의 대립적 해석이다. 한편으로 마키아벨리는 평민들은 속기 쉽고 귀족들은 영악스럽다고 말하지만, 민중의 종교적 신념을 엘리트들이 조작한다고 일방적으로 비난하는 것은 잘못이며, 특히 무모하고 규율도 없고 사려 깊지 않은 현 피렌체의 엘리트들에 비해 로마의 상원은 꼭 해야 할 것을 판단했고 더 좋은 것을 목표로 했으며 덜 나쁜 것을 취했다고 평가한다(『강론』 1권 38장, 2권 2장). 그런가 하면, 다른 한편 그는 일반 민중이 자유의 수호자로 행위하면서 거칠고 격렬한 방법으로 엘리트들을 통제하는 공격적인 형태의 민중적인 공화주의를 지지했다는 것이다. 실제로 마키아벨리는 이 둘 다를 말했다고 할 수 있을 것이다.[39] 그러나 필자의 관점에서는 귀족적 의사결정을 중시했던 '키케로적 공화주의'와, 호민관과 같이 평민을 정치적으로 대표하는 제도의 역할과 민주적 심의로 대체하는 것을 강조했던 '민중주의적 경향이 강화된 마키아벨리'로 구분하는 것이 더 타당한 것으로 보인다. 이 점에서 우리는 마키아벨리의 공화주의를 민주적 공화주의라고 부를 수 있을지 모른다.

39) 혹자는 마키아벨리에 대해 케임브리지 학파로 대표되는 신고전적 해석과, 맥코믹과 같이 현대 민주주의 이론에서 재해석하는 두 가시 범주로 나누는 것에 동의하지 않을지 모른다. Mikael Hörnqvist, "Renaissance Political Philosophy," George Klosko ed., *The Oxford Handbook of the History of Political Philosophy* (Oxford University Press, 2011), pp. 212, 213.

## 귀족주의적(키케로적) 공화주의의 문제점들

키케로적 공화주의의 전통을 따르는 공화주의 이론의 가장 핵심적인 요소는 대표적으로 포칵과 비롤리Maurizio Viroli를 통해 나타나는 '시민적 덕성'civic virtue에 대한 강조가 아닌가 한다.[40] 이들 학자를 통해, 공화주의는 개인적 이익에 우선해 공공선에 봉사하는 것을 의무와 사명감으로 아는 사람들의 공동체로서 이상적 도덕주의가 구현된 정치체제로 해석된다. 이는 극히 이상화된 정치체제가 아닐 수 없다. 이탈리아의 정치 이론가이자 철학자인 노르베르토 보비오Norberto Bobbio가 강조하듯이, 공화국을 어떤 규범적이거나 도덕적인 의미를 내포하는 체제로 말한다면, 그것은 덕과 애국심에 기초한 하나의 이상적 국가일 뿐 현실 어디에서도 존재하지 않는다. 보비오는 덕과 애국심을 중심 가치로 삼는 공화국은 몽테스키외에 의해 이상화된 도덕적 모델 국가였고, 프랑스혁명 시기 자코뱅의 이상이었을 뿐, 현실에서 그런 공화국은 공포를 필요로 하는 것일 뿐이라고 말한다.[41] 덕을 이상으로 할 때 압도적 다수의 시민들은

---

[40] Pocock, *The Machiavellian Moment*; Maurizio Viroli, *Republicanism* (Hill and Wang, 2002). 그리고 Quentin Skinner, *The Foundations of Modern Political Thought Vol.1, The Renaissance* (Cambridge University Press, 1978), Part 2: Italian Renaissance, pp. 113-138도 참조.

[41] Norberto Bobbio and Maurizio Viroli, *The Idea of the Republic*, Allan Cameron trans.(Polity, 2003), p. 9. 20세기 이탈리아의 대표적인 철학자 가운데 한 사람인 보비오는 이 대담집에서 정치와 공화주의에 대한 이상주의적 접근에 대해 단호하게 비판적으로 말한다.

부패하고, 덕을 갖지 않기 때문에 그들을 억압해야 하는 것은 당연하다. 공화주의를 도덕적인 이상 국가로서 접근하는 것은 정치와 역사에 대한 마키아벨리의 생각과 충돌한다. 그는 권력 투쟁을 정치의 본질로 이해했고, 시민의 덕에 기초한 공화국을 건설하는 것을 정치의 목적으로 삼지 않았다. 공화주의 이론가들이 말하는 시민의 덕이 진정 무엇을 의미하는지 설명하기는 어렵다. 마키아벨리가 말했듯이 그는 '있어야 할 것이 아니라 있는 그대로'를 말하고자 했고, 정치 이론가이자 역사가로서 하나의 모델이 될 수 있는 로마 역사에 대해 논평했다. 현대의 공화주의 이론가처럼 과거에 대해 이상화해 말한 것은 아니다. 그랬다면 그것은 과거에 대한 노스탤지어이거나 이상적 미래를 꿈꾸는 것 이상이 아닐 것이다.[42]

키케로적 공화주의의 또 다른 문제는, 마키아벨리 사상의 중심 측면 중 하나라 할 사회 세력 간 견제와 균형의 원리를 무시하거나 별로 강조하지 않는다는 점이다. 이 이론가들은 일반 대중의 정치 참여를 선거에만 한정해 범위를 좁게 이해했고, 또 선출된 권력은 삼권분립이라는 제도적인 장치를 통해 충분히 견제될 수 있을 것이라고 믿는다. 혼합정체를 기원으로 하는 삼권분립의 원리는 몽테스키외를 통해 이론화되었고, 그것은 제임스 매디슨을 비롯한 미국 연방주의 이론가들에 의해 수용되었음은 두루 아는 사실이다. 그로 인해 삼권분립은 미국 헌법으로 제도화되면서 현내 내의제 민주주의 이론의 중심 원리

---

42) Bobbio and Viroli, *The Idea of the Republic*, p. 11.

의 하나로 자리 잡게 되었다. 그러나 로마공화정의 제도를 삼권분립의 원리에 입각한 것이라고 이해한다면 오해이다. 공화정 체제의 근간이라 할 혼합정체의 중심 원리는 사회 세력 — 왕권·귀족·평민 — 사이의 견제와 균형이기 때문이다. 지금은 삼권분립과, 견제와 균형의 원리를 같은 의미로 이해하면서 서로 혼용하고 있지만, 두 말은 엄연히 커다란 차이를 갖는 다른 말이다.[43] 마키아벨리가 『강론』에서 말하고 있듯이, 공화정을 정치체제의 모델로 제시하는 것은, 삼권분립의 제도를 갖기 때문이 아니라 사회 세력 간 힘의 견제와 균형에 기초해 있다는 점 때문이다. 현대 대의제 민주주의는 선거를 통한 통치자의 선출, 정치 참여의 질적·양적 범위와 수준, 공직과 공권력에 대한 책임의 부과, 그리고 한 파당으로 권력이 집중되는 것을 견제하기 위한 삼권분립을 핵심적인 원리로 한다. 그러나 비판적 시각에서 볼 때 오늘날 자본주의 경제체제가 만들어 내는 불평등 구조에서 다수 대중이 그들의 의사와 요구, 열정과 가치를 정치과정에 투입하기 위해 효과적으로 광범하게 참여하고 있다고 말하기는 어려울 것이다. 효과적인 참여가 가능했다면, 사회의 불평등 구조는 지금보다 뚜렷하게 개선되었을 것이다. 삼권분립 제도를 통해, 사회경제적 약자이지만 수적으

---

43) 삼권분립과 사회 세력 간 견제와 균형이 어떻게 다른지에 대해서는 다음 문헌을 참조할 수 있다. Bernard Manin, "Checks, balances and boundaries: the separation of powers in the constitutional debate of 1987," Biancamaria Fontana ed., *The Invention of the Modern Republic* (Cambridge University Press, 1994), pp. 27-62.

로 다수인 일반 민중의 파당이 소수이지만 사회적으로 강자인 이들을 견제하고 균형을 이룸으로써 정치 공동체의 부패를 사전ex ante에 저지하고 있다고 보기는 어렵다. 선거가 통치자와 통치 권력을 선출하는 중심적인 수단 내지 사실상 유일한 수단이라고 할 때, 여러 민주주의 이론가들이 말하듯이, 선거는 엘리트를 선출하는 것이고 엘리트 통치에 동의하는 것을 의미한다고 볼 수 있다. 이 점에서 좁은 참여에 기반한 대의제 민주주의는 엘리트들에 의한 통치 제제로 실현되는 측면이 크다.


## 6. 맺는말 : 한국 정치를 생각하며

이탈리아 정치철학자 노르베르토 보비오는 정치적 사실주의/현실주의를 두 차원으로 구분했다.[44] 첫째는 현실적인 것과 이상적인 것 사이의 대립적 구분으로, 이를 통해 유토피아적 모험주의와 도피주의를 질책하고, 인간의 완벽함과 궁극적인 문제 해결이 가능하다고 믿는 것에 대해 비판했다. 둘째는 사실적인 것과 겉으로 보이는 것을 대립시킴으로써 권력의 숨은 측면, 즉 가면을 벗기고 현상 유지를 탈신비화했다. 현실주의 또는 사실주의는 영어의 realism을 우리말로 옮긴 것인데,

---

44) Norberto Bobbio, *Saggi sulla scienza politica in Italia* (Bari: Laterza, 1977), pp. 9, 10. 위의 문헌은 Femia, *Machiavelli revisited*, pp. 116, 117에서 재인용한 것임.

현실 대 이상이라는 첫 번째 구분에서는 '현실주의'에 가까운 반면, 두 번째의 사실적인 것과 표상表象된 것 또는 나타나 보이는 것apparent 간의 구분에서는 '사실주의'에 더 가까울 것이다. 어쨌든 마키아벨리는 두 차원 모두에서 현실주의자이다.

이렇듯 종류가 다른 두 현실주의는 공통적으로 오늘의 한국 정치 현실에 커다란 함의를 갖는다. 필자의 생각으로 현실과 이상의 구분은, 한국 사회의 지적 전통, 정치 운동 및 정치적 실천에 강력하게 자리 잡은 이상주의와 도덕주의에 대응하는 의미와 관련된다. 이상주의·도덕주의의 전통은 민주화 이후 민주주의를 이해하는 방법과 그 실천의 내용 속으로 깊숙이 침윤되면서 정서적 급진주의를 창출하고, 쉽게 교조주의를 만들어 민주주의를 급진화하는 원천으로 작용해 왔다. 이 측면에서 마키아벨리적·베버적 이상과 현실, 가치와 사실의 분리에 대한 강조는, 현실로부터 괴리됐거나 현실과 엷게 연결돼 있는 이상주의와 그로 인한 정서적 급진주의에 대해 무엇보다 효과적인 해독제가 될 수 있다.

다른 한편, 사실과, 인식되는 것 또는 표상된 것 간의 대립은, 허위의식 내지 이데올로기에 대응하는 사실주의의 의미와 관련된다. 한국의 역사와 정치는 지배적인 이데올로기의 강력한 영향력에 의해 크게 규정된다. 그것이 조선 시대의 유교적 덕이든, 현대 한국 사회의 냉전 반공주의 이데올로기 혹은 다른 어떤 진보적 이데올로기이든, 그런 지배적 이념들은 사회적 가치를 다원화하거나 확대하는 데 기여하지 못하고, 그것이 지시하는 방향에 따라 자유와 다원화의 힘들을 단원적monistic 가치 체계의 틀 속으로 옥죄면서 지적 몽매주의obscurantism를 부추겨 왔다.

　정치의 이데올로기화는 정치 현실과 사회적 갈등을 그 자체로 인식하고 이해하지 못하게 억제하는 효과를 갖는다. 이상적 담론이 현실을 말하지 않는 것과 마찬가지로, 이데올로기적 담론 역시 현실을 말하지 않거나 왜곡한다. 그러므로 정치에 대한 이데올로기적 지배는 정치가 사회의 다원화와 갈등, 변화를 수용하지 못하고, 현상 유지를 도모하려는 기득 이익에 의한, 기득 이익을 위한 정치 이상일 수는 없다. 또는 어떤 다른 종류의 기득 이익에 봉사하는 역할을 할 것이다. 그런 정치와 사회는 정태적이고 나약해질 수밖에 없다는 점에서, 이데올로기의 정치는 마키아벨리가 좋은 정부 형태의 모델로 삼았던, 소란스럽고 갈등적이지만 역동적인 로마의 모습과는 거리가 멀다.

　오늘의 한국 정치 현실과 관련해 볼 때, 그 어느 측면에서의 구분을 말하든 간에 현실주의가 약한 것은 한국 정치의 가장 중요한 특징 가운데 하나이다. 이런 환경에서 우리 모두는 겉으로 좋은 것만 말하고 속으로는 거짓말하는 '숨은 마키아벨리'일지 모른다. 현실주의가 약해질 때 도덕적인 것도 타락한다. 정치 담론이 이상적이라고 해서 그대로 받아들여서는 안 된다. 실제로는 권력론적이고 수사적일 뿐이다. 도덕 담론을 이원론적으로 볼 수 있어야 하고, 이상적인 규범과 현실 세계 가운데 어느 하나만 생각할 것이 아니라 변증법적으로 접근할 필요가 있다. 이 점에서 이제 우리는 마키아벨리를 통해 숨은 마키아벨리의 허상을 벗겨 버려야 하는 과제를 안고 있다.

　필자가 이해하는 마키아벨리는 모든 정치사상가 가운데에

서도, 인간의 정치 행위에 개입된 다른 여러 요소는 배제하고, 그것의 어두운 측면을 포함해 권력의지와 권력을 본질로 하는 정치 자체를 가감 없이 사실대로 보고자 했던 가장 정직한 정치철학자이자 이론가이다. 혹자는 그의 정치관이 정치 현상을 과장하고 극화하며, 목적을 달성하기 위해 상식을 뛰어넘는 가공할 만한 잔인함도 서슴지 않는 무/부도덕함을 긍정적으로 설파한다고 비판하기도 한다. 그러나 그것은 그가 무도덕하거나 부도덕해서가 아니라, 정치 현상, 정치적 행위 그 자체가 그렇기 때문이다. 그러므로 정치의 본질을 이해하기 위해서는 마키아벨리를 거치지 않을 수 없다. 이 점은 거의 모든 주요 철학자들과 이론가들이 긍정적으로든 부정적으로든 왜 그에 대해 논평했는지 그 이유를 말해 준다.

마키아벨리 역시 다른 정치철학자들과 마찬가지로 무/부도덕한 정치를 지양하고자 분투하고 노력했다. 그러나 그는 도덕·가치·이상을 현실 정치에 대치對峙시키면서 윤리적 가치와 규범을 통해 정치를 이해하려 하기보다, 그것을 걷어 내고 정치 그 자체와 대면하는 방법을 통해 좋은 정치 공동체를 건설할 수 있는 정치 이론을 제시하고자 했다. 그는 이미 공직 생활의 경험을 통해 도덕의 힘을 빌려 좋은 공동체를 달성하려는 노력이 얼마나 무용한가, 그리고 그것의 역효과가 얼마나 분명한가를 인식했다. 그래서 그는 자신의 방법을 찾기 위해 정치의 가장 어두운 심층으로 들어가지 않으면 안 되었다. 이런 이유에서 마키아벨리야말로 정치를 발견한 사상가라고 할 수 있다. 그럼에도 불구하고, 마키아벨리의 현실주의 정치 이론의 핵심에 위치하는 것으로서 정치와 도덕의 분리는 여전히 해결되지 않은 여러 가지 문제를 남기고 있다. 현실주의에 내장된, 정치와 도덕의 분리라는 이원적 간극을 어떻게 해결할 것인가, 어떻게 이 양자를 종합할 것인가 하는 문제는 앞으로 풀어야 할 중요한 과제라고 생각한다.

끝으로 오늘날 우리가 실천하고 있는, '현실에서 존재하는 민주주의'real-existing democracy[45]와 관련해 마키아벨리로부터 무엇을 배울 수 있을까? 그의 언어가 정반대되는 또는 이율배반적인 것을 동시에 말하기 때문에 양면적이고 다성적多聲的이며 동태적이라는 것을 앞서 말한 바 있지만, 민주주의를 이해하는 데 있어서도 그의 이런 특징을 대면하게 된다. 여기서 우리는 민주주의는 하나의 통치 체제라는 사실의 중요성을 환기할 수 있다. 왜냐하면 우리는 정치 현실에서 이 가장 단순하고도 중요한 사실을 자주 잊고 있기 때문이다. 민주주의도 하나의 통치 체제이기 때문에, 한편으로는 지배/통치의 측면이 존재한다. 다른 한편으로는 시민 참여를 중심으로 하는 민주주의의 가치와 이상이자 이를 구현하는 민중/시민 스스로의 통치 체제라는 측면이 존재한다. 앞의 것은 국가기구의 관리와 운영·리더십·조직과 연관된 것으로, 어떻게 국가를 잘 운영해서 민중을 통솔하고 통치할 수 있는가 하는 것을 가리킨다. 또한 국

---

[45] '현실에서 존재하는 민주주의' 개념은 Philippe C. Schmitter, "The future of 'real-existing' democracy," unpublished ms. 참조. 이 말은 로버트 달의 '다원주의적 민주주의'polyarchy와 유사한 말로, 민중 주권과 정치적 평등이 실현되고 대표와 책임의 원리가 이상적으로 구현된 이념형적 민주주의에 대비되는 것으로, 현실에서 실천되는 민주주의를 뜻한다.

가를 운영하는 문제이기 때문에 위로부터의 시각이 중요하고 그것이 중심이 될 수밖에 없다.

　그와는 달리 뒤의 것은, 시민 참여의 질과 양을 어떻게 높이고 확대하느냐, 그 확대를 제약하는 사회경제적 조건을 어떻게 개혁하느냐, 그리고 국가기구의 운영자들이자 관리자들 내지 선출되거나 선출되지 않은 통치자들을 어떻게 민중의 의사와 요구에 부응하도록 정치적 책임이라는 의무를 지게 만들 것이냐 하는 문제를 가리킨다. 그것은 분명 밑으로부터의 시각을 중심으로 하는 것임이 분명하다. 앞의 것이 주로 현실에 존재하는 민주주의와 관련된 것이라고 한다면, 뒤의 것은 민중 스스로의 통치 체제로서 민주주의를 어떻게 구현할 것인가 하는, 이상으로서의 민주주의에 더 많이 관련된 문제이다. 마키아벨리는 『군주론』의 헌정사에서 "높은 곳의 특성을 파악하기 위해 아래로 내려가고 낮은 곳의 특성을 파악하기 위해 산 위로 올라가"지 않으면 안 되는 풍경 화가에 자신을 비유한다. 보비오는 정치사상사에 있어 철학자들이 권력의 문제, 치자와 피치자 간의 관계를 다룰 때의 '군주의 관점'ex parte principis과 '민중의 관점'ex parte populi, 두 가지에 대해 말한다.[46] 그가 관점을 이렇게 구분할 때 분명 이 헌정사에서 영감을 얻었을 법하다. 정치사상의 역사에 있어 권력 문제는 통치자의 관점에서 다루어 왔던 반면, 민중의 관점에서 문제를 보기 시작한 것은 극

---

46) Norberto Bobbio, *Democracy and Dictatorship* (University of Minnesota Press, 1989), pp. 54, 55.

히 최근인 현대에 들어와서(프랑스혁명을 기점으로)라고 보비오가 말하고 있다 하더라도, 마키아벨리는 이 두 관점을 동시에 포괄한다.

『군주론』은 분명 통치자의 관점을 중심으로 했다고 말할 수 있을 것이다. 그것은 정부 형태/정치체제의 유형이 군주정이든 공화정이든, 또는 어떤 다른 형태이든 통치나 리더십과 같은, 모든 통치 체제가 갖는 보편적이고 공통적인 문제를 갖는다. 그와는 대조적으로 민중 스스로의 통치는 시민의 이니셔티브, 민중 주권과 평등의 원리, 시민 참여라는 그 자체의 특성을 갖는다. 이 뒤의 문제는『강론』의 중심 주제라고 할 수 있다. 바꾸어 말하면, 마키아벨리의 텍스트들은, '현실에서 존재하는 민주주의'와 '민중 스스로의 통치 체제로서 민주주의'가 고대와 현대를 통틀어 어떻게 접맥될 수 있고, 양자가 어떻게 동태적인 또는 변증법적인 관계를 창출하는지를 그 어떤 정치 이론가나 철학자보다 여러 차원에서 넓고 깊게 보여 준다.

마키아벨리의 해석에 있어 맥코믹의 학문적 기여는 고전적 공화주의의 지배적인 이론 틀에 의해 가려져 있던 측면들을 찾아냈다는 점, 그럼으로써 그동안 간과되거나 상대적으로 주변화되었던 민중 스스로의 통치 체제라는 문제의식을 부각했다는 점이다. 그럼에도 불구하고 케임브리지 학파의 공화주의적 해석이든, 맥코믹으로 대표되는 민주주의적 해석이든 마키아벨리의 전부를 말하는 것이 아니라는 점이 중요하다. 마키아벨리 이론의 전모는 민주주의적 통치 체제를 구성하는 두 측면, 그러나 두 측면이 정태적으로 병립하는 것이 아니라 변증법적인 상호 관계를 통해 하나로 통합되는 것, 그러나 그 통합

은 어디까지나 동태적으로 결합·재결합되는 실천의 영역, 정
치적 행위의 영역에 위치할 때 일시적으로 포착될 수 있다는
것에 있다. 이 점이 바로 마키아벨리의 위대함이다.

# 부록

## 『군주론』 더 깊이 읽기

## 『군주론』의 주인공들

## 『군주론』더 깊이 읽기 ❶
## 마키아벨리 시대의 이탈리아 정세

이탈리아가 르네상스라고 불릴 만큼 당대 최고의 자유와 번영을 누렸다는 것은 잘 알려진 사실이다. 12세기 중반 이래 이탈리아를 휘감은 갈등과 분열은 신성로마제국의 황제를 지지하는 기벨린파와 교황을 지지하는 겔프파로 나뉘어 전개되었다. 이 갈등 때문에 이탈리아 남쪽에 위치한 나폴리왕국의 비극이 시작되었다. 처음 교황은 황제 권력에 대항하기 위해 프랑스의 앙주Anjou 가문에 도움을 청했고, 그 대가로 앙주 가문이 나폴리왕국을 지배하게 되었다. 그러나 13세기 말에 들어서 나폴리의 왕권은 에스파냐의 아라곤 가문으로 넘어간다. 마키아벨리 시대에 이탈리아로 들어온 프랑스와 에스파냐 권력 모두 이 나폴리 문제에 대한 자신들의 권리를 앞세웠는데, 그 원인이 바로 이때 만들어진 셈이다.

기벨린파와 겔프파 사이의 오랜 갈등에 더해 도시들 간의 세력 확대 투쟁도 끊이지 않았다. 그 중심에는 북부 이탈리아의 패권을 두고 경쟁했던 밀라노와 베네치아가 있었다. 신성로마제국과 프랑스, 에스파냐 등 외세의 관심 역시 이 지역에서 도시국가들 사이의 싸움이 어떻게 전개될지에 쏠려 있었다. 다행히 1454년에 북부 이탈리아의 로디에서 밀라노와 베네치아 사이에 평화 조약이 맺어졌고, 이를 기초로 일정한 세력균형 체제가 형성되었다. 11장에서 자세히 다루고 있는 이 평화 체제는 두 내용으로 이루어져 있었다. 하나는 당대 이탈리아의 5대 세력이었던 교황국, 나폴리, 밀라노, 베네치아, 피렌체 사이에서 어느 쪽도 자신들의 세력권을 더 확대하지 않는다는 것이다. 다른 하나는 외세가 이탈리아 문제에 개입하는 것에 대해서는 공동으로 대처해 막자는 것이다. 그러나 이 체제는 50년도 못 가 붕

마키아벨리 시대의 유럽

**마키아벨리 시대의 이탈리아** | 지도에 표시된 지명은 모두 『군주론』
본문에 언급되는 이탈리아의 도시 내지 지방이다.

괴되고 만다. 마키아벨리 시대란 바로 이 평화적 균형 상태가 깨진 이후를 말한다. 시기적으로는 1494년이 그 기점이었다.

먼저 아라곤 가문의 나폴리 왕이 죽자 프랑스의 샤를 8세는 자신의 앙주 가문이 왕위를 계승해야 한다고 주장하면서 이탈리아로 군대를 이끌고 들어왔다. 이로 인해 피렌체에서는 메디치 가문의 지배가 무너졌고, 친프랑스 정책을 내건 사보나롤라 정권이 등장했다. 그러나 이는 반프랑스 동맹을 주도하려는 교황 알렉산데르 6세와의 갈등을 본격적으로 예고하는 일이었다. 사보나롤라가 견지한 친프랑스 정책도 문제였고, 그가 귀족의 사치와 성직자의 부패를 비판하면서 민중의 지지를 받은 것도 교황 알렉산데르로서는 마땅치 않았기 때문이다.

1495년 교황 알렉산데르 6세는 프랑스를 이탈리아에서 축출하기 위해 '신성동맹'을 구축했다. 여기에는 교황령·베네치아·밀라노와 함께 에스파냐의 페르난도 2세와 신성로마제국의 막시밀리언 황제도 참여했다. 그리고 이듬해 신성동맹군이 승리하면서 샤를 8세는 이탈리아에서 철수했다. 그러나 그렇다고 해서 그 이전과 같은 평화적 균형 체제가 복원된 것은 아니었다. 즉, 로디의 평화조약이 만들어 낸 이탈리아 내 국가 간 질서는 이미 붕괴되어 버린 것이다.

우선 베네치아는 밀라노가 있는 롬바르디아 지방에 진출하고 싶어 했다. 그 때문에 1498년 프랑스의 루이 12세와 동맹을 맺었고 그 대가로 만토바를 차지하고자 했다. 교황 알렉산데르 6세 역시 교황령인 로마냐 지방을 장악하고 싶어 했다. 그러려면 군대가 있어야 했고, 그 때문에 루이 12세와 거래를 했다. 이렇게 해서 루이 12세가 이끄는 프랑스 군대는 1499년 다시 이탈리아로 들어오게 되었고, 밀라노를 중심으로 오랫동안 이 지역에 군림했다. 한편 에스파냐의 페르난도 2세는 롬바르디아 지방에 묶여 있는 프랑스군의 약점을 틈타 나폴리를 장악했다. 루이 12세와의 거래를 통해 군대를 갖게 된 알렉산데르 6세는 아들 체사레 보르자를 통해 로마냐 지방을 장악했으며, 이를 넘어 이탈리아 전역으로 영향력을 확장해 갔다. 로디의 평화 체제가 종식됨과 동시에, 그야말로 이탈리아 전역에서 세력 다툼이 끊이지 않고 전개되기 시작한 것이다.

그렇다고 새로운 질서가 만들어질 기미가 있었던 것도 아니다. 알렉산데르 6세는 1503년 급작스럽게 죽었고 그의 아들 체사레 보르자의 영향력도 빠르게 약화되었다. 뒤를 이은 교황 율리오 2세는 로마냐 지방에 대한 지배를 강화하고자 했으며 동시에 프랑스 세력을 이탈리아에서 축출하려 했다. 그리하여 2차 신성동맹이 이루어졌는데, 여기에는 애초 프랑스와 동맹했던 베네치아도 들어왔을 뿐만 아니라 스위스·에스파냐·신성로마제국도 합류했다. 이로 인해 1512년 프랑스는 다시 이탈리아에서 물러나지 않으면 안 되었다. 이는 곧 피렌체 공화정의 몰락과 함께 에스파냐가 지원하는 메디치 가문의 통치가 복원되는 결과를 가져왔다. 동시에 마키아벨리는 직업을 잃었다. 끝도 없는 분열과 갈등이 이탈리아를 뒤덮고 있는 가운데, 마키아벨리는 새로 집권해 자신을 내쫓은 메디치 가문의 통치자를 상대로 자신의 정치관을 에둘러 말하지 않고 직설적으로 제시하는 『군주론』을 썼다.

# 『군주론』 더 깊이 읽기 ❷
## 연표와 일지

| | | |
|---|---|---|
| 1469년 5월 3일 | 마키아벨리가 태어남. | |
| 1470년 | 카스티아 여왕 이사벨과 결혼한 페르난도 2세가 아라곤 왕에 즉위함으로써 에스파냐 연합 왕국이 성립됨. | |
| 1492년 4월 | 피에로 데 메디치가 피렌체 통치자가 됨. | |
| 8월 | 교황 알렉산데르 6세(세속 명 로드리고 보르자)가 즉위함. | |
| 1494년 | 프랑스의 샤를 8세가 이탈리아를 침공해 나폴리왕국을 점령함. 피에로 데 메디치가 피렌체 시민과 상의 없이 샤를 8세에게 항복하자 시민들이 반란을 일으켜 메디치 가문을 피렌체에서 몰아냄. 그 결과 사보나롤라가 중심이 되어 급진 공화정이 수립됨. | |
| 1498년 5월 23일 | 4년간 피렌체를 통치했던 사보나롤라가 처형됨. | |
| 6월 15일 | 마키아벨리가 새로 등장한 소데리니 정권의 제2행정위원회 서기관으로 선출됨. | |
| 1499년 | 프랑스의 루이 12세가 밀라노를 침공함. | |
| 1500년 7~12월 | 마키아벨리가 외교사절의 임무로 프랑스를 방문하고, 루이 12세의 총리대신인 루앙 대주교(조르주 당부아즈)와 만남. | |
| 1501년 4월 | 체사레 보르자가 로마냐 공작에 임명됨. | |
| 8월 | 마키아벨리가 결혼함. | |
| 1502년 6월 24일 | 마키아벨리가 외교 업무로 체사레 보르자를 우르비노에서 처음 만남. | |
| 10월 5일 | 마키아벨리가 체사레 보르자에 대한 두 번째 외교 업무로 이몰라에 파견됨. | |
| 12월 25일 | 체사레 보르자를 따라 체세나에 갔고 거기서 레미로 데 오르코의 처형을 목격함. | |
| 12월 31일 | 세니갈리아에 따라가 체사레 보르자가 자신에게 반란을 일으켰던 용병 대장들을 처형했던 사건을 경험함. | |
| 1503년 8월 18일 | 교황 알렉산데르 6세가 사망함. | |
| 10~12월 | 마키아벨리가 로마로 파견됨. 체사레 보르자와 세 번째 만남. | |
| 11월 1일 | 교황 율리오 2세가 즉위함. | |
| 1504년 | 마키아벨리가 외교사절로 프랑스의 루이 12세에게 두 번째로 파견됨. | |
| 1505년 12월 | 피렌체 시민군 건설을 위한 마키아벨리의 제안이 잠정적으로 승인됨. | |

| | | |
|---|---|---|
| 1506년 | 1월 | 피렌체 북쪽 무젤로Mugello에서 시민군 충원을 시작함. |
| | 8월 | 교황 율리오 2세에 대한 외교 업무로 로마에 파견됨. 이때 율리오의 군대를 따라 페루자와 체세나, 포를리, 이몰라를 돌아보고 10월에 피렌체로 돌아옴. |
| 1507년 | 1월 | 피렌체에서 9인의 군사위원회가 창설되고 마키아벨리가 비서관으로 임명됨. |
| | 12월 | 막시밀리안 1세 치하의 신성로마제국에 외교사절로 파견됨. |
| 1509년 | 5월 | 루이 12세가 베네치아를 격파함. |
| | 6월 | 피렌체가 피사를 굴복시킴. 이때 마키아벨리는 협상단에 참여함. |
| | 11월 | 마키아벨리가 만토바에 있던 막시밀리안 1세에게 파견됨. |
| 1510년 | 6~9월 | 루이 12세 궁정에 세 번째로 파견됨. |
| 1511년 | 9월 | 루이 12세 궁정에 네 번째로 파견됨. |
| 1512년 | 4월 | 라벤나 전투에서 패해 프랑스군이 이탈리아에서 물러남. |
| | 8월 19일 | 에스파냐 군대가 피렌체의 통치하에 있던 도시인 프라토를 파괴함. |
| | 8월 31일 | 메디치 가문이 다시 피렌체로 들어옴. |
| | 11월 10일 | 메디치 정권이 수립되고 마키아벨리는 공직에서 쫓겨남. |
| 1513년 | 2월 | 반메디치 음모가 발각되고 마키아벨리는 체포되어 고문을 받고 수감됨. |
| | 2월 21일 | 율리오 2세 사망. |
| | 3월 11일 | 메디치 가문의 교황 레오 10세가 즉위하고, 마키아벨리는 특별사면으로 풀려남. 이후 고향인 피렌체 남쪽 산탄드레아에서 유배 생활을 하면서 『군주론』과 『티투스 리비우스의 로마사 첫 10권에 관한 강론』의 집필을 시작함. |
| 1518년 | | 『만드라골라』를 집필함. |
| 1520년 | | 『전술론』과 『카스루치오 카스트라카니다 루카의 생애』를 집필함. |
| 1525년 | | 『피렌체사』를 집필함. |
| 1527년 | 5월 6일 | 에스파냐 국왕이자 신성로마제국 황제 카를 5세의 군대가 로마를 약탈함. |
| | 5월 17일 | 피렌체에서 반메디치 봉기가 일어나 공화정을 수립함. |
| | 6월 21일 | 마키아벨리가 사망함. 이튿날 피렌체의 산타 크로체Santa Croce에 묻힘. |

그리고 마키아벨리의 생애 동안 모두 아홉 명의 교황이 있었는데, 대부분은 인척 관계로 연결되어 있다. 그만큼 교황권을 둘러싸고 가문 간의 음모와 다툼, 부패가 만연했음을 보여 준다고 할 수 있는데, 잘 알다시피 그 결과는 종교개혁으로 이어졌다.

| 교황명 | 재위 기간 | 속명 | 출신 지역 | 특기 사항 |
|---|---|---|---|---|
| 바오로 2세 | 1464년 8월~ 1471년 7월 (7년간) | 피에트로 바르보 | 이탈리아 베네치아 | 교황 에우제니오 4세의 조카 |
| 식스토 4세 | 1471년 8월~ 1484년 8월 (13년간) | 프란체스코 델라 로베레 | 이탈리아 사보나 | 시스티나 경당 지음 |
| 인노켄티우스 8세 | 1484년 8월~ 1492년 7월 (7년 11개월간) | 조반니 바티스타 치보 | 이탈리아 제노바 | 교황청을 빚더미에 올려놓은 장본인 |
| 알렉산데르 6세 | 1492년 8월~ 1503년 8월 (11년간) | 로드리고 보르자 | 에스파냐 발렌시아 | 교황 갈리스토 3세의 조카 |
| 비오 3세 | 1503년 9월~ 1503년 10월 (26일간) | 프란체스코 피콜로미니 | 이탈리아 시에나 | 교황 비오 2세의 조카 |
| 율리오 2세 | 1503년 10월~ 1513년 2월 (9년 4개월간) | 줄리아노 델라 로베레 | 이탈리아 사보나 | 교황 식스토 4세의 조카 |
| 레오 10세 | 1513년 3월~ 1521년 12월 (9년간) | 조반니 디 로렌초 데 메디치 | 이탈리아 피렌체 | 로렌초 데 메디치의 아들 |
| 하드리아노 6세 | 1522년 1월~ 1523년 9월 (1년 8개월간) | 아드리안 플로렌츠 데달 | 신성로마제국 위트레흐트 (현재의 네덜란드) | 1978년까지 유일한 비非 이탈리아 교황 |
| 클레멘스 7세 | 1523년 11월~ 1534년 9월 (10년 10개월간) | 줄리오 데 메디치 | 이탈리아 피렌체 | 교황 레오 10세의 사촌 동생 |

# 『군주론』 더 깊이 읽기 ❸
## 포르투나

포르투나는 인간의 의지로 통제하기 어려운 '외부의 우연적 힘' 내지 '불확실성'을 가리킨다. 신화적 의미에서 운명은 여신으로 상징되는 데, 눈을 가리고 한 손에는 행운의 재물을, 다른 손에는 악운의 칼을 들고 있는 것으로 형상화되곤 했다. 따라서 운명의 여신이 어느 손으로 내려치느냐에 따라, 상서로운 길운을 뜻하기도 하고 정반대로 가혹한 악운에 희생당하는 상황을 뜻하기도 한다. 『군주론』 안에서 포르투나의 의미를 이해하기에 가장 좋은 서술 몇 가지를 소개하면 다음과 같다. 먼저 25장의 서두에 나오는 표현을 보자.

> 세상의 일이란 운명의 여신과 신에 의해 주관되기 때문에 인간들은 실천적 이성으로도 이를 바로잡을 수 없고 사실상 구제책이 없다는 견해를 많은 사람이 가져왔고 지금도 갖고 있음을 내가 모르는 바는 아니다. …… 그럼에도 불구하고 인간의 자유의지를 박탈하지 않기 위해 운명의 여신은 우리 행동의 절반에 대해서만 결정권자의 역할을 하며 나머지 절반 혹은 거의 그 정도는 우리가 통제하도록 사실상 허용하고 있다는 것이 진실일 거라고 나는 판단한다.

그렇다면 포르투나가 작용하는 영역을 피하라는 뜻인가? 아니다. 인간에게 허용된 절반의 자유의지를 가지고 포르투나에 때로 적응하고 때로 맞서 싸우라는 것이다.

> 그[군주]는 운명의 풍향과 세상사의 변화가 명령하는 바에 따라 행동을 바꿀 수 있는 기백을 갖출 필요가 있다(18장).

포르투나가 반드시 인간의 자유의지에 반하는 것은 아니다. 때로 포르투나는 군주를 위대하게 만들기 위해 일부러 시련을 만들 때도 있다.

이런 이유로 운명의 여신은, 다른 경우에도 그렇지만 특히나 세습 군주보다 더 큰 명성을 필요로 하는 신생 군주를 위대하게 만들고자 할 때, 그를 위해 적을 만들어 내고 이들로 하여금 신생 군주를 공격하게 한다(20장).

그런 포르투나가 군주에게 파괴적이고 공격적으로 변할 때도 있는데 그때는 어찌해야 하는가.

운명의 여신이 변심했을 때, 군주는 자신이 역경에 대처할 준비를 하고 있다는 것을 그녀가 알 수 있게 해야 한다(14장).

이처럼 포르투나는 인간의 정치 환경이 갖는 가변적이고 변덕스러운 특징을 효과적으로 형상화해 주는 그럴 듯한 상징어다.

## 『군주론』 더 깊이 읽기 ❹
## 비르투

비르투는 영어의 virtue(선한 덕목, 미덕)에 가까운 단어이지만, 『군주론』에서 마키아벨리가 말하는 비르투는 그런 도덕적인 의미와 직접적인 관련이 없을 때가 대부분이다. 물론 미덕이나 선한 덕목의 의미로 사용하는 경우가 드물지만 있기는 하다. 예컨대 15장의 다음과 같은 표현이 대표적이다.

> 모든 문제를 잘 고려해 볼 때, 일견 비르투로 보이는 것을 따르게 되면 파멸에 이르는 반면, 악덕으로 보이는 것을 따를 때 자신의 안전과 안녕을 지킬 수 있는 경우가 있기 때문이다.

그러나 거의 대부분의 경우 마키아벨리가 사용하는 비르투란, 특정 상황에서 통치자가 하지 않으면 안 되는 과업을 과감하고 적극적으로 해내는 '주체적 의지'나 '역량', '힘'을 가리킨다. 혹은 제아무리 위험하고, 운명을 거스르고, 윤리적으로 정당화되기 어려운 일이라 할지라도, 자신이 해야 하는 일이라면 반드시 성취해 내고자 하는 '적극적 자세'를 말한다고도 할 수 있다. 비르투는 남자 혹은 남자다움을 뜻하는 라틴어 vir를 어원으로 하는데, 포르투나가 여신의 이미지로 상징되는 것과 대비되는 이미지를 갖고 있다. 오늘날 영어의 virtue가 대개는 도덕적 의미로 사용되지만, 예컨대 'by virtue of the medicine'(약의 힘을 빌려 혹은 약의 효능 덕분에)에서 볼 수 있듯이 옛 의미가 남아 있는 경우도 있다. 그럼에도 '덕'이든 '힘'이든 '역량'이든 '파워'든 무엇으로 옮겨도 그 풍부한 의미를 간단히 표현하기 어려워 이 번역본에서는 몇몇 국내 용례에 따라 '비르투'라는 이탈리아어 발음 그대로 옮긴다.

『군주론』에서 비르투가 사용된 대표적인 사례를 살펴보면 다음과 같다. 우선 그 의미가 포르투나와 대비되어 잘 나타나 있는 곳부터 보자.

나는 운명의 여신을 이러저러한 사나운 강들 가운데 하나에 비유한다. …… 운명의 힘은 자신에게 대항할 비르투가 조직되어 있지 않은 곳에서 위력을 과시한다. 자신을 제지하기 위한 제방과 수로가 준비되어 있지 않은 곳을 알아채고는 자신의 물길을 그리로 돌리는 것이다. 당신께서 이탈리아를 돌아보신다면, 다시 말해 격변의 중심지이자 동시에 그런 격변에 원인을 제공하고 있는 이탈리아를 돌아보신다면, 이곳이야말로 아무런 제방도 수로도 갖추고 있지 못한 형세라는 것을 아시게 될 것이다. 만일 이탈리아가 독일, 에스파냐 그리고 프랑스처럼 충분한 비르투로써 방비되었다면 그런 홍수는 지금까지 만들어 낸 그런 큰 격변을 야기하지 않았을 것이다. 아니면 아예 그런 홍수가 이곳 이탈리아에서 일어나지도 않았을 것이다(25장).

다시 말해 악의적인 운명의 힘에 맞서기 위해서는 비르투를 가진 지도자가 필요하다는 것인데, 근본적으로 그것은 두려움 없이 무기를 부여잡는 데 있다.

광포한 침략에 맞서 비르투는 무기를 부여잡을 것이다(26장).

비록 그 무기가 악덕에 해당하는 것이라 하더라도 하지 않으면 안 된다고 할 때는 과감하게 그리해야 한다는 것이기도 하다.

그러나 공작에게는 대단히 맹렬한 기운과 비르투가 있었다. 어떻게 사람들을 자기편으로 끌어들이거나 파멸시켜야 하는지도 잘 이해하고 있었다(7장).

물론 모든 통치를 그런 식으로 하라는 것은 아니다. 『군주론』에서 마키아벨리가 다루고 있는 것은 기존 체제가 문제가 있어 바꿔야 할 때, 즉 이행기나 전환기의 개혁 정권을 위한 통치론이기 때문이다.

새로운 체제를 건설하는 사람들은 자신의 일을 추진하는 과정에서 큰 어려움을 겪게 된다. 위험은 늘 따라다니게 마련이고 최선의 해결책은 자기 자신의 비르투로 극복하는 것이다(6장).

그리고 이때의 비르투란 다른 사람의 도움이나 운명의 힘에 수동적으로 의존하지 않는 스스로의 의지를 말하는 것이기도 하다.

당신은 다른 누군가가 손잡아 줄 것을 기대하고 넘어져서는 안 된다. 그런 일이 일어나지도 않겠지만, 설령 넘어지는 당신을 누군가가 붙잡아 준다 해도 그것이 당신의 안전을 보장하지는 못한다. 이런 방어책은 당신 자신에게 의존하는 것이 아니기에 비겁한 일이다. 바람직하고 확실하고 영구적일 수 있는 유일한 방어책은 당신 자신과 당신의 비르투에 의존하는 것이지 다른 것이 될 수 없다(24장).

비르투를 가진 사람이 성공할 수 있는 것은 그가 기회를 발견할 수 있기 때문이다. 그 기회를 놓치지 않고 능력을 발휘하라는 것, 그렇게 하면 과정에서는 힘들지 몰라도 결과적으로는 공익을 증진하고 폭력의 가능성을 줄이며 자유와 평화, 번영에 기여하게 될 것이고 그 때문에 존경받는다는 것이다.

이 위대한 인물들을 기쁘게 만든 것은 그런 기회들이었다. 그들이 가진 탁월한 비르투는 기회를 드러냈으며, 그리하여 그들의 조국은 고귀하고 행복하게 되었다. 이들처럼 자신의 비르투로 군주가 된 인물들은 권력을 얻는 과정에서는 시련을 겪지만 일단 군주국을 장악하게 되면 별다른 어려움 없이 유지한다(6장).

실천적 이성과 비르투를 갖춘 군주에게 기회를 가져다줄 질료가 존재하는가. 그런 질료가 형상을 이룸으로써 군주에게는 영광을 가져다주고 모든 주민에게는 유익함을 가져다주게 될 것인가(26장).

## 네체시타

마키아벨리의 정치론이 아무런 윤리적 근거를 갖고 있지 않다고 본다면 그것은 지나친 해석이라 할 수 있다. 인간은 천사가 아니고 또 천사에게 통치를 맡길 수 있는 것이 아니라면, 그에 적절한 정치 윤리가 필요할 것이다. 선한 정치와 도덕적인 정치를 말한다고 정치가 더 선해지고 도덕적이 되는 것이 아니라면 더욱 그럴 것이다. 마키아벨리가 강조한 것은 바로 이 문제이다. 그래서 스스로 이렇게 말한다.

> 만일 인간이 모두 선하다면 이런 계율[『군주론』에서 권한 정치적 실천론]은 유효하지 않을 것이다(18장).

인간이 모두 선하기만 한 것은 아니라는 문제도 있지만, 특히나 새로 국가를 형성하고 기존 체제를 개혁해야 할 경우라면 더더욱 인간의 선의만 믿고 모든 행동을 결정할 수는 없을 것이다. 통치자가 자신의 선의와 진정성을 고수했지만 그 때문에 국가를 파멸로 이끌게 되었다면, 누구도 이를 긍정적으로 보지 않는다. 그와는 달리, 새로운 국가를 확고하게 만들기 위해 부정한 수단을 사용할 수밖에 없는 불가피한 상황이라면 주저 없이 그런 수단을 선택하는 것이 정치 윤리로서 더 합당할 때도 있다. 마키아벨리가 강조하는 것은 바로 이런 점이다. 즉, 기존의 도덕적 선악론이 아니라 어떤 불가피성이 어떻게 작용하고 또 그것이 정치가에게 어떤 행동을 요청하고 있는지를 이해해야 하며, 폭력이나 기만과 같이 도덕적으로 의심스러운 결정을 하게 되더라도 그로 인한 윤리적 비애감을 기꺼이 감수하라는 것이다. 달리 말해 목적이 선하다면 어떤 수단을 선택해도 좋다는 식의 천박한 결과론이 아니라, 달리 행동해서는 안 되는 네체시타의 요구를 어떻게 따를 것이냐를 깊이 고민하고 과감하게 행동하라는 데 있다. 그런 의미에서 정치가 갖는 이런 특별한 성격을 막스 베버Max Weber가, 공적 대의와 좋은 신념을 추구하려 하나 이를 위해서는 악마의 무기를 부여잡아야 할 때도 있는 인간 활동으로 정의한 것은 다분히 마키아벨리적이라 할 수 있다. 『군주론』에 네체시타의 개념이 사용된 대표적인 부분들을 소개하면 다음과 같다.

앞에서[7, 9장] 나는 군주가 [국가의] 좋은 토대를 갖춰야만 하며, 그렇지 않으면 불가피성이 달리 작용해 멸망한다는 것을 이야기했다(12장).

그러므로 자신을 지키고자 하는 군주라면 착하지 않을 수 있음을 배울 필요가 있다. 착하지 않을 수 있는 능력을 상황의 불가피성에 따라 사용할 수도 있고 사용하지 않을 수도 있어야 한다. 이상의 이유로 군주가 이랬으면 좋겠다 저랬으면 좋겠다는 상상에 바탕을 둔 논의보다는 실제 일어나는 것들에 대해 논의하고자 한다(15장).

나폴리왕국의 분할이 비난받을 일이라는 것은, 분할을 해야 할 어떤 불가피성도 없었기 때문이다(3장).

만약에 악한 행동에 대해서도 좋게 말하는 것이 허용된다면, 잔인한 조치가 '잘 이루어졌다'는 것은, 자신의 안전이라는 불가피성 때문에 행해지고, 그것도 일거에 모두 저질러진 다음 계속되지 않고 그 후에는 신민들에게 가능한 한 많은 복리를 제공하는 것으로 전환되는 경우를 말한다. 잔인한 조치가 '잘못 이루어졌다'는 것은, 처음에는 그

런 조치가 거의 행해지지 않았지만 시간이 가면서 그런 조치의 필요
성이 없어지기는커녕 더 커지는 것을 말한다(8장).

정치를 통해 구원받을 수는 없고, 정치를 통해 완전한 선과 정
의를 구현할 수도 없을 것이다. 어쩌면 인간의 정치는 최악의 상황을
벗어나기 위해 필요한 것일지도 모른다. 그런 의미에서 인간의 정치
가 추구할 수 있는 것은 '이상적인 최선'이 아니라 '현실적인 최선'일
것이다. 인간의 정치가 감당하지 않으면 안 되는 과업을 이해하는 데
있어서 네체시타 개념이 함축하는 의미는 결코 작지 않아 보인다.

## 『군주론』 더 깊이 읽기 ❻
## 프루덴차

『군주론』에서 이 용어가 처음 등장한 곳은 3장이다.

> 로마인들은 오늘날 우리 시대의 현자들이 입에 달고 다니는 말, 즉 "시간이 가져다주는 이로움을 즐겨라[사태를 관망하면서 시간을 벌어라]."라는 격언을 결코 좋아하지 않았다. 그러기보다 그들은 자신들의 비르투와 실천적 이성에서 비롯되는 이로움을 몹시 좋아했다. 시간은 모든 것을 가져오는데, 선한 것과 함께 악한 것을, 악한 것과 함께 선한 것도 가져오기 때문이다.

이탈리아어 prudenzia에 가장 가까운 영어 표현은 prudence이고, 이는 모두 아리스토텔레스의 지식 분류 중 하나인 실천적 지식, 즉 프로네시스phronesis에 기원을 둔다. 13세기 이탈리아에서 아리스토텔레스의 철학을 복원하는 데 앞장섰던 토마스 아퀴나스Thomas Aquinas는 프루덴차를 '행동에 필요한 적절한 이성'right reason in action이라고 정의한 바 있다.

문제는 마키아벨리가 사용한 프루덴차를 지나친 소심함과 무모함 사이의 중용이나 절제, 신중함과 같은 아리스토텔레스적 의미로 한정해 이해한다면 위의 문장은 뜻이 잘 통하지 않는다는 점이다. 위문장에서 마키아벨리는 지나친 신중함을 비판하면서 과감하게 행동하기 위한 사태 인식을 주문하고 있기 때문이다. 즉, 신생 군주가 처하게 될 불가피한 위험과 도전에 과감하게 대응하는 능력 내지 그 상황에서 하지 않으면 안 될 과업을 이해하는 능력을 말하고 있는 것이다. 그러나 과감함이나 적극적 사태 인식 역시 마키아벨리가 사용한 푸르덴차의 의미를 모두 포괄하는 것은 아니다. 때로는 여우 같은 영리함을 말할 때도 있고, 때로는 뱀 같은 간교한 지혜를 중시하기 때문이다. 인간의 정치가 처한 여러 상황에 실효적으로 도움이 된다면 그것을 인식할 수 있는 능력이 필요한데, 그것이 때로는 신중함이 될 수도 있고 때로는 과감함이 될 수도 있고, 의로움을 추구하는 것일 수도 있고 기만과 간계조차도 잘만 사용한다면 유익할 수도 있다는 것이다. 정치가 김대중은 살아 있는 동안 자주 '서생적 문제의식'과 '상인적 현실감각'을 강조했는데, 이때의 상인적 현실감각이란 푸르덴차의 실용적 의미로서 꽤 적절한 표현 같다는 생각이 들기도 한다.

아무튼 마키아벨리에게서 푸르덴차란 실제의 정치에 실효적인 유익함을 줄 수 있는 실천적 인식 능력 내지 이성과 지식을 포함해 경험에서 얻은 지혜와 현명함 등의 여러 요소를 행동에 활용할 수 있는 능력 모두를 가리키는데, 앞서 살펴본 네체시타의 개념과 연관해 생각해 본다면 바로 그런 네체시타를 이해하고 알아채는 능력을 가리키는 것이라 하겠다.

실천적 이성이란 바로 그런 불편함의 특성을 파악하는 방법을 알고 그 가운데 가장 덜 나쁜 것을 최선인 것으로 간주해 선택하는 것에 있다.

또한 프루덴차는 자주 비르투와 함께 사용된다. 즉, 군주가 갖춰야 할 것에는 적극적인 힘 내지 의지로서 비르투만이 아니라 상황을 이해하고 기회를 알아챌 수 있는 이성과 지혜도 있다는 것이다. 대표적으로 다음 인용문들을 볼 수 있다.

반면에 흔히 발렌티노 공작이라고 부르는 체사레 보르자는 그 지위를 부친이 가진 운명의 힘을 통해 얻었고 같은 이유로 그 지위를 잃고 말았다. 비록 그가 타인의 군대와 운명의 힘으로 얻은 영토에 자신의 뿌리를 내리기 위해 실천적 이성과 비르투를 가진 사람이 의당 해야 하는 일들을 다했고, 가능한 모든 수단을 동원했지만 말이다(7장).

실천적 이성이 부족한 인간은, 처음 한동안 단맛을 즐기느라 그 밑에 깔려 있는 독을 의식하지 못하기 때문에 일을 키우게 된다(13장).

실천적 이성과 비르투를 갖춘 군주에게 기회를 가져다줄 질료가 존재하는가. 그런 질료가 형상을 이룸으로써 군주에게는 영광을 가져다주고 모든 주민에게는 유익함을 가져다주게 될 것인가(26장).

지금까지 살펴본 『군주론』의 개념들을 이렇게 종합해 볼 수 있다. 제대로 된 신생 군주란, 국가stato를 장악하고 개혁하며 안전하게 지키기 위해, 불가피성necessità이 요구하는 과업을 실천적 이성prudenzia을 통해 이해하고, 운명의 힘fortuna에 수동적으로 굴복하는 대신 비르투virtù를 가지고 그 과업을 완수하는 능력을 가진 사람이다.

## 『군주론』의 주인공들 ❶
### 페르난도 2세

페르난도 2세는 아라곤 왕이자 카스티야 왕과 레온 왕을 겸했던, 에스파냐의 통치자이다. 알렉산데르 6세가 그에게 내린 칭호는 '가톨릭 왕'이다. 1492년 그라나다의 이슬람 왕국을 몰락시켰으며, 1500년에는 프랑스의 루이 12세와 비밀 협약으로 나폴리왕국을 분할해 통치했다. 그 뒤 프랑스와 전쟁을 통해 나폴리왕국을 독차지했다. 『군주론』 21장의 주제는 페르난도 2세에 대한 것인데, 이곳에서 마키아벨리는 그를 종교적 소명을 앞세워 귀족을 통제하고 계략과 음모로 군사적 성과를 얻어 낸 영악한 인물, "입으로는 언제나 평화와 신의를 설교하지만, 실제로는 정반대로 행동한" 인물, "경건한 잔인함"을 상징하는 인물로 그리고 있다.


## 『군주론』의 주인공들 ❷
### 루이 12세

루이 12세는 샤를 8세에 이어 1498년 프랑스 왕이 되었다. 왕위에 오르자마자 브르타뉴 공국을 통합할 목적으로 기존의 결혼을 무효화하고 브르타뉴 공국의 안Anne과 결혼했다. 이 때문에 알렉산데르 6세의 신세를 졌고 그의 아들 체사레 보르자에게 공작 작위와 함께 군대를 빌려주었다. 1498년 베네치아와 동맹을 맺어 밀라노를 점령했지만 이듬해 루도비코 공작에게 다시 빼앗겼다. 1500년에 다시 밀라노를 빼앗았고 이후 12년 동안 통치했다. 그러나 나폴리왕국에 대한 정책은 실패했다. 그는 에스파냐의 페르난도 2세와 나폴리를 분할해 통치하려 했으나 1502년부터 시작된 전투에 패해 나폴리에서 영향력을 잃었고, 1512년에는 제2차 신성동맹에 의해 이탈리아에서 물러나야 했다. 이 때문에 그는 마키아벨리로부터, 전쟁을 이해했는지는 몰라도 국가의 통치 내지 국가 간 관계를 이해하는 데는 실패했다는 혹평을 들어야 했다.

## 『군주론』의 주인공들 ❸
### 지롤라모 사보나롤라

사보나롤라는 『군주론』 6장을 가장 인상적으로 장식하는 인물이다. 그는 도미니크 교단의 수도사로, 순회 설교를 통해 로마교황청의 부패와 귀족의 탐욕을 유보 없이 비판함으로써 가난한 민중을 포함해 많은 추종자를 거느리게 된다. 도덕적으로 숭고했고 연설 능력이 뛰어났으며, 강한 신념으로 누구 앞에서도 두려움을 갖지 않는 사람이었다. 그 때문에 1494년 프랑스 샤를 8세의 침략으로 메디치 가문의 통치가 붕괴된 후 4년간 피렌체를 통치할 기회를 갖게 된다. 일반 시민도 국정에 참여할 수 있게 했던 대평의회를 제도화해 공화정을 열고, 부패와 사치를 근절하기 위해 개혁 정치를 주도했다.

　문제는 그것이 일종의 도덕주의적이고 의식 개혁 운동의 형태로 추진되었다는 데 있다. 한편으로는 피렌체를 '새로운 예루살렘'으로 만들겠다고 선포했고, 다른 한편으로는 '허영의 소각'이라 불리는 사회 정화 운동을 통해 피렌체를 신성한 도시로 만들고자 했지만 성과는 없었다. 기대감만 높였을 뿐 실제 변화가 그에 미치지 못하자 사람들의 불만은 높아졌다. 또 다른 문제는 친프랑스적이면서 반교황청 정책을 유지함으로써, 프랑스에 반하는 신성동맹을 구축하고자 했던 교황 알렉산데르 6세와 돌이킬 수 없을 정도로 갈등이 심화되었다는 사실이다.

이런 과정에서 변화를 기대했던 사람들은 지치게 되고, 그러다 보니 한편으로는 더욱더 절망적으로 기적을 바라는 대중적 심리가 만들어졌고, 다른 한편으로는 자신들의 바람이 실현될 수 없음을 깨닫게 된 사람들의 좌절감은 커져 갔다. 그사이 귀족들의 반격과 음모, 교황의 탄압이 효과를 발휘하게 되었고, 결국 사보나롤라는 참다못한 대중으로부터 버림받아 극심한 고문을 받고 화형에 처해졌다.

그러나 그가 죽은 후 그를 성자로 추앙하는 운동이 생겨났다. 교회와 성직자들의 부패를 강렬하게 비판했던 그의 사상은 유럽 전역으로 확산되어 종교개혁에도 영향을 주었으며, 공화정 지지자들 사이에서 재평가되기도 했다.


### 『군주론』의 주인공들 ❹
### 히에론 2세

히에론 2세는 시라쿠사의 전임 통치자인 피로스 휘하의 장군이었다 (4장 참고). 피로스가 시라쿠사를 떠난 뒤, 히에론은 시라쿠사의 군사들과 시민들의 지지를 얻어 최고사령관의 지위에 올랐다. 시라쿠사 북쪽의 그리스 식민지 메시나Messina를 굴복시킨 뒤 기원전 270년에는 왕이 되었다. 기원전 264년 히에론 2세는 카르타고와 동맹을 맺고 로마에 대항했으나, 기원전 263년 로마군과의 전투에서 패배했고 결국 시칠리아 영토의 일부를 할양하는 조건으로 강화조약을 맺었다. 그 뒤에는 포에니전쟁 내내 로마를 지지했다.

히에론 2세는 아르키메데스Archimedes와 관련된 일화가 많다. 그는 시라쿠사를 방어하기 위해 아르키메데스를 고용했고 아르키메데스는 도시 방어에 필요한 여러 도구를 발명했다. 이 도구들의 도움으로 로마군의 진격을 2년이나 저지할 수 있었다. 사람들이 많이 알고 있는 유명한 일화도 있다. 히에론 2세는 완성된 금관을 받고 은이 섞인 것이 아닌가를 의심해 아르키메데스에게 확인을 의뢰했다. 아르키메데스는 사람이 욕조에 들어가면 물이 차오르는 것에 착안해 물질의 밀도에 따라 비중이 다르다는 것을 발견했고 이를 깨닫게 되자 옷 입는 것을 잊고 뛰쳐나와 그리스어로 "유레카(찾았다)!"를 외쳤다. 히에론은 바로 이 아르키메데스를 측근으로 둔 왕이었다.

피로스가 전쟁에서는 유능했으나 국가를 통치하는 데 무능했다면, 그 뒤를 이은 히에론 2세는 군사적 성과를 바탕으로 일반 시민에서 일약 군주가 되었고 그 뒤에도 국가를 잘 통치한 성공 모델로 6장 끝에서 언급되었음을 기억할 것이다. 그러나 히에론 사례는 그리 인상적이지 않은데, 아마도 이는 이어지는 7장에서 『군주론』의 진짜 주인공을 화려하게 등장시키기 위한 장치인지도 모르겠다.


## 『군주론』의 주인공들 ❺
### 체사레 보르자

『군주론』 최고의 문제적 인간이다. 교황 알렉산데르 6세의 아들로, 교황은 프랑스 왕 루이 12세의 혼인을 무효화해 주는 대가로 체사레 보르자에게 원군을 갖게 해준다. 루이 12세로부터 발렌티노 공작 작위를 받고 원군을 빌린 체사레는 먼저 로마냐 지방을 장악한다. 그 뒤 토스카나 지방으로 치고 들어가 이탈리아 전체를 수중에 넣고자 하는 원대한 계획을 갖고 있었다. 그러나 프랑스 왕의 반대와 알렉산데

④ 12월 25일
체사레가 자신의 부하 레미로 데 오르코를 두 동강 내어 죽인 곳

① 1502년 6월
마키아벨리와 체사레가 처음 만난 곳

③ 10월 초
마키아벨리와 체사레가 두 번째 만난 곳. 이후 3개월 이상 동행한다.

⑤ 12월 31일
체사레가 반란을 일으킨 용병 대장들을 학살한 곳

② 9월 말~10월 초
용병 대장들이 체사레에게 반기를 들기 위해 회합을 가진 곳

롬바르디아

피스토이아
루카
피사
토스카나
시에나
피옴비노

아몰라
파엔차
포를리
프라토
피렌체
리미니
아레초
세니갈리아
로마냐
마조네
페루자
카메리노
페르모

체세나
우르비노
페사로

로마

나폴리왕국

체사레 보르자가 획득한
통치권의 범위

**체사레 보르자의 영향권과 주요 행적** | 체사레 보르자의 군사 행동은 전광석화처럼 빨랐다. 1499년에는 이몰라와 포를리를 정복했고, 1500년에서 1501년 사이에는 리미니·페사로·파엔차를 수중에 넣었으며, 1502년에는 우르비노·카메리노·세니갈리아를 점령했다. 그 뒤에는 페루자와 피옴비노가 그의 영향권 안으로 들어왔다.

르 6세의 사망(1503년)으로 뜻을 이루지 못한다. 최종적으로는 새 교황을 선출하는 과정에서 보르자 가문의 오랜 숙적인 율리오 2세가 교황이 되는 것을 허용함으로써 몰락하게 된다.

마키아벨리는 1502년 6월 우르비노에서 처음 체사레를 만난다. 그때 그가 피렌체에 보낸 보고서에는 체사레에 대한 다음과 같은 평가가 들어 있다.

이 군주는 참으로 훌륭하고 위대한 비르투를 가진 인물이다. 싸울 때는 용맹하고, 아무리 어려운 일도 그의 손에서는 하찮은 문제가 된다. 영광과 정복을 위해서는 쉴 줄을 모르고, 고통도 위험도 마다하지 않는다. 사람들이 그가 어떤 곳에서 떠난 것을 눈치채기도 전에 그는 벌써 다른 곳에 가있다. 가장 훌륭한 이탈리아인들을 신하로 두었고 그들의 존경을 받고 있다. 더욱이 그가 견실하게 이뤄 낸 무서운 승리는 완벽할 만큼 운명의 힘에 의해 뒷받침되고 있다.

두 번째 만남은 1502년 10월 이몰라에서 시작해 석 달 이상 이어졌다. 이때 마키아벨리는 체사레 보르자를 돕고 있던 레오나르도 다빈치를 만났고, 체사레의 군사 원정과 반란자들에 대한 처벌 등 수많은 사건을 경험하게 된다. 세 번째이자 마지막 만남은 1503년 10월 알렉산데르 6세가 죽은 다음 로마에서였다. 『군주론』 7장은, 이 두 번째와 세 번째 만남에서 마키아벨리가 직접 지켜본 사건들과 체사레 보르자와 나눈 이야기를 중심 내용으로 삼고 있다.

## 『군주론』의 주인공들 ❻
### 알렉산데르 6세

체사레 보르자의 아버지이다. 에스파냐 출신으로 세속 명은 로드리고 보르자이다. 자신의 야심을 실현하기 위해 할 수 있는 모든 수단을 동원했던 인물이다. 교황이 되기 전까지는 삼촌인 교황 갈리스토 3세 밑에서 교황청 고위 관리를 지냈고, 교황이 된 후에는 매춘부가 포함된 수많은 불륜 행위와 성직매매 등의 부패로 유명했다. 그러면서 동시에 자신의 아들을 통해 정치적 목표를 추구했다. 우선 그는 1494년 이탈리아를 침공한 샤를 8세에 대항하기 위해 밀라노·베네치아·신성로마제국 등과 신성동맹을 주도해 프랑스를 철수시키는 데 성공했다. 1498년에는 루이 12세의 혼인을 무효화해 주는 대가로 아들인 체사레 보르자에게 군대를 갖게 해주었고, 그를 교황군 최고사령관에 임명해 로마냐 지방을 장악했다. 피렌체의 사보나롤라를 탄압과 공작, 음모를 통해 파멸시킨 것으로도 유명하다.

## 『군주론』의 주인공들 ❼
### 율리오 2세

세속 명은 줄리아노 델라 로베레다. 교황 식스토 4세의 조카로 추기경을 지낼 당시 로드리고 보르자가 교황이 되는 것에 반대했다. 그러나 결국 보르자가 알렉산데르 6세로 취임하게 되자 박해를 피해 로마를 떠난다. 그러다가 1503년 알렉산데르 6세가 죽자 체사레 보르자에게 접근해 지원을 아끼지 않겠다는 거짓 약속으로 그의 지지를 얻었다. 그러나 교황이 되자마자 약속을 어겼을 뿐만 아니라 체사레 보르자의 영향력을 빼앗았다. 성급한 언동과 결단력으로 유명하고, 1512년 베네치아와 에스파냐 등과 함께 제2차 신성동맹을 결성해 루이 12세를 몰아내기도 했다. 이 때문에 에스파냐의 영향력이 강해졌고 에스파냐와 우호 관계를 가졌던 메디치 가문은 마키아벨리가 봉직했던 피렌체 공화정을 무너뜨리고 권력을 되찾을 수 있었다. 율리오 2세의 불같은 성격에 대해서는 『군주론』 25장에서 사세히 나뤄신나.

# 『군주론』의 주인공들 ❽
## 아가토클레스

기원전 317년부터 시라쿠사의 참주를 지냈고 기원전 304년부터는 시칠리아의 왕이 되었다. 아가토클레스라는 이름은 그리스어로 '선한 영광'을 뜻하지만, 실제로는 잔인한 통치자를 대표하는 인물이 되었다. 이름만으로도 대단한 역설을 보여 준다.

그는 옹기장이의 아들로 태어났지만 군대에 들어가 경력을 쌓아 최고 지휘관이 되었다. 그 뒤 자신의 지위를 확고히 했고 왕이 되기 위해 세력을 규합하기 시작했다. 그러나 그 시도는 실패했으며 두 번이나 추방당했다. 기원전 317년 그는 자신의 용병 군대를 이끌고 귀환했고, 시칠리아에서 군사 활동을 전개하던 카르타고의 장군 하밀카르(한니발의 아버지 하밀카르 바르카Hamilcar Barca와는 다른 사람이다)로부터 5000명의 병사를 지원받아 자국의 유력자들과 자신을 반대하는 1만 명의 시민을 추방 또는 살해했다.

그 뒤 아가토클레스는 알렉산드로스의 후예임을 자처하면서 강력한 군대와 함선을 만들어 시칠리아 전체를 손에 넣고자 했다. 그러자 지중해의 패자를 자처하고 있던 카르타고가 그를 제압하기 위해 대군을 투입해 전쟁을 시작하게 되었다. 아가토클레스는 기원전 311년의 히메라 전투에서 결정적 패배를 당해 수도가 포위되고 말았다. 하지만 시라쿠사의 방어망은 오래 버틸 만큼 강했다. 그래서 그는 최소한의 방어군만을 남겨둔 채 나머지 병력을 이끌고 북아프리카를 거쳐 카르타고 본토를 공격했다. 이 때문에 카르타고는 혼란에 빠졌고 결국 양측은 평화협정을 맺어, 각각 아프리카와 시라쿠사에서 철수했다. 그 뒤 아가토클레스는 카르타고의 영토를 건드리지 않는 범위 내에서 팽창정책을 추진해 시칠리아 도시들과 이탈리아 남부 및 아드

304

리아해를 장악했다. 그러나 말년에 이르러 그의 자식들과 손자들 사
이에 피비린내 나는 세력 다툼이 일어났고 의문의 병으로 사망했다.

# 찾아보기

310